陶菴集

이 책은 2015·2016·2017년도 정부(교육부)의 재원으로 한국고전번역원의 지원을 받아 수행된 '권역별거점연구소협동번역사업'의 결과물임

This work was supported by Institute for the Translation of Korean Classics-Grant funded by the Korean Government

韓國古典飜譯院 韓國文集校勘標點叢書

陶菴集 2

李縡 著

崔禮心 校點
張裕昇
權津鈺
李承容

凡例

本文

1. 이 책은 李緈의 文集인 《陶菴集》을 標點·校勘한 것이다.
2. 이 책의 底本은 韓國文集叢刊 第194~195輯에 실린 《陶菴集》이다.
3. 原底本은 1803年 整理字體 活字로 간행된 初刊本이며, 그 所藏處는 서울大學校 奎章閣(圖書番號 : 古3428-27)이다.
4. 校勘에 사용된 주요 參考資料는 다음과 같다.
   - 南忠壯公詩稿 : 南延年 撰, 1748年刊(初刊本), 韓國文集叢刊(續)49, 서울大學教 奎章閣(圖書番號:奎5269) 소장, 民族文化推進會, 2007.
   - 老峯集 : 閔鼎重 撰, 1734年刊(初刊本), 韓國文集叢刊129, 延世大學校 中央圖書館(圖書番號 : 811.98-민정중-노-판) 소장, 民族文化推進會, 1994.
   - 大學 · 中庸 : 胡廣 等 編, 1820年, 學民文化社, 1990.
   - 孟子 : 胡廣 等 編, 1820年, 學民文化社, 1990.
   - 明谷集 : 崔錫鼎 撰, 1721年刊(初刊本), 韓國文集叢刊154, 國立中央圖書館(圖書番號 : 한46-가1170) 소장, 民族文化推進會, 1995.
   - 法言 : 揚雄 撰, 文淵閣四庫全書696, 臺灣商務印書館, 1986.
   - 屛溪集 : 尹鳳九 撰, 1802年刊(初刊本), 韓國文集叢刊203, 서울大學教 奎章閣(圖書番號 : 奎6663) 소장, 民族文化推進會, 1998.
   - 肅宗實錄 : 春秋館 編, 太白山史庫本, 國史編纂委員會 影印, 1970.
   - 詩經 : 胡廣 等 編, 1820年, 學民文化社, 1990.
   - 柳溪集 : 姜命奎 撰, 1898~1920年刊(初刊本), 韓國文集叢刊(續)124, 高麗大學校 中央圖書館(圖書番號 : D1-A589) 소장, 韓國古典飜譯院, 2011.
   - 栗谷全書 : 李珥 撰, 1814年刊(全書重刊本), 韓國文集叢刊44, 延世大學校 中央圖書館(圖書番號 : 811.97-이이-율) 소장, 民族文化推進會, 1989.
   - 隱峯全書 : 安邦俊 撰, 1864年刊(重刊本), 韓國文集叢刊80, 서울大學教 奎章閣(圖書番號 : 奎5349) 소장, 民族文化推進會, 1991.

• 仁祖實錄 : 春秋館 編, 太白山史庫本, 國史編纂委員會 影印, 1970.
• 竹川集 : 朴光前 撰, 1929年刊(三刊本), 韓國文集叢刊39, 國立中央圖書館(圖書番號 : 古3648-文25-77) 소장, 民族文化推進會, 1989.
• 圃隱集 : 鄭夢周 撰, 1607年刊(永川重刊本), 韓國文集叢刊5, 延世大學校 中央圖書館(圖書番號 : 811.96-정몽주-포-라) 소장, 民族文化推進會, 1990.
• 海隱遺稿 : 姜必孝 撰, 1895年刊(初刊本), 韓國文集叢刊(續)108, 延世大學校 學術情報院(圖書番號 : 811.98/강필효/해) 소장, 韓國古典飜譯院, 2010.
• 孝經援神契 : 著者未詳, 玉函山房輯佚書, 2004, 廣陵書社.

5. 影印 과정상의 문제로 인해 현재 底本에서 判讀이 어려운 글자나 變形된 글자는 원 底本에 의거하여 補充·訂正하고 별도의 校勘記는 달지 않았다.
6. 여러 參照本과 글자의 차이가 있을 경우 이를 校勘記에서 밝히고, 本文은 修訂하지 않았다. 혹 차이 나는 글자의 正誤와 관련해 校勘記에 校勘者의 見解를 밝히기도 하였다.
7. 本文의 誤謬가 명백한 경우 본문을 고치고 校勘記에 그 근거나 사유를 밝혔다.
8. 本文의 誤謬로 의심 가는 점이 있으나 根據할 만한 對照本이 없을 경우에는 校勘記에 그 내용만 언급하였다.
9. 底本과 異本 간에 글자의 차이는 있지만 어느 쪽이 옳은지 확정할 수 없는 경우 校勘記에 그 내용을 밝혔다.
10. 本文에 쓰인 異體字 가운데 현재 일반적으로 通用되지 않는 글자는 모두 代表字로 고쳐 쓰고 校勘記는 달지 않았다. 代表字 여부의 판정은 韓國古典飜譯院 異體字 檢索시스템을 準據로 하였다.
11. 慣行的인 筆記習慣에 의해 발생한 誤字는 本文의 文脈에 맞게 고쳐 쓰고 校勘記는 달지 않았다.
    예) 己 已 巳, 簫 蕭
12. 이 책에 사용된 標點符號는 다음과 같다.

。	疑問文과 感歎文을 제외한 敍述文 및 語調가 약한 命令文 끝에 쓴다.
?	疑問文의 끝에 쓴다.
!	感歎文이나 感歎詞의 끝, 강한 語調의 命令文·請誘文·反語文의 끝에 쓴다.

,	한 文章 안에서 일반적으로 句의 區分이 필요한 곳에 쓴다.
·	名詞의 竝列이 重層的인 경우, 모점(、) 안에서 竝列語를 구분하는 데 쓴다.
	書名符號 안에서 書名과 篇名 등을 구분하는 데 쓴다.
、	한 句 안에서 竝列된 名詞 또는 名詞句 사이에 쓴다.
;	두 句 이상으로 구성된 각 節이 竝列을 이룰 때 그 사이에 쓴다.
:	완전한 引用文의 경우 引用符號와 함께 쓰거나, 話題 혹은 小標題語로서 文章을 이끄는 語句 뒤에 쓴다.
“ ” ‘ ’ 「 」『 』	각각 1차, 2차, 3차, 4차 인용문에 쓴다.
【 】	小註를 나타내는 데 쓴다.
《 》	書名, 篇名, 樂曲名, 書畵名 등을 나타내는 데 쓴다.
___	人名, 地名, 國名, 民族名, 建物名, 年號 등의 固有名詞를 나타내는 데 쓴다.
□	빠진 글자의 자리에 쓴다.
▨	훼손된 글자의 자리에 쓴다.

目次

1. 目次는 底本의 目錄과 관계없이 별도로 整理·收錄하였다.
2. 本文에 제시된 題目을 그대로 싣는 것을 원칙으로 하되, 題目이 없거나 文體名이 題目을 대신하는 경우 등은 여타의 제목에 準하여 임의로 작성하였다.
3. 題目의 誤謬가 분명한 경우는 修正된 사항을 目次에 반영하였다.
4. 題目 아래 附記된 紀年·人名·篇數 등은 原註로 처리하였다.

目次

陶菴集 卷九

書

陶菴集 卷十

書

陶菴集 卷十一

書

陶菴集 卷十二

書

陶菴集 卷十三

書

陶菴集 卷十四

書

陶菴集 卷十五

書

陶菴集 卷十六

書

陶菴集 卷十七

書

陶菴集 卷十八

書

陶菴集

卷九

書

書

上芝村李先生【喜朝○甲辰】

竄伏窮山，與世相絶，昨年南遷之行，不得拚別於路左，此恨何敢忘也？傳聞又移西徼數千里，觸冒嚴寒，體候得無嘗損否？風土固淸凉，而新寓凡百可知。伏惟大君子平生存養之力，正於此處驗得，而區區之憂，尙不能自已耳。侍教生奉老深居，苟度時日。仲父祥期，且不遠矣，寃酷痛隕，尙何言哉？禍變以後，知舊問慰，不敢不奉謝，而他餘書尺都廢矣。執事奔迸西南，尙無一字申問，終非私懷之所敢安，略修起居禮，要新安謫所遞納，不知何月傳達也。千萬切祝爲道保重，以慰遠誠。

上伯舅趾齋閔公【己丑】

午間伻回，伏聞氣體萬安，伏慰萬萬。甥姪呈單中，出入不便，未克更進承誨，仰慕曷極？經署之後，一向縮伏，於義甚不安。近日事有嫌碍者，固無論已，微細者又不足提論。假令出而供職，實無陳啓好材料，泯默虛帶，又將隨牌而入，呈告而歸，豈非罔蹙之甚者乎？向日陳腐不必爲之敎，誠然，而近來朝臣進言者，惟以詆擊人爲事，至於君德闕失，無切直匡救之語，此區區所慨歎者。陳說固無望感回，不過爲一場閒說話，而猶足以少效憂愛之誠，無愧於吾心。故只以平昔慨惋者，信手寫出，語涉煩絮，而緊切者且或見漏。伏乞從容㯶栝，痛加修潤，條件中可添者添，可刪者刪，務歸於精切痛快，如何如何？批下後，如無卽遞之端，又將隨事論列，啓辭材料，亦爲商量而下敎伏望。

上趾齋【庚寅】

上候夜來益勝否？去就事，更思之，入肅之日，稟政就直，自不得不已，而旣無久留意，則一日二日不過銖分之間，於分義無所加損，不如翌日徑歸之爲得。且不欲參政，而徒以呈省記守直房爲職，甚覺疲惱，開政如隔宵，則尤有臨時曲避之嫌。故方欲投狀出直，明早出郊，未知如何？

上仲舅丹巖閔公【甲辰】

恩宥獲於道聽，日昨始得眞報，聖敎令人感泣，未敢知天定終能勝人否？新政人方拭目，而邈然若隔世，只憑扶杖老羸，間聽一二德音，共切須臾無死之祝也。

上丹巖【乙巳】

除命之下，去就將何決？傳聞造朝不日，雖未能的信，顧今國空虛矣，似不可不亟副上下之望，或已陳籲聽批耶？國體淪夷，人心乖悖，不知世道終何所收拾？公憂私慮，中夜無寐也。近欲一疏鳴寃，而惶蹙姑不敢，且俟朝象之稍定矣。

上丹巖

去旬便信以後，兩地茫然，再昨始因春峽便，伏聞已造都下，進掌東銓矣。休戚之義，知國不知有身，今行安可少緩？又安可拘常？自此朝象稍成頭緖。此後辭遞，竊想已有定筭，自可綽綽矣。積年閒屛之餘，猝然當劇，易致傷損，日候又寒峭，近間氣體如何？公私憂慮。前書所稟，實出崩迫之私，而源頭未劈，百事拘掣，已料其未暇及矣。顧玆私痛，終不敢隱默，已於晦間付縣道，成否利害不須言，惟盡吾義而已。然時義所拘，未敢盡其辭，慚痛何極？伏聞三接日勤，聖學日就，好問之誠，溢於色辭，國勢無可爲，而獨此事爲可恃，或者天佑宗祊而然耶！今日第一義，無過於格心，袖箚固默揣大旨矣。然元氣稍壯而後，方可下藥，務積誠意，沕然交孚，觀幾善應，庶幾有轉回之望。千萬審量，世道大幸，萬一蹉跌，無可望矣。

別紙

固知處銓無久志，而一日亦有一日之責矣。況初政人皆拭目，十分內九分公而一分私，一分敗盡九分。朱子答梁丞相書中"小小不正，害吾剛大，無以正君"云者，甚可畏也。近世銓官，豈無恢公底意？而牽係於偏私，汨沒於請托，無暇念及於公體，世道遂至此矣。若痛革此習，則雖不久於其位，可謂兆足以行矣，如何如何？頃年扶安去路，過淸州，偶値姜進士錫泰於人家，云是監司裕後之子，而爲戊戌生。近觀當路家子弟，纔及年紀，便飫官祿，雖遠方卑微，干進則得之。而此人廉吏子，四十年前小科，風儀言論皆可觀，而未曾一擬一命，白首窮餓於山谷，朝廷尙可謂有一線公論耶？其弟錫恒亦老進士，有行誼云，而此則未見矣。偶見者如此，此外沈屈者，又不知其幾。見此人時，便覺有踧踖慚歎之意，此心常耿然，臨書輒敢申聞。幸充之夾袋，又推類以盡其餘，則公道行矣。辛壬年間蔭仕而棄官者實可尙，合先收錄，以勵貪祿苟冒之徒。其中積仕準朔而空棄者尤可矜，抄錄作一冊，次第甄復，可以慰人心矣。雖或未及盡用，更爲公誦，亦前令尹政必告之義也。民生倒懸，而切近之效，莫先於擇守令，臨一窠，必秤量其人可堪不可堪而後擬差，則卽此一念，可以惠及於窮民矣，如何如何？

上丹巖

伏聞光膺大拜，區區慶抃之至。適玆多事，恐未暇久勞籲免，其已肅恩否？日間和暖，體候萬福。天日回光，群枉夬伸，仲父亦蒙恩典，闔門感泣，而尙何及哉？箚本明白懇至，三復感歎。今日微座下，誰復爲此言哉？第未審其後登對，聖教如何？施措間亦有孚格之效否？此後上下之望，益隆重矣。以道事君，不可則止，爲第一義諦，更願勿以私小而使害於大體，勿以人寡而或褻於名器，國之幸也。

上丹巖

昨始歸伏郊居，浩劫之餘，觸眼生悲，此懷可與遼鶴論也。惟陵闕密邇，瞻依有所矣。來此無緣拜顔，卽與嶺峽何殊？區區益切瞻慕。伏聞有胥命之擧，向日袖箚，實出片片忠赤，而尙未獲孚格，致此躑躅，益信格君心爲第一義，而誠無奈何矣，憂悗而已。

上丹巖

下教辭意，不覺涕泗之交集。今日國勢如此，獨賢又如此，如有一分才力可以裨補者，豈敢自逸？而顧迂拙狷滯，非需世之具，進而徒費廩粟，眞所謂“奚少一夫”者，不若守却一退字，猶爲不報之報。此事爛熟思量，終不免廢然耳。蒙此大恩，豈無一番扣謝之願？而從前愆負至深，因山往役之外，不曾一肅，今不敢自壞大防，辜恩戴罪，此何人哉？降屈二字之敎，惶恐不敢聞。孔明治蜀，亦求人忠益，姪雖不能仕，安敢自阻？而時耗有同聾瞽，事幾迭變頃刻，又恐無以仰塞將伯之盛意，惟中夜屢歎而已。

上丹巖

右揆台爺赴朝之路，有書責勉，今所敎又如此矣，義理晦盲，人心委薾，此等議論，殊激懦衷。未敢知首初登對，從容開陳如聖敎，而其有孚感之效否？此而又不得力，則眞朱子所謂“某何恃而敢進”者矣。此身固不敢仕，而至於天經地義之不可易者，則終始銷鑠不得，其所憤痛嫉惡，豈獨後於人哉？每念今日第一義，無過於格君。君心一正，百事自擧，實欲一吐憂懣之懷，而如向來袖箚之勤勤懇懇，赤心流出，而亦無顯效，未信之諫，不敢遽發，姑泯默以俟矣。量時度力，旣不可爲苟縻榮祿，徒喪素守，天地大恩，豈區區一謝所可仰酬？初未敢爲冒出之計者此也。別諭之下，猶且駹爬，新被誤恩，其有一毫進承之望乎？勢將添一罪，尤惶蹙，亦復奈何？

上丹巖

教意三復感歎，幾於隕涕。平生愛說至誠惻怛四字，使今日朝廷，皆如座下此心，則時事尙可爲也。雖不肖，亦敢不激昂？而顧學識鹵莽，誠信淺薄，無足以奉贊大人之德，此已萬萬愧懼。而朱子云："欲格君心，則當自身始。"幾年引罪自靖，作許多撕捱，費許多辭免，而一朝得高官美爵，便唐突冒進，自處如此，而其敢有一分孚格之望耶？平居靜檢心頭，果多却一退字，而去就之際，不可不審處。至於憂愛一念，終始銷鑠不得，早晚欲相幾一暴矣。講筵吁咈，其或感格天意否？此而又不得力，則將如之何？自念科目凡調，非敢自處以高蹈，只是揆時度力，不能者止耳，伏乞寬恕。偏字之戒，謹當銘服。筵教惶隕罔措，同朝如相愛，則姑置度外，容其從容去就，而似此攛掇，秖益其兢蹙難進之端，於公私何利焉？惟恭俟譴罰耳。朝紙中繩貪吏敕銓注之教，令人聳動，欣幸欣幸。

上丹巖

教意謹悉。漆雕開之仕，不知高卑如何，而吾斯未信之言，聖人悅之。格君心，是大小大事，孟子豈不曰惟大人爲能？而今乃不量其才誠，不審其出處，而遽以爲己任，非愚則妄也。前書所告揆時度力，不能者止，只是區區拙法。方寸偏着之戒，可作頂門一鍼，而其所以偏着者，不但無養心之工，終始信不及行不得，敢不銘服？近來諸啓頗獲允，豈漸有感回之效耶？ 近日武帥彈劾紛如，罪負明白者固難貰，而廟議則恐宜靜而鎭之，不無深憂耳。

上丹巖

前後牖迷，出於至誠懇惻，雖頑如木石，寧不感泣？但退翁事，固不敢僭擬，而今無《聖學十圖》，而徒進據大提學榮名其可乎？大抵胸裏每着一退字，撥去不得，終是才具不足，而其無學力可知，持此心以往，何事可做？自獲盛誨，循省愧懼，況大恩未答，爵位徒高，中夜以興，潸然出涕，此心何敢一日而忘吾君哉？ 區區衷曲，恐或有未盡俯燭者矣。至於不敢聞不忍聞之敎，是蓋愚迷忒甚，自絶於長者，而長者亦詎忍遽絶？中也養不中之功，切願終始賴之。

上丹巖

陳忠之計，本自耿耿，而病裏無力締構，今始成出以上，伏乞櫽栝而回敎之。此宜明白婉曲，以盡納牖之義，而識淺文拙，末如之何。且念頃日袖箚之外，無別般義理，只是演出其意。執事赤忠，亦不能感悟，況此言耶？自向間一二處分後，此意尤闌珊，無意進往，卽又伏聞有練主書寫實差之擧，不知自何處啓下，而又添一難進之端耶？在此封章而俟祥日乍入爲勝耶？亦乞指教。

上丹巖

承顔僅再三，而何能展盡四五年積懷？日間凉深，伏不審供劇氣體如何，瞻慕益切。一番請對後，更無聞，豈以兩司不備而然耶？日前鑄錢二字出朝報，誰所建白？迂淺固昧時務，而居常妄念，以爲卽今救民之策，罷錢貨爲急務。君相如灼見其弊，自可有漸次消化之道矣。目下形勢，不罷則似不得不更鑄，然以今日人心，又將開了無限弊源，以光、輝輩而亦所持難者，其終不可已耶？中心憂慨，不免形諸筆札矣。如何如何？

上丹巖

亨弟發解，非不喜也，而幸而有終，則實有盈滿之懼，殊不知爲喜，其亦與常情相反耶？近日八座非乏少，加望若出上教則已，自下陳請，已非得宜。而一政陞擬，至於七人，雖一一精擇，名器固褻猥，况徒循久次，豈不大爲人駭笑？區區終未敢曉。薦人，大臣之職，得失不細，此後十分愼惜，至望至望。

上丹巖【己酉】

青宮葬期漸迫，悲慟如新。向日奔哭州門，此正先儒所謂“着一義字，自是隨衆不得”者，噂沓之言，惟任之而已。墓外展哀，亦可以自伸矣。墓祭因朝令停廢，痛缺何勝？節日視朔望少異，誠如來教矣。

上丹巖

梁疏見之，指義理爲亂天下者，殆甚於洪水、猛獸，自有天地以來所未有之世變，眞是自道也。孟子言：“君子反經而已，經正則斯無邪慝矣。”不知誰能任此責者？伏讀來教，有以見未忍忘世之仁心，豈不感激？顧哀苦之中，心力凋傷，姑未能語此耳。年少友朋往往相見，固未嘗不以爲己務實相勉。然終是說時易做時難，奈何奈何？

上丹巖

下示副本，反復消詳，敢有所籤付？而竊覸主意務婉曲開悟，故不敢輕易下語，恐爲峻激誤幾之歸矣。只取其意而參量之，如何如何？結語終覺難，大抵一番明白布諭不可已，而此當在於格上心誅亂逆之後，今日世界則恐未可議此。然捨此則無可爲辭矣。兩東朝下教，謂之徵信來後則恐未也，而豈不愈於無耶？但恐疏上後未必卽下。洪相果能繼此而庭籲否也？以去就之節論之，苟可以辨君誣扶國脉者，則同罪異罰，特一細事，本不足言。然此則所欲爲者單弱，故頃書時未敢仰勸矣。今則練祥已過，丈翁蒙叙後，有一謝恩之意，則乘此幾，進而陳疏，觀批前却，否則在此封上，似無難收拾之憂耳。入對時說話，終不如文字，前書所告，恐指疏後或一對，懇惻陳其餘意矣。千萬熟審而處之，伏望。

上丹巖

去就未敢知何決？自洛還者傳道近日一二事。嘗讀《朱書》"市朝膠擾之域，當世大人君子至是而失其本心者踵相尋"云云，不幸近之，以是益知出脚之難也。千萬愼重幸甚。以目下氣象規模，視諸副本所列，恐是別般世界，殊令人瞠恍也。

上丹巖【庚戌】

副本斂衽三復，感歎不已，委曲懇惻若此，天若祚宋，其或有一分孚格之望耶！汨董世界，若無此一着，大防幾乎滅盡矣。然執事亦肯曰吾誠已至，吾責已塞而已耶！進思盡忠，退思補過，以卒正君定國之功，有識之望，蓋莫不如此。然用舍在天，固不可必，惟在我者不可不勉。自今去就辭受之節，以至起居語默之間，無大小微顯，粹然一出於正而後，今日此言方可徵信於百世，一於此有失，則奈吾君吾國何？執事之責，顧不重歟？言及于此，其亦戚矣。曾於乙巳春，猥以朱子與梁丞相書爲獻，似未蒙照察矣。更願並取答鄭自明書而朝夕檢省焉。臨書不覺吐露至此，伏乞下察。

上丹巖

利川去就，其輕重得失，非止渠一身，方今世道維持之責，微座下誰也？座下平日視蕩平之論如何？而不知不覺，將與之俱化，此區區不能不深憂永歎者也。頃書所及，只就一事而言，不能罄此愚迷之見矣。今聞欲遞未遞，輾轉大狼狽，憂念尤不可言。

別紙

尙記幼時見先祖考，語及宗社孤危，未嘗不流涕，宗英之請，似在其時矣。己巳李玄紀以是事白上曰"此與宋某不賀元子，同一機關"云云，禍幾不測矣。每念爲國孤忠，炯炯如昨，使坐視今日，又將以爲何如也？常私語曰："今日此事，惟有望於執事，誰復念此者？”今果然矣，然而時義不可不十分審愼。甄復後一謝，蓋有古人已事，分義亦然，而今則言不用一節，又介乎其間，雖同罪人見叙，恐無可進之義。况義合者當戒數辱，小事尙然，此爲宗社大計如何？遇弟之言誠是也。康節詩施爲欲似千匀弩，磨礪當如百鍊金，問：“千匀弩如何？”朱子曰：“只是不妄發，如子房之在漢，漫說一句，承當者便似百碎。”此語願深念。不獨此事爲然也，兩揆許書及，恐亦忍耐不住。聖人盡己之心，焉知冉有之不能救？然而亦嘗曰：“不可與言而與之言，是失言。”此又是一副當道理，如何如何？設或造朝，當徐俟上心開悟之幾，方可議此，而一二語終難得力。閒中試熟閱宋朝范、馬諸公奏疏論此事者，抄取其明白懇切語，作一小冊子，附以近世如吾祖建請事。從容面進，則或可以感發宸衷否？幸存商量，而亦切勿宣露於人，至望至望。

嘉靖乙丑，明廟不豫，而儲嗣未定，中外遑遑。故相臣閔箕時在卿位，密謂首相李浚慶曰：“上疾彌留，公當國，何無社稷之憂？”浚慶大悟，入請繼嗣。天語已未辨，仁順王妃曰：“順懷世子卒後，上見德興君第三子稱歎矣。”浚慶曰：“天意在此矣。”遂命將護衛于宣廟潛邸，明廟不知也。疾間開筵，閔箕自請以特進官入侍，浚慶頓首於上前曰：“玉候違豫，擧國恐懼，皆以國本爲憂，臣待罪大臣，不得不爲宗社計。”玉色不悅曰：“予病豈至於死？而大臣預爲此事歟？”箕自袖中出《大學衍義》《定國本卷》進曰：“大臣謀國，豈顧身計？古今亂亡，恒由繼嗣不定，若觀此書，則聖人自當知之。"明廟諦觀，色始康曰："首相以身殉國，可謂社稷之臣矣。"仍命經筵講《大學衍義》，賜箕豹皮，《衍義》進講自此始。

肅宗大王十三年丁卯二月，晝講，知事李翽啓曰："聖上臨御十餘年，尙無儲嗣，凡在臣民，舉切漆室之憂。以我祖宗之深仁厚澤，殿下之聖德誠孝，豈終無《麟趾》、《螽斯》之慶乎？然自古宗室之賢，如漢之河間、東平，國家賴焉，而宗學之法，近久廢弛。若選近宗中自十二三歲至八九歲聰敏有才者，擇經明行修之士，畀以教導之責，殿下亦時時接見奬勵之，以期成就，則他日元良誕生，亦未必不爲磐石之輔矣。國朝故事有宗學導善、典訓等職，祖宗教迪之意可見也。當此災歲，如以復設官曹爲難，則極擇宗簿寺官，使之教誨好矣。"上曰："當與大臣商議爲之。"

上丹巖【壬子】

天旱彌甚，民憂罔涯，此時侍奉氣體如何？甥姪由龍門到驪江，仍留連數日，翼弟輩灑掃丹亭以待矣。內外群從畢會，此誠浮世不易得之勝事。追懷昨年叨陪杖屨於此間，而獨不可得矣。江流甚淺而沙勢益闊遠，緣厓躑躅方紅，四顧無人，境物淸幽。不知何時國基如磐，使一江魚鳥復瞻几几之容也耶？臨風浩歎而已。

上丹巖【癸丑】

御製何等恩數？感祝感祝。天地間一陰一陽之對待，固有不可易者。然以流行言之，此長則彼消，彼進則此退，未有混淪雜糅之理，不敢知此爲何許世界。區區憂歎，誠莫知所届也。

上丹巖

下示副本，伏讀感歎。微此一着，幾乎栗翁所謂"天地間正氣消矣"。袖進時得蒙留置香案否？如或有一分感悟天心之望，固爲幸萬萬。雖因此惹出不安，捲還廣寓，亦可以救得世道一半矣。

上丹巖

日昨備忘，伏讀感歎。但其指歸，似在追念三相，以光蕩平之化，未敢知眞有悔悟之端。然萬一有此，豈非宗社之福耶？如座下一段苦心血誠，旣承特詢，豈不欲更竭底蘊？而以今日情迹論之，惶蹙不敢進言，恐爲恰適底道理。苟有一言可以斡旋之幾，則幸矣，此則未必然奈何？誠信旣未能上孚，則前事含慍之疑，固亦惶恐，而放肆無嚴之咎，又安知其必無也？伏乞更存審量。

別紙

人臣之義，固莫大於進忠補過。然惟其義合，數則斯辱，不聽則去而已。大臣與國休戚，雖別於他人，未信之諫，終亦無益。量時度義，貴在愼重，况座下目今情迹，萬萬危懔，是豈可言之時耶？宜先以短章，略暴疾病沈綴情勢惶蹙不敢膺命之狀，如承例批，則只可隱默遲回。或有將伯助予之誠意，勤懇不已，始可議獻忠之方矣。苟以宗社計重，不可顧一身禍福，則當取宋朝范鎭、司馬光、胡宿諸公言議之載於言行錄者，參以史書，撮其要，而末云"臣之向間所屢陳，已多愧於古人，願深留聖意"云云，下此則不必爲矣。然若以此一着，決非時義所宜，而又必欲無已，則下示冊子，亦可投進，題面則《朱書要語》爲好。投進時箚子，首陳累詢不敢不對之意而曰："偶讀此書，食芹而美，敢以爲獻。"演成數行，不必具言事體段如何。諸條固皆切中時病，但似少含蓄，又恐太草草，雖或投進，不必汲汲爲之。如命加抄，徐當錄上若干條耳。

上丹巖【甲寅】

故結城守李斗三之寃死湖中，公議蓋莫不同然，文簿之間，固大段謬錯，而本心則斷斷無他矣。今其子欲擊鼓登聞，仍欲一拜座下，不知其寃酷之情，能見徹於君相否？且聞李君在時，嘗蒙幸於座下矣。伏想必有以垂惻，試令畢其衷悃如何？可恕之寃，或爲公誦於搢紳間，而如秋判、諸公獲悉此狀，則一言之力，何啻千勻之重？千萬至幸。

上丹巖【乙卯】

耑人賜書，伏承杖屨已出臨郊墅，頓覺莽蒼非遐，益不勝向風馳慕之至。仍想日舒花明，神氣淸旺，此時陪奉之樂，卽是經歲經營者，而偶玆有疾，雖欲奮身而不可得矣。古人所云"形留心往"，未足以喻此壹鬱矣。通君事，恐涉苟艱，據法呈遞，自是一直道理，奉老人來往於累百里之外，亦終非愼重之義。未知前書所教已爲定筭否？近日事爲，朝家何等擧措？而上下相徇，已硬成釋然帖然世界矣。旣無力匡救，則月朝之禮，卽一小節，亦不可已耶？宮內傳敎，係是私恩，尤不當躬自叩謝於前席，更存深量而處之幸甚。

上外舅洪公【禹賢○甲辰】

勤敎實荷破迷，而但宿計在於深入。深處都無根着，此土生理固艱甚。然猶近有麒麟一家之粟，遠有根、驪兩處之援，且與春寓爲掎角形。況舍此之他，便更成新接庄所，輸運之勞，則彼此無殊。故姑不得不爲安土重遷之計，而顧此形勢，有若風裏挐舟，碇着無所，念之時一自笑。不知轉蓬果於何止泊也。峽農又判歉，而木麥猶有望矣。郊報又寒心，畿內差勝之說，亦不知信然也。

答洪公【禹傳○甲午】

蕭寺陪宿，實是浮世奇遇，聚散逢別，何嘗不耿耿於夢寐？日昨大雪皓淼，忽有山陰之興，復上扶旺一宿而歸。松臺獨酌，宛是昔別之地，而南北浮雲，邈不可相尋矣。歸來不數日，而盛札忽辱，有若心聲相感者然，披玩慰釋，不覺千里之爲遙也。且審始寒，侍餘政履萬安，此是還稅後第一平信，尤可幸也。姪遇冬坯蟄如昨，靜便自適，拙者之分，場屋事不須論，但全鄉洪老之擢第，儘是奇事，屈伸各有時，鑑玆而毋爲自畫如何？

答洪公【己亥】

敎意謹悉。自聞有此敎，中夜屢歎，而顧無一人言者，執事之言及此，甚盛甚盛。老熟勸止之論，不過流俗顧瞻之見，何足道也？但所示副本，難於下語，過於畏約，文勢終欠通暢，語意亦未切實。蓋此事雖似難言，若自附匡捄之義，則似無大段碍逼處矣。顧此負罪之身，雖尋常挽別，亦不敢製送，況敢與論於此等文字？ 而平日辱知之深，不敢作皮毛語，耿耿憂慨，殆若有心聲相應者，不得不以別紙略獻鄙見，未知以爲如何。不直則道不見，幸無以激惱爲憂。謀之衆則事不成，亦須夬決也。旣有設以身處之敎，故不敢不竭衷以復矣。

答洪公【庚子】

頃於外班，望見顔色者屢，而天崩之後，終未相扶一慟，歸來病憂連綿，亦闕咫尺之問，只此一念懸結。初五惠書，昨始承拜，三復慰仰，如何可喩？ 公除倐已過矣，攀號莫及。吾輩不死，豈意見今日大水無津？ 人心波蕩，風吹草動，輒生驚怯，日間嘵嘵之言，耳不欲聞也。蹢躅固可畏，而陽中之陰尤可畏。今日同朝不震不撓，一以守正爲心，則庶乎其可矣。區區江湖之憂，於國何補？ 而執事早晩必入言地，其何以塞職？ 公私馳慮。

答洪公【辛丑】

擢第纔二朞，而官刺史已榮矣。越點優批，何以得此眷注於上也？ 敎意備悉。晝錦之光，固倍於他路，而世間萬事，無不有乘除。惟其至榮，故易以招咎，然而此是外至者，不必臆慮。第聞挈眷有令而旋格，今不可行矣。全鄕是舊第，雖奉板輿南下，非如子始令原營事，而若論以義之盡者，則苟簡二字，誠如來敎，引典乞遞，恐爲合宜，如何如何？書末所勖，令人愧汗。此身而爲此職，無怪其官方之日輕，顧念誠信素不孚於上下，自正不暇，何能正人？惟蟄縮循省，以俟慢蹇之誅而已。

別紙

前後嗔責深至，至如“獨非此世界人而何無人情”云云，實爲悚仄。然自屛蟄以來，朝中舊識，非有問，未嘗先通一字，况銓門乎？親友入銓者相見，輒勉以恢公。雖其言不能入，平日勉人如此，而何可以己私相干？以此事承屢敎，而卒不敢破戒，從今以往，或可全此拙守否？

答洪公【壬寅】

時事至此，此時辱爲榮，死爲賢。士流禍福，固無論，其將置國於何地？朱子痛苦二字，眞先獲此情界矣。自以屛退之身，無所重輕，何幸得齒於光華之籍？陳東死矣，餘波早晩相及，至今安享大藩，亦一異事。以德徵、諸公之免竄觀之，抑或滿瓜而歸否？還堪一笑。扶風平信，近獲承聞，方欲一往省拜而還矣。

答洪公

眼閱無窮變故，而豈料今日見此景象？ 前頭禍色，不知至於何境，而此猶不暇論。 伏熱如此，一鎖之後，開坐杳無期，焦遑煎泣，尙復何言？ 姪名在罪籍，不敢入城內依幕，亦不忍坐在郊外，方寓阿峴近處，而老親日夕焦憂，無人寬譬，此何情境？ 一番危辱，如或可以饜其禍心，則南北東西，更何足論？ 而近事實不可以常理料度，所恃惟天，而天亦何可必也？ 日前爲迎逮行過威邑，一夜陪寢，依依如昨，益不覺南望馳懷也。 醜辱又及泉壤，此時何得免此？ 痛心痛心。

答洪公【癸卯】

久知遊彀中，而不信終至此境。向年誣衊，猶不足以快其心耶？ 體中無健，而絶塞之行，又當此酷沍，其傷損必至，所恃惟神勞豈弟矣。第惟西南相去殆數千里，奉板輿固無路，久違亦何忍？ 吾從姑又善病，兩從輩雖奔走二地，看護之節尤難。念玆情境，實有不堪言者。然人於難處能寬遣，方可見其定力，鐵心石腸，何遽不若古人？ 幸毋曰此言之妄也。 何日發龜寓，何時過京口？ 使此身在郊，可作中道遠將，而今何可及也？ 積雪千嶂，所不阻者獨此心耳。

與洪公【甲辰】

去秋晚聞西遷之報，亟走書奉候，而追憑郊信已知其不及矣。歲忽新矣，伏惟異域瞻雲之思，益不自勝。此時體中凡百，茂納休福，區區倍切瞻祝也。安頓計已多日，地主何人？所寓邑內外何居？風土固好，而許多艱辛可知。屈三閭雖自云“顑頷何傷”，而蘭露菊英亦非長食之物，其有料理者存否？板輿終無奉來之理，南西隔絶如此，每念掩涕。從弟輩誰人在側？平昔所期仰，不願自居於元城之下，更於《朱書》所載《坡翁帖》十分致意也。姪塊處窮山，又此送歲，百感嬰懷。所幸老人氣力粗安，而喜懼又日以益深耳。

答洪公

芝丈路次臯復，時人欲殺而天又曲中之，此何理耶？斂殯諸節 必無憾，絶塞得親黨如執事者，夫豈易易？前書中胎付候此丈書，以其謫所不遠，可能遞致矣，入覽想爲之怛然。作書在於喪出數十日之後，涯角人事，益可傷也。盛什强和而出口，殊少涵蓄，終不如不作，切宜扯沒，毋或留煩人目也。承方看考亭書，得力必不細，其中論澹菴諸公海上酬唱事見之否？今此云云，恐或見笑，而過愼亦非惡事矣。

答洪仲熊【禹瑞○壬辰】

還朝後，尙阻一晤，積懷如山，日夕只有耿耿。伏承下翰，就審霜寒，仕候萬福，區區慰聳，若奉淸誨。綷親患比劇，焦遑度日，此際忽膺分外恩擢，集木履冰，未足以喩其危凜，見愛深者，宜爲之愍，不宜賀也。區區反哺之願，十年未遂，苟得一小縣安於分者，豈不朝聞命夕拜恩？而緋玉之榮，濫猥極矣。誠不敢冒昧承當，以招辭卑居尊之譏，方擬屢狀力辭，冀收誤恩矣。德臺疏復添鵵鵷之端，吾輩積困唇吻，亦已支離。亡猿之禍，復延林木，傷禽之驚，何時可已？爲世道痛惋，而還堪一笑。

與李德哉【宜顯○壬寅】

夏間晩承台仕近，一穩之計，耿耿在中，未及就而禍作矣。遠行，仍孤握別，此恨如何？昔年一過雲塞，荒絶不堪居，而以近事言之，謫味眞如啖蔗，其能安之否？弟冬初過葬，卽已盡室入峽，在雪嶽咫尺矣。吾輩今日所勉，惟素患難三字，他何敢言？亦何忍言也？都惟默會。

答李汝五【秉常○甲寅】

人謂台譴補，固甚惶恐，而微此則飢坐浦濱，反復勝之。第衰年吏役之勞，公門百事之苦，終不如飢坐之爲便適矣。惟古人一日養，不以三公換，不知台何以報此聖恩耶？目今上下氣象安嬉，不知禍變之作，起於何處，此時守土者之責，倍於他時，千萬自愼自愼。幼安令之喪，慟惜何言？聞此令過費精力於簿書間，恨不令早聞完平相公用於大處之訓。台亦不可不知此戒也，如何如何？栗谷先生《四書吐釋》，視見行諺解尤精，纔取來草本於本第矣。台如能入梓，則可以嘉惠後學。州力難逮，台之久於職亦難必，則空冊如本解卷數惠來，可以傳謄，以待後日，如何如何？此則異於李及之《白集》，或不至傷廉否？試及之。

答李汝五【戊午】

冬間辱復，如接千里面目，披慰之極，未忍釋手。忽已歲新矣，體履神護萬福，瞻戀益切。弟衰邁日劇，遽迫六旬，天時人事，俯仰憂惋，只覺於世支離也。間接朝紙，筵教批諭之間，往往有於台惶懍莫措者。然投之絶裔，正是天意玉成。朱子言“市朝膠擾之域，失其本心者踵相續也”，近來經歷熟而後，益信其然，人生晩節，甚可懼也。陸敬輿藥方之抄，亦似畏禍，何必乃爾？願日親聖賢書，以廣其見識，未必不爲他日報佛恩之資也，如何如何？

答李汝五【辛酉】

承敦迫非常，惶蹙可知。台雖難進，旣無如前自劃之端，其勢終不免黽勉赴朝。數次進參講筵，粗可以伸此義分，旋卽移疾不出，而此後轉難收拾，恐不可不一番陳忠而決其去就矣。大抵出處如不能適義，則鮮不至於大家胡亂，欲求中間溫呑暖處，則無此理矣，如何如何？

答李汝五別紙

秋間台之由行，設令如計出來，不過徒喫冷寓艱辛，而旣無所執，又將還入，何益之有？此事緯繣，固不足歎。但數月來，儘有許多好機會，而又失之何也？《大訓》始下時，台之筵奏，大體則好，而胡不力爭，期於回聽耶？雖以此被譴，亦足爲自靖之圖矣。縉紳疏之垂成而還罷，已可恨，而求對不得之後，仍復伈伈出入於朝班，豈不重有損於廉義耶？頃日聖批之下於台疏者，不可解看，然得愛卿二字於君上，恐非老年光華。苟聖意以上之拘縶而不欲舍爲愛卿，以下之知進不知退爲愛君，則其爲害於世道，尤何如也？弟之前書所勸陳忠二字，方是眞愛君者，而終不可爲耶？願深思善後之策也。

答李汝五問目【壬戌】

殤喪,《開元禮》不立主，旣虞而除靈座，程、朱只論八歲以上當立主，而不言除靈座在何時。《疑禮問解》、《南溪禮說》除靈座諸節，皆以《開元禮》爲宜。尤菴有“據禮則撤几筵，當在服盡之月或初朞”之論，未知此禮見於何書。而《開元禮》之旣虞除靈座者，似以不立主故也，旣立主而除靈座之獨用《開元禮》，恐不免半上落下之歸。立主則依程、朱論，除靈座，依尤菴所論，欲以初朞爲限，何如?

尤翁說中據禮云云，必明有所據，雖不知其見於何書，而此二字已足可據。然初朞則恐太過，以服盡之日撤靈座，恐得之。

玄石謂“只行三虞，無卒哭、祔祭”，此則據《開元禮》旣虞除靈座之文而云也。尤菴答人問，有曰“當立神主，則視《開元禮》稍備，無乃亦有卒哭與祔耶?”此雖不明言其當行，而微意可知。《開元禮》今旣不用，則卒、祔似當一例設行，何如?

尤翁無乃亦有之云，蓋有持難之意。然殤主當入廟，則入廟者恐不可無祔祭，旣爲祔祭，則又不可無卒哭，如何?

題主只書名，莫知爲殤喪云云。

題主則只書名不妨矣。然恐莫知其爲殤亡，孫下添一童字，如何？《禮記》有“童汪踦”之文，此爲可據。

答李汝五

病裏一念，惟懸懸台座，忽蒙寵札遠枉，以審嚴沍台體萬相，爲慰如何？弟一疾經冬，去死非遠，講業亦幾乎全廢。而愛惜精神之敎，良荷相念，亦望台以理忘哀，無損老年氣力也。向日忠告自信，非姑息之愛，而周年始以過去例語答之，從今不復以古道相期矣，深用慨歎。逐歲曆日如例而至，故人在朝，受賜多矣。

答李季通【㴶○辛卯】

昨年一過仙衙，邑小如斗，蕭散靜僻甚可喜。如弟素有松桂讀書之願，夢想耿耿，未知兄以何福力，厚享海山淸閒之樂否？承與睡魔相伴，尤見吏隱之趣，而平日期待不淺淺，作宰適得玆邑，天之餉兄亦豐矣。公餘無事，日親經籍，必有竿頭進步之勢，豈宜長事嬾散？相愛之切，輒敢勖勉，想有以發粲也。北查尙肆虛喝，南警姑無新報，而憂虞之端，固不翅齊山矣。始焉過驚，旋又狃嬉，廟謨民情，大都如此，令人憂吁。弟奉老居閒，凡百粗遣，而荐違恩召，惶蹙難狀。三種海錯之饋，深荷情味。追憶歷上侍中臺，縣人劈進霜蟹，其大如盎，左持右酌，興味俱到，恨未能得兄爲其時主人也。楓岳雲霞，能幾回探搜耶？引領馳懷，益不自已。

答黃汝文【奎河○乙未】

聞兄辭陛，相望益覺落落。戀想日積，雪裏耑价扣門，披復華牘，實有谷跫之喜，且審新莅政況佳福，慰荷何可言？第爲邑未浹旬，而已作此搔頭樣，兄之乞外，固不爲一己計，而力求之際，初不知有此苦況否？兄所云云，無官身輕，豈不爲第一便宜？而洛下風濤浩淼，此時戴豸襆被之客，必將羨兄之不暇。乘除得失動如此，須隨所遇而安之。惟留意於程子"一命濟物"之訓，如何如何？所示論報事，可知民窮之孔極。自有北漢以來，圻內民力已竭，不獨貴縣爲然，其將奈何？兄旣目覩其決難堪之狀，則隨見論請，固無不可。而但名官出宰，間有迫脅上司，苟徼民譽之弊，此亦不可不念，惟在細度事勢與道理而處之也。

與黃汝文【丙申】

春寒未解，兄政履珍勝？弟意外移叨近密，十年違離之餘，一瞻淸光，少紓犬馬之悃。而鎖直八日，適當波蕩之會，無一日少寧靖，卒遭嚴敎，方此縮伏俟，有不敢以一時例罷爲幸，而朱子所謂“自初心而言，則爰得我所”者，實爲先獲矣。子以一言能使十數年寢晦之義理劈劃而章明，　足令士流增氣。兄輩他日入臺，能作楷範，刮洗骫骳之習否？徵友聞過宿琴軒，海外之別，能不黯然？去後雨雪泥濘，益令人馳懷。

答黃汝文

歸來冠岳，依舊在几案間，禪榻芒鞋，歷歷如眼中。回思向日之遊，何等快適？書至可見一般情懷。今日風色不佳，領糴之役，令人馳慮。春臺水石，近爲米塵所汙，得無松間喝道之愧耶？弟杜門奉老，諸況粗遣，田畦水白，極有豐兆，此外時事不欲聞也。哭洪令未幾，又失正甫，文雅風流，實不可復得。此亦章子厚所爲耶？慟惜慟惜。

答黃汝文

霖餘風旱洊仍，田事休矣。奚獨百畝之憂也？此時芻牧之責固不少，而瀛選望重，豈容屈迹百里？但人多窠狹，輪差之際，無或及瓜否？公器近雖屑越，職責無古今之殊，惟當盡其在己。幸公餘讀書，以需時用，如何如何？金台丈之逝，實關時運，今年是何厄會，而死却許多好人？傷痛傷痛。

答黃汝文

日月之更，實爲斯文、世道之幸，第其處分太遽，景色不佳，朝象泮渙，憂端不啻齊山。不知經幄諸賢，何以塞此啓沃之責否？某疏辭意絶悖，恐不可假名釁舍而恕之。老成之意，蓋出於慮後弊存事體，而事有輕重之別，徐待公議决定、邪說少戢之後，他大臣言之，亦不晚，何必汲汲爲也？殊可惜也。

答黃汝文【丁酉】

上候癨氣之餘，常膳未復，而今日已動駕，遠外憂煎，益不可極。黃江聞已入對，未知一出，何以應非常之恩，塞上下之望否？筵話何由得詳？第得之風傳。自上慰諭勤摯，至命近前，執手勉留甚懇。黃江以誠正直祖宗相傳之心法，推演爲說，又以春秋大義、衛武《抑》詩，陳戒而退，聞其胤丹陽病劇之報，投章徑歸云耳。

答黃汝文【戊戌】

嬪宮薨逝，出於千萬意外，驚愕不知所云。顯德后故事之外，似無可據式例，凡百節目，必多恇擾矣。常時臣僚不稱臣，服制恐無可論，朝廷奉慰則似有之，而哭班則不設耶？設有闕外擧哀之節，輕重旣有別，憂服中人似不當赴哭矣。然而此皆臆料，未知故實與禮意，終果何如也。

答金叔起【興慶○辛酉】

孤坐空山，百念都灰。惟是少日親知、舊時僚宷，零落殆無存者，以此益懸懸於台座，而顧衰疾孄廢，不能一奉記府之問。昨年明府臨莅以來，聲光稍若密邇，而旋復失之，其爲悵恨，不獨爲帡幪之私也。不意遠辱書存於數舍之外，辭意勤縟，區區感慰，曷可勝喩？卽日漸暄，鼎茵體候神相萬福。綷支離於世，有悲無懽，此是曾前所聞於耆老者，而豈知身自蹈之？還發一笑。况且災異洊臻，時艱日棘，畎畝之憂，實有銷鑠不得者，奈何奈何？勤敎謹悉，此事亦强衰酬應，而日覺枯涸，戛戛不成矣。然而託名爲榮，安敢爲辭？惟續貂可愧耳。無由一拜，叙此積懷，只乞以時增重。

答權景賀【禴○丁酉】

宗國之憂，日夕如結，大水無津，猶是歇後語，尙何言？尙何言？近日積逋，傍觀亦覺惶悚，而廉義旣重，他何暇顧？初頭獨對之擧，已成禍階，豈獨左右不幸而已？事體所關，臺地固宜有一言，而到今中丞之言，殆類下石，雖未詳措語如何，而驚歎則深矣。去就今無可言，中間雖有勸出之論，而左右之堅定不撓，誠得之，幾乎乍入旋出，益增顚頓矣。禍福榮辱，一聽於天，惟盡吾職分，則胸中自覺帖然，書中百罹、險途等語，無或太戚戚否？望須加勉。

答權景賀【癸卯】

塊坐空山，萬慮都消，懸懸者惟左右。日昨因梨峴褫拜書，心聲相應，豈虛語也？弟板屋席門，環以萬嶂，京洛邈如隔世。禍釁餘生，猶足自遣，而菽水之需，入春轉艱。古人所云“草衣木食，苟度時月”，正是吾輩境界矣。輮從相去，經宿始至，兩處俱伶仃，懷事尤無以相寬奈何？每念兄家嗣續，怛然若在己。今聞螟負之喜，苟其穀似，何必己生？遙賀萬萬。此地靜僻，固無匹，而無如嬾散何，舊得全亡，新知無有，來敎極令人汗顔。至樂無如敎子，至要無如讀書，亦願兄並用而勿怠也。

答權景賀【甲寅】

令之昨年一着，雖或非其本心，而其爲害於世道、貽羞於善類大矣。區區爲令痛慨，實倍於他人，豈不以先人之故，愛令特甚也？然而又不欲形諸紙墨，以益人唇舌，在朝時惠札，旣未敢追復，嶺海經年，終闕一問。簡慢之懼，實所耿耿，乃蒙令不以爲罪，先賜耑告，辭意繾綣，誠不勝愧荷之至。前託文字，汔成逋負，宜令致訝矣。然早晚當一竭鄙誠，幸有以寬恕之也。仍竊念先尊長剛方峻潔之姿，未嘗一日苟容於時，使令一遵遺矩無所墜者，豈有向來顚沛之事耶？千萬奮勵自新，必思所以無忝，如何如何？

答權景賀【壬戌】

李君奎采宥還之路過訪，得聞新謫越海消息，差以爲慰。其入去時，令所助糧資，在令亦可謂非細手。然謫客所食，絶無自其地出者，全藉官力，而顧今島中官人皆是當路親知，無一相憐者，況其兩弟次第淪喪，門戶摧殘，誰肯有顧藉之念？以令爲道伯，而使此弟不免飢餓於我土地，則是豈士流之所望於令者哉？李君慣習其處形勢，蓋言“此時實爲風和時節，渡涉非難”，一船滿載以送，在道伯不過爲一號令事耳，幸爲善思優恤之策。就濱海親舊邑中劃給，而登時運去，使得以無事經過，則豈非終始之惠耶？區區此言，非徒爲至親地。令亦念舊而必爲之動念，而官事有未可料者，宜速圖之也。

與尹鳴叔【鳳朝○丙寅】

挐海時，猶歲一得書，而近歲則未也，豈高陽遠於挐海而然耶？偶閱同庚會詩軸，不勝愴涕，纔作帖以傳家。存者惟吾二人，不可無小跋，此文非弟則兄，願得兄一言手書，以爲思到時替面之具如何？讀《易》之工，能不負閑中否？願聞之。月前北道試官之出也，爲令深念去就，到今思之，可謂老翁錯料事也。

答金太白【鎭商○庚申】

忽蒙因仵垂問，驚慰何已？玆聞來過近地，明日還發，計主翁不在，未免敗興而歸矣。來時必入陽衙，相見洞釋，不至如前睽阻否？朱子嘗以每令人家生女爲命奇，而令之今行反是，或是無子而有子之兆耶？殊喜殊喜。亟欲就叙，而近苦風眩，日事藥餌，無由自力，令亦不肯枉顧，豈以禮尙往來而然耶？深用悵觖。

答金彦章【相玉○丙午】

伏聞栗翁文集改刊之役方始，此斯文之幸也。然舊冊板本，字小不堪觀，只補缺挑刓而已，則恐非所以盡尊尙嘉惠之意。物力固凋弊，而解歸姑不易，猶可及今改圖，旋旋下手，以爲盡善之地耶？舊年譜宜去之，代以尤翁所新修者弁首，而來教無所及，豈偶失提檢耶？玄石勘校，曾未經眼，未敢知多少如何也？跋文猥蒙俯徵，託名豈不榮？自揆陋劣，終不敢承膺，切宜審量，改授他人。且此改補，異於全帙改刊，不必張大其事體，略識顚末於卷尾，令何必辭也？千萬量處。

答李君範【箕鎭○癸亥】

淹病無聊之中，賢季來訪，仍拜台惠札，以審風旱台體萬相，區區慰荷。弟失於少愈之戒，左邊肢體，還復不遂，諒是再中，危厲可知。台之去就，近歲辭冢宰，丈巖後惟見台一人，實爲士類之榮。昨冬歸死之疏，妄疑其猛而有跡，不謂已決介石之志也。誌文取台教，更考故實，與賢季對商而刪去以還之。老年腹悲易至傷生，千萬自寬，以副相愛者之望。

答尹季亨【陽來】問目【辛酉】

亡兄再朞，在今四月，而其孤於前年六月遭其本生母喪。今此所後喪禫期，適當六月，若例以喪中不禫而不行，則有害於承繼之嚴，行之則心喪行禫，亦似未安。若不行禫，則吉祭之體，尤重於禫，行之亦難，不行之亦難。亡兄旣是繼禰之宗，今日所重，專在於傳重，而三年之外，又以私喪不能傳，則輕重相左，雖不行禫與吉祭，而抑別有可以改題祔遞，而不害於禮之禮耶？方且蒙恩，至有榮贈，雖未行吉祭，姑先改題，則其屬稱及旁題，何以爲之？若未及改題之前有祭祀，則恩誥雖下，祝辭中追贈職銜，亦不可書之耶？

出繼者於本生親，雖自伸其心喪，而實則朞服也。繼體之義，至嚴且重，禫是變除之大者，吉祭則又有遞遷改題之節，所關尤大，何敢以私親之服廢閣而不之行耶？本生家小祥旣在六月旬前，則以仲丁過禫，而吉祭亦可行於當行之月，服色則只是一時借吉，恐無可疑也。不行禫吉，而別有可以改題遞遷之節，則決知其無是理也。寵擢旣係異恩，似已具由告廟矣，告由之後，則雖未及改題，祭祀時祝文，書以贈銜，似無不可。而至於先爲改題云云，恐亦不成道理也，如何如何？

與洪虞瑞【鳳祚○己未】

緋玉儻來而不取，瘴癘可畏而不避，雖在少壯猶難，況於戒在得 惡聞死之歲耶？兄之此擧，甚强人意，朋儕亦與有幸矣。不知何日上官？觸暑跋履，體力得無所損否？風土固不佳，而嶺海卽如人何？謫宦猶得蓬萊，是亦學士未了之淸緣耶！前晦爲哭族兄喪，往郊廬，始聞此報。征旆其間過行，不得拚別於路左，此爲悵然。只乞加餐。

答金仲禮【在魯○乙卯】

再昨褫到初五惠書，積阻之餘，傾慰何量？比日凉陰，伏惟台體起居萬福。弟衰頽覺日甚，去死不遠，近又以匪據之任，如負一病，求解不得，惶悶奈何？顧以幾年蔆溙之憂，獲覩斯慶，一瞻冲質，豈獨無此願？不惟台所以見教者如此，竊聽親友之言，蓋莫不然。然是官之設，其義深遠，其責重大，豈但令一番進見而已哉？雖以台敎觀之，亦旣知其仍留爲難矣。一番進見，於己固榮，而於國家何益？進則無罪，不進則獲譴，此理明甚，是豈不徒爲計較利害之歸耶？山林高蹈，先賢遺躅，俱非可比擬於賤軀者，而區區去就之義，亦未敢全然放倒，是豈獨爲一身之事而已？今日相見禮，計已過行，如蒙勘處，則爲幸大矣。年來親舊，自成疎闊，而台獨眷眷不遺，開示愚昧，若是其懇款，雖迷滯之見，不能知變，其爲感戢，如何盡喩？

答吳左尹【重周○癸丑】

雨餘秋淸，伏惟台靜履萬福。綷歸臥數日，路憊漸生。海山之勝，蘧蘧若一夢，世間何事不如是也？昨日雷電非常，宗國之憂，中夜無寐，殊不知閒居之爲樂矣，奈何奈何？萬寺觀獵，令人馳聳，九十臂蒼走馬，古亦有是否？稍暄一臨之敎，尤用欣企欣企。

陶菴集

卷十

書

書

答朴尙甫【弼周○庚戌】

繂稽顙再拜言。國故普切痛隕，五月中伏蒙辱惠手疏，辭意勤厚，而經夏淹疾，無由自力修謝，有時戀德，則披以自慰耳。忽爾深涼，伏惟道履調攝增安。孤哀子頑然視息，奄見秋序日闌，號絶罔極。早衰多病，牙齒前已十落六七，邇來鬚髮盡白，眼昏益甚，殆不能辨物矣。吾輩少壯如昨日，何遽然如此？如申伯曾平日差强健，而亦已凋喪矣，不知此身何能自全至此也。承問之及，實荷懇念。默念半生枉讀了幾卷書，今則有書讀不得，終恐無聞而死耳。曾聞“不學便老而衰”，賤軀固宜爾，以高明存養之熟，而豈亦如此？千萬以時珍嗇，以幸斯文。

答朴尙甫【乙卯】

歲前惠翰，踰月乃至。疾病困篤，全廢人事，眼昏又忒甚，倩人作謝，近慢是懼，因循以至於今，每念如噎。春序已半，伏惟味道養靜體候增福。弟點檢身心，但覺今年不如去年，不獨衰病爲然，反顧慚惶，誠莫知所以自措也。前書俯教，深荷不鄙，寡陋之質，實所樂聞。近於文字上，亦無眞的用工處，迄未能有所奉報，古人講學，決不若是其疏鹵也。目下一二所疑，先此仰叩。蕭寺之約，可能有成否？良企良企。

別紙

吾輩學不進，正坐無勇，困知、勉行，固以勇爲主矣。近日見得意思分明，惟勇於五性，當何所屬耶？《中庸》分列於三達德，而浩然章則又似屬氣。幸就此痛賜辨晰，以豁蒙陋也。《朱子大全》四十編《答何叔京書》"向來所疑，【止】非此事矣"，"由是"之"是"及所謂"此事"，指何而言耶？尹瑞膺所問心說同異，高明所見何居？小紙覓呈，亦細教。

答朴尙甫【癸亥】

前月廿二惠札，今月六日兪婿來時始傳至，其出雖久，慰荷深矣。伏聞投章告歸，已還初服，卽日淸和，仰惟德履增相。緈失於少愈之戒，左體不仁之病，還復發作。風漸最忌再中，而喎斜又屬新症，委頓床簀，轉動須人，居然是癃廢樣子，奈何？去就之節，猥辱俯詢，實出虛心求益之謙德，區區豈不樂告？而今則已後時矣，甚可歎也。然旣有盡情見教之語，安敢自隱？

夫天下有二道，出與處而已，量時度力，可以行道則出，不可則處。孔子之仕止久速，亦用此道也。士大夫尋常進退，猶不欲自輕，況如高明處地，卽古之河南處士一流耳。起自草萊，上膺旌招，非有以自信，則必不爲也。未知今之世道，果爲賢者可出之時歟？第以書辭觀之，似出於感激恩數，迫於分義。恩數固爲曠絶，分義亦不可廢，而儒者出處，實關風俗汚隆，有不可不愼。高明之言曰“假令不得已一番出脚，此只伸分義而已”，恐或近於時俗之言也。愚於乙巳筵對時，妄有所陳說，於今日事，略相襯切，玆倩人寫呈，覽此可以知愚者之見矣。

愚本非不欲高明之出而仕也，所惜者，欠却商量耳。至於鄙人之濫荷尉薦，誠有所未可曉者。自以目下時義爲可以出而行道，則薦引之，與之共貞可也。旣不欲留，而又攛掇他人者，是欲其出而行道耶？抑心知其不可出，而姑爲推挽，以爲觀聽之資而已乎？由前則非愛人以德之意，由後則非告君以誠之道，未知高明於此二者，何居焉？臨歸八條之疏，纔得一觀，而字多誤不堪讀，至於筵奏，傳聞不一，有未敢遽信。如蒙以副本及前後筵對說話之錄出者，一一送示，則繼此亦可以妄論得失。此固格致之一端，而亦有得於切磋之義。如何如何？

乙巳八月晝講入侍時，同知事李綽曰：“人君爲治，必以用賢爲務。而我國專尚科目，科目中人，未必皆賢，巖穴讀書之士，致之朝端，豈不大有益於治道哉？漢時隱者被徵，歎曰：‘後宮千數，其可減乎？廐馬萬匹，其可損乎？”遂不至。

隱者猶如此，況道學自重之士乎？夫使天下之士，欲立於朝者，都在人君爲政之如何。樂善好德，治敎淸明，則賢者將于于而至，況誠禮待之，焉有不至之理乎？曾在孝廟朝，先正臣宋時烈、先正臣宋浚吉一時被召，羽儀王庭。近來儒者不出，成一規模，或有身不出戶庭而坐致台司矣。大凡待賢之道，貴在誠意交孚，恩數不必過隆，爵秩不宜驟高，恩數過隆，則當之者不堪；爵秩驟高，則其進也愈難。昔程子以布衣被召，爲校書郎，願一見而後命官，及充崇政殿說書，又辭曰："若言可行，敢不就職？"儒者法門，本自如此。願殿下凡於徵辟之士，勿虛縻以爵秩，過紆以恩數，務積誠意，必期招徠，使之出入經席，補導君德，則世道幸甚。"

上曰："所陳儘好，可不留心？但古人有言，責人則明。卿則必欲退去，而猶請必致巖穴之士者，果何如也？"李綽曰："臣本科目常調，素乏才能，豈敢比擬於巖穴之賢乎？臣之必欲退歸者，不過抱病嬰孿，不堪從仕，只願守得一段廉義矣。"

答朴尙甫

前月二十六日惠復札，昨日自渼湖傳至，披繹無斁，不覺紙之生毛矣。伏聞近添新症，彌日委頓，鹿性不宜於朝市，往來勞攘，安得不如此？千萬惟加愼而遄損，以慰慮念。賤疾一味沈綴，數月內全沒所事，長日頹臥，雖有朝聞之願，而恐莫之遂也。人扶之拜，亦難自力，家忌、墓祀，輒皆使人代之。設令辛苦久視，夫豈有生世意況耶？

多少回教，頓令蒙蔀開豁，信乎朋友講磨之益不可無也。不落第二義云云，固知盛諭出於寬借，而愚之所以妄自期待，實亦在此。顧說時易，做時難，此爲兢兢焉爾。區區竊自點檢，則平素用力，蓋有意乎孟子所謂先立乎其大者。而至如天下之義理，精妙無窮，類非麤心局見所可盡，於銖兩毫忽上秤停出來，則全未全未，所以發於言議者，每多偏窒。苟於高明出處之論而改是焉，則愚之受賜也大矣。

李生宜哲日前馳書，以正鄙說之失。其言大抵與高明之見相契，而於愚之本意，則似有未盡曉者。故已答之曰："出處之義多端，果不可以一概斷之。然孔子之際可、公養，顧何嘗外於仕止久速四者而一'可'字盡之；孟子所列'迎之致敬'以下諸件，亦何嘗不盡出於正哉？至如抱關、擊柝、乘田、委吏，卽是爲貧之仕，非可證於此事者也。愚非以朴丈之出爲非也，其出似非時，且其歸宿，在於暫伸分義耳。誠能以行道濟時爲己任，隨其學之所至、力之所及，且盡目前當然之責，徐以聽命於天，萬一蹉躓，奉身而退，一如君所云，則吾亦豈不曰進退綽綽有餘裕者也？愚之所以不滿於朴丈者，正以自負之不甚重，自待之不甚遠，黽勉暫出，無端遽歸耳。至於進賢之爲事君第一義，誠如君言。吾固不敢當賢者之目，然其或出而仕也，則亦庶幾於君所云'一日在朝，有一日之效'者。恐朴丈但能薦引，未必能使之進也，則是亦空言而已，於國何益？孔子曰：'君臣之義，何可廢也?’ 此爲萬世人道之大經。如吾之積逋多年，懷忠未效，實有愧於程子所謂‘多少不盡分處’，若以暫伸分義，責之於愚則可也。【往年輔養時，李君力勸其出，而其言以暫伸分義爲主故云。】乃以所當責我者，望之於朴丈，不亦左乎? 儒者出處，自與科目常調大不同矣。自古君子小人言同而意異者，不獨分義二字爲然。今以分義之云，專屬之俗論，而謂夫君子不必致謹于此者，豈理也哉? 愚見亦何嘗如是也?” 鄙書大略如此，并李君原幅奉上。盛覆所教，蓋亦不外於是，何煩別辭也?

至於乙巳筵白之呈覽者，　於此可見國家招賢之有道。儒者不出，本來無義，而出亦不可不觀時矣。高明乃謂與此事不相似，則此心已未能見孚矣，置之勿復道也。愚誠迂滯而少通變，自知於分義上，虧闕多矣，然而亦何曾果於忘世者哉? 忠厚惻怛四字，正是聖人遺意，得此至誨，倍切警惕，敢不奉以周旋也? 不爲已甚，固仲尼之所以爲仲尼者。然儻非無可無不可之聖，而遽欲不爲已甚而已焉，則出處進退之際，或不無淪於流俗之害，此又不可不知也。鄙說所引上之河南處士、下之後漢隱者，只取其處地與去就之跡，何嘗一一比擬於其人，而必其盡同也哉? 論今之勢，其憂有大於後宮廐馬者，則在君子觀時之義，宜亦反省而知所愼矣。若以聖人之出而行道爲心，則天下無不可爲之時，時與非時，元非可論。若下於聖人者，則安得不觀時而動也? 所教“鄙之出，初不係於時與非時”云者，尤不敢曉。藉曰暫出，旣出矣，時則時，非時則非時，是必有定分，豈有中間溫呑煖處？又豈有不相關係之理也哉？

嘗讀河南處士上宣仁太后書，　則於其仕與不仕之間，儘有許多商量，初非有一番暫出之意。如是而後方可謂自重之士。至於西監之出，卽是老年起謫後事，何關於始初出處也？高明一生讀孔、程之書，今於出處大節，安可直以爲難及而不欲摹擬也？見慕之徒，又安得不以孔、程之道，望於高明耶？今之行道，無可論，雖於暫出之時，倀倀冥擿，直似無相之瞽者，實非過言。如是而乃輕易出脚，豈非欠商量之一驗耶？恩禮隆絶，轉身無路，固可謂迫隘之極矣。頑然悍然不少變動，亦恐無此道理。無已則只可進伏城外，悉陳情實，兼附君德世道所當論之大者，以聽處分，言可行則進，不可行則退。爲高明而計，恐無踰於此者，而以其後時無用也，故前書沒之矣。旣蒙願卒聞之教，不敢不盡，或可補於善後之圖否？

賤臣所被嚴旨，久而愈危懍，以兄相念而曲爲伸解至此，豈不仰認雅意所存？而賓僚之待窠塡差，已是兄推挽之力，雖謂之尉薦，亦無不可。愚之名位猥高，雖若無待於人之薦引，而前此被人尉薦亦已多矣，兄何過爲此不自安之辭耶？魚令筵奏，今始聞之。此中僻陋如此，使高明之言不出於擧條，則亦幾乎不知矣。告君不誠之云，只當屬"心知不可出"一句看也。

愚於答李君書後，偶閱朱子書，有云："孟子言所就三、所去三，其上以言行與不行爲去就，此仕之正也，其次以禮貌衰未衰爲去就。又其次至於不得已而受其賜，則豈君子之本心哉？然孟子蓋通上下言之，若君子之自處，則在所擇矣。”此一段，未告於李君而告於高明者，愚意蓋欲高明所擇，不在於迎之致敬以有禮，而在於見行可之仕爾。朱子亦不云乎！“惟聖盡倫，固非常人所及。然立心之本，當以盡者爲法，而不當以不盡者爲準”。愚常有味乎斯言，每爲同志者誦之。然而在己則嘐嘐志古，行不能掩；於人則大而無當，言不能入，已自笑其迂甚矣。閔弟士衛屢戒以“吾兄責人過高”云，故卽手書橫渠“以衆人望人，則人易從”一語，以寓警矣。今又於高明不免妄發，益恨士衛之不在也。然《春秋》責備之義，不於高明，而更於何處？其言雖過，其心則愛之也，其愛則非姑息也。以高明容物之量，豈不得其心而略其過耶？

筵說三道，奉覽而還之。盛疏，此中謄本，適爲人借去，待其還，方更參互細觀，而凡此言議得失，非故引而不發，勢亦有不暇及者。但以前所往復之端，畢其說焉，或有不當，痛垂剖示，又幸也。竊見兄蠅頭字極精緻，可驗不衰之學力。妄欲效嚬，而字斜墨昏，不可解看，未免倩人改寫，愚智相懸，奚止三十里之間也？悚歎悚歎。

答朴尙甫

初三惠復札，又自渼湖傳至，而病骸困於毒暑，尋常簡牘，亦不自力，月幾盡而尙此闕然，可勝悚歎？日來薄有凉意，不審德履調攝益健否? 弟積病之中, 元氣大脫, 連服人乳, 且賴親舊相助之力, 僅服瓊玉膏四分之一, 頗覺有扶元之功。而至如脚痿、語澀、喎斜諸症, 苦無加勝之勢, 只得以廢疾自居而已, 奈何? 平生性拙寡朋友, 且嬾於應接, 世所謂義理長書者, 非徒不能, 亦不爲也。今於高明出處之節, 隨問隨對, 自爾支蔓。來教所云"不已勞乎"者, 愚亦自笑其如此, 請勿復云云也。

但有一二奉復者。鄙書中"所擇不在迎之致敬以禮"云者, 其意蓋願其在於行道, 而至於"見行可"三字, 果是錯引, 知罪知罪, 如蒙得其意而略其言則幸也。所詢"李札之以鄙疏爲未安, 在於何處"者, 渠書責愚以引而不發, 而渠亦無所發說, 不知其意如何, 而以愚見言之。古人論事, 先說義理, 必以當世事政之得失實之, 而後其所說義理轉益分明。而今高明之疏, 則全說理而不說事, 昔時朱子、近世尤翁章箚, 恐不如是。李君之以爲未安, 豈亦以此歟! 還鄉後疏本, 府隸姑不謄至, 而與月前封事一樣云, 蓋知高明進言之體, 專以巽與爲主, 悅繹之效, 深有望於吾君也。

別紙

往年尹友有所詢叩, 故妄草心說一通答去, 仍以其問目呈覽, 仰請盛教, 則高明乃以不識其人拒之。此於道理, 未敢信其必然, 而愚亦沒興, 不復以鄙說奉質, 無由豁此蒙蔀之陋, 汔玆耿結。今蒙辱示前後往復, 且欲聞其得失, 此意甚盛, 感幸之極, 安可自隱?

尹書張皇捭闔，殆千百言，往往推衍己見，自唱自酬，若莫測其端倪，然要其歸，則大抵主張氣字太過，種種病敗，不可勝喩。苟如其說，則天理之至精[1]至潔，全然墮在氣窞之中，孟子道性善之功，至是而幾昧矣。其爲世道之憂，庸有極哉？高明所論明白痛快，切中其病，不知冬春以後，更無所問難否？彼或自覺其非，則豈非大幸，而亦恐不易也。

性囿於氣一語，已是大段做病。盛諭雖不離於氣，而亦不囿於氣云云，可謂攧撲不破，似此是非，固易曉然。至如論未發時境界，有曰直與無氣相似，此一句眞箇見得到說得精，非惟折彼膠滯之說，卽是愚言之形容不得者，不勝欽服。愚之往年答說，蓋云“心固氣也，而不可專屬氣，必合理氣言之，而後其義乃備”。彼則必欲使人專主氣，而禁切一理字，或恐其入於其中。此是肯綮，而盛論亦已盡之矣，更復何諭？

答尹瑞膺【鳳九】心說辨問【乙卯】

心專言則統性情，而單言則氣也。是氣也，雖所稟之精英，該貯於方寸者，而氣者不齊也，隨所稟之不齊，各有淸濁。故以聖凡所同之性，而凡人之不能如聖人之

1 精：本卷〈答尹瑞膺〉에는 “淨”.

直遂者，只爲淸濁所拘，而不能不異也。必能加變化之工，無些子査滓，至於淸明純粹然後，可以盡其性，卽與聖人一也。此一說也。聖凡所同，不止性也，心亦同也。心之本體，湛然虛明，初無聖凡淸濁之可言。其所不同者，軀殼血氣，有淸濁粹駁之不同。濁駁之掩，而本體之湛然者不能發見，始有聖凡之異也。此又一說也。是非文義訓詁之異同，實係心學源頭，不可不一下辨明，而況其各所主張者，又不是一二蒙學偶然說出者，則在後生從違之道，亦不宜一任其紛歧。未知執事定論以爲如何?

竊謂心固氣也，然必合性與氣言之，其義乃備。故從古言心，未嘗專以氣斷之。【如朱子答或人形而上下之問，不曾專屬一邊。】然若就其中，單指氣言之，則理一也，氣二也，聖人衆人之心，容有不齊者。【此兩言，正如論性之有本然、氣質之殊者矣。】然氣之爲物，雖有淸濁粹駁之不同，其本則湛一而已矣。心又氣之精爽，而又合理而言之，則不可專著一"氣"字。故其本體之湛然，則聖人、衆人一也，於未發時可見。如何如何?

答尹瑞膺辨問【丙辰】

心是氣也，其理則性也，其發則情也。分而言之，心與性與情也，各有所指，統而言之，擧心而性情包在矣，此孟子所謂"仁義之良心"也，張子所謂"合性與知覺，有心之名"也。從古聖賢論心，多在此統言分[2]上，此則來教誠然矣。第今日所論，就其分言之中，只指單言氣之心，而其氣之淸濁，有無聖凡同不同之別矣。

蓋氣者不齊也，原二五稟賦之初，則淸濁粹駁，千萬不同。聖人所稟，二五均停，純淸純美，其心卽均停淸美者之精爽，故獨能淸明純粹。衆人所稟，二五不均，淸濁相雜，其心卽不均相雜者之精爽，故剛柔昏明各自不同。萬物之中，人之所稟，得其秀而其心靈焉；吾人之中，聖人之稟，又得其最秀而其心最靈。此說已詳於蔡氏之傳矣【《泰誓》註】。是以上聖淸明純粹之心，從其所欲，而天理直遂，不踰矩焉。下此一等，則必加澄治之工，使濁穢漸消，淸明日升，而復其性焉。蓋衆人相雜之心，雖不及聖人之淸粹，而惟其精爽之故，本自活化，不如肝腎肺脾之氣一於偏而不可變矣。若能察之精而揉之有方，則濁化爲淸，駁變爲粹，柔而能强，昏而能明，所謂變化氣質，於此可言矣。

彼以單言氣之心，謂無聖凡之別，而淸濁粹駁，則移靠於軀殼血氣，至以心本善之說，有若上配於孟氏性善之功。果如是說者，孟子何故而獨言性善，而無一言及於心善；程、朱又何故而至有才[3]有淸濁、氣稟不齊之論，相反於心本善之說耶？心者，一身之主宰也，

2 分：底本에는 "分言".《屛溪集·與李熙卿》에 근거하여 수정.

3 才：底本에는 "纔".《孟子集註·告子上》및《屛溪集·與李熙卿》에 근거하여 수정.

恁地主張，專在於此心，性本同善，而心又無別，則衆人之不及聖人，何也？若以聖凡之別，亶在於軀殼血氣淸濁之分云，則是重在於血氣，而心反無所事矣，其可乎哉？

來敎謂“單指氣言，則聖人、衆人之心，容有不齊者”，自幸鄙說之不悖於盛見，而其下雙註謂“此兩言，正如論性之本然、氣質之殊者”，此則妄意不能無疑。所謂本然、氣質兩性，元非二箇性也。單指理，則本然之性也；以此性而兼氣質，則謂之氣質之性也。其實一性，而亦直就一人之性而言之。今以來敎與註意而準之，聖人有本然之心而無氣質之心，衆人有氣質之心而無本然之心也。此在名言，其果如何？性則以理氣之單指、兼指之別，而有此兩稱。心只是氣也，亦有本然、氣質之異稱，則似終未安矣。發者氣也，未發已發，專是心之爲，而雖衆人相雜之心，升降飛揚之際，或値未發之境，則濁不用事，而亦能淸明。當此之時，其湛一氣象，與聖人無異，然不可以此而謂本無原初相雜之候，而與聖人同其稟矣，未知如何？

竊覸盛意所謂，若指單言氣之心，則聖凡固不同矣；但心不可離乎性而主性而言，則亦不可謂不同云也。顧此妄揣，不知果不全悖否？此則義理誠然。《大學》之明德，雖心性情之統言，而所重在於德。德者，性也，故明德不可言善惡分數矣。盛意所主，可蒙詳示否？

心說得荷開示，其於寡陋，爲幸大矣。其中一二印可處，尤見不鄙之意，而其於義理頭腦，尙有未盡契者。心固屬氣，而從古聖賢言心，必合性而言之，未嘗專言氣字。其言至虛至明神妙不測處，亦未嘗分聖人、衆人而爲言，其意蓋不偶然。今欲析而言之，則心是氣也，而氣則不齊，就稟賦上言，則聖人、衆人，豈有一齊之理乎？然是氣也，對理而言，則固二也，而其本則亦一而已矣。衆人所賦，雖有淸濁粹駁之不齊，而於其濁駁之中，本體之湛然，則蓋未嘗不在。又況氣之爲物，變動不窮，非如形質之一有局定而不可易者。故苟加澄治之力，則濁者可淸，駁者可粹。自非然者，變化氣質之功，亦安所施也？但其稟質所拘，物慾所蔽，湛一之體，未易呈露，惟於未發時，綽略可見矣。愚於《中庸》首章，每謂未發時不可着氣質二字，今玆之論，亦不但如來敎所謂心不可離乎性一段而已也。氣質、本然之性，前書旣曰此兩言正如云云，則是不過借彼明此耳。然以來敎論之，聖人之性，亦何嘗離乎氣質？而顧無偏駁之可言。故氣質之說，專爲衆人說，就心上單言，亦猶是也。況未發時，湛然之體，聖人、衆人旣一也，則謂衆人無本然之心者，其可乎？

竊聞湖中士友多主明德分數之說，心竊憂歎久矣。來敎則不然，豈傳者過耶！然明德是本心，高明之見，旣於心上主張氣字太過，則雖欲專以德屬性，性亦不離於心矣，終恐不免有分數也。上下語意，無或逕庭否？惟玆所論，都是義理淵奧，則寡陋何足以與此？而猶且妄獻所疑，實以求敎耳。

答尹瑞膺【癸亥】

別幅所教，非有新語，但就鄙書中摘其謬處而論之。此於蒙陋，實爲大幸，而第區區本意，似有未盡見察者。

“濁駁中，本體之湛然，未嘗不在”一段，本然之性，實包在氣質之中。往年鄙之心說中，固亦借彼而明此矣，曷嘗以爲各占界分如盛教所云哉？以來諭觀之，活化而初不局定，濁者有時而淸，駁者有時而粹，愚亦嘗云爾。雖單指氣而言之，氣之體段，本自如此，而愚則自初以爲“必合理氣而言，方可謂之心”，高明則獨言氣而惡人並說理字，一切呵禁，此所以彼我所見之終不合者也。

“氣質之性，專爲衆人說”單行此一句，恐亦不盡愚意也。夫聖人亦何得離却氣質？然而衆人有偏駁之病，聖人則無是病也。故氣質二字自屬於爲衆人說，以橫渠不性之訓觀之，尤豈不明的矣乎？

明德分數之辨，蓋想盛意亦不欲以爲有分數矣。然其所以明之者，不過曰“以心之氣之不同，而至謂虛靈之各異，則明德不免有分數，而人之性各自不同也”。愚未敢知虛靈獨非心之氣，而心之氣之外，抑別有所謂虛靈者，而是爲何等物事耶？此外辭意，屢看而多所難曉，此固鈍根之致，而其或辭不別白而然耶？如蒙更爲明教，則亦當有以反復者矣，如何如何？

凡此數說，皆是枝葉，未契之頭腦，必欲詳聞者，盛教甚當，愚亦安敢不盡？蓋嘗妄謂“天地之間，有理有氣，雖不相離，亦不相雜，而氣勝理則亂，理勝氣則治”。要之聖賢千言萬語，都不外於理爲氣主四字矣。孟子之功，莫大於道性善一言，蓋於氣質之中，拈出性字，使人知人與堯、舜之本無二性。今高明之論，則許多辨說，專以氣爲主，使天下至淨至潔之理，全然墮在氣窨中去了，以至方寸虛明之地，亦挑脫不得，殆類於古所謂滓穢太淸者。設令成就得一副當義理，此於人身心上，有何所補？苟如是則孟子之辛勤道得一性字之意，至是而還復黜昧矣。況未發二字，實從天命之性出來，未發則性也，而乃於此着得氣質。所謂氣質，固亦有善，而亦不爲無惡，旣謂之氣質，則其不幾於相混之歸耶？此愚所以居常惕然而憫之者也。此爲義理大頭腦處，意見之不同如此，則安可謂之相契也哉？誠願毋自取勝於一時，深憂遠思，速爲改圖，以幸斯文也。

答尹瑞膺【甲子】

示諭縷縷，有以仰見爲師之盛心，而區區者猥蒙牖迷，亦出相愛。此事久成大紛紜，言之亦支離，然旣有問，又安可無對？

二先生廟享先後之序，愚見本與士元不同，而惹此唇舌，直坐於答尹令一書。蓋從前二先生從祀之請，於春翁則狀德之辭，全不肖似，有若强爲擬對者然，士衛在時，亦相對語此矣。向見尹令所示湖儒疏，其文儘好，且其爲春翁陳說德業者，頗似致力，非比前日他疏之汎然者。好文字之稱，良以此也。

至於後先一段，雖於其書中，愚意隱約可見，高明亦旣覽此，而猶若有不相悉者。鄙意特以湖儒之被罰，恐轉生乖激，故言其疏語之非出於無稽，以爲調娛之圖而已。豈或以士元書中有定論二字，爲其所株累而然耶？

喜慍云云，其時實有覩聞之眞的者。常謂"近年鬩墻之變，已兆於此"，故遣辭之際，不免衝口而出。區區憂悗之意，反作兩家交怒之端，還自一笑耳。心說屢被鐫誨，而終不能相契。未死之前，見識幸而少進，眞覺前非，則敢不更爲請敎耶？

答鄭聖瑞【羲河○辛亥】

花郊相見時，知兄有必遞之意，無俟乎責勉矣，追聞勉赴官次，輒爲之慨歎。蓋方今士流之所依庇，惟一二元老，而其家子弟不免爲此世界中人所句引如此，將置世道於何地？此則士長爲首罪而兄次之。一縣邑去就，固甚微，而此不可但以兄輩去就論，惜乎初不深思，而從古以來，分義未安四字，誤了幾多人？情理固亦迫急，然弟嘗妄謂程夫子所謂"爲已爲親，也是一事"爲第一道理也。泰兒宦遊云云，曾未及思量，是則必有至理存乎其間，而亦未敢測度，未有聖人作用，則只當守拙法而已耶。旣就之後，亟宜盡一日之責，近因隣境人士往來，已聞有政聲，深爲鎭人幸也。承無久留意，將何據而必解耶？旣蒙俯詢，成事固勿說，而亦不敢不直披衷悃，幸垂恕諒。

答鄭聖瑞【庚申】

院便拜書，慰荷區區，第辭語悲切，一讀一涕。上古父不哭其子，兄不哭其弟，旣不生於其時，則何嗟及矣？願寬心而自愛也。近亦讀書益勤否？嬾散無當，但用馳羨。長令事，聞於其甥姪，新庠喜筵發端，以至於此。此君固疏闊，而士衛平日期望何如也？ 當謹密而不謹密， 似周詳而未周詳，詩云靡哲不愚，豈此之謂耶？抑亦時運所關，惋歎奈何？

答鄭聖瑞【癸亥】

庭前梅子已大結，月亦向圓矣。花下對酌，未嘗不在於心目間也。適有德村去伻，如期轉往，靑州從事，其不作烏有先生否？好笑好笑。伏聞栗翁別集一本，先大爺有所釐正，如蒙搜覓下示則幸也。

答鄭聖瑞

旬後有德村去奴，使之轉候起居矣，至今不還，似是路中遘癘而然。拙者本非肉食相，而酒亦少緣，一笑一歎。此際忽蒙白衣之送，開壺引酌，色味絶佳，此意良厚。庭花雖落盡，而滿山濃綠，流鶯上下，恨不得連床一醉如疇昔之夜也。承審有所愼，弟亦以胃脘舊症，多日痛臥，均是老境人事，殊可憐也。

答鄭聖瑞

士衛何處得來？縷縷辭意，知同此痛惜也。卽今氣力緜綴，文字姑不暇言。承有早晩躬速之意，而易成一遭虛往還，願的知此身差健時節，而始圖之，如何？令咸苟有欲見之誠心，豈患無乘？況重之以父兄之敎，而不爲親傳書，信少年不識事如此。後日相見，欲痛責之矣。來敎果符鄙見矣，所諭士習，擧世殆同然，奚獨仁鄕如此？令人無開眼處云云，三復慨歎。講學節目一通，試倩人寫呈。院各異規，不可盡用，其中又必有行不得處。從容商量，隨意點化以還之，則春膳便，始可送示齋任，而更與之議定也。

答鄭聖瑞

日飮無何，非所望於吾兄。豈以天象人事，憂虞齊山，有詩人無吪之願而然耶！願加愼節，無或忽於溫克之戒也。朴都憲疏，聞是巽與之言，而未有悅繹之益，批旨久而纔下，但以"已悉大諭，卿其諒之"爲敎云，大諭不得見，而於都憲亦有未安之辭云矣。書末牖迷，實荷盛意。本來情地危蹙，近雖猥蒙誤恩，而素無忠信善道自結於君心，恐未可言也，兄或未之深思耶。

答鄭聖瑞【甲子】

日昨洪君器海過路，作新年問訊，戲答之曰："以年序論之，則尊翁於我爲前官，聖瑞爲後官，似此交承，終有了期矣。"未死之前，不病爲幸，而入春來尙不能一番上墓，百事可知。前官聞亦不治，而後官政治，不知如何，醒日能多於醉日否？

方竊有一事所欲仰聞者。孔門出婦，見於《戴記》者多。此書元不足盡信，而設令有是事，此可謂齊家之道，而謂之家齊則未也，豈亦聖人所不能盡之一證耶！若下聖人而有此變故者，則直當以不能齊家責之。夫女子褊性，雖失聽婉之美，君子識量，當從隱直之義。況兄平生讀得幾卷書，而乃不能容一婦女耶？匹夫匹婦不獲其所，仁者之所深恥。如子而內有甚宜之心，婦而中抱伊何之寃，則其有傷於倫紀，何如也？我國國俗之不輕許離貳者，其意有在。雖是一時暫出，亦豈可容易爲之耶？緯忝在朋遊之末，且有婚姻之好，初因士友而聞之，不勝駭嘆。亟擬以書奉規，而或言"兄性急，易於層激"，故不免廢。然今則歲已累更矣，且息瓜傷之怒，佇聞棗熟之謠。況今聖女應期，舟梁叶吉，二南之化，當自大夫家始，幷須深量而善處也。

答鄭聖瑞

多少示諭，殊用感頌。他事不能學兩賢，而但學其病，雖似不倫之擬，而似此較絜，固亦爲榮。顧於己分上，有何所益？如兄則方更試登山之脚，而今年亦不用扶，恐是他事學得而病不學也。詩人善謔之言，何至引用？好笑好笑。寄餉新釀，到卽一醉，色味果絶佳矣。庸醫之言不足信，老氣扶接之功，無上於此者。性本好酒而不能多酌，惟微醺則止。此法最善，或可爲取諸人之一端耶。《箚疑》草本，今方對校，僅到《講義編》上，必一番閱盡而可還之也，願賜寬假。講事，今年則先以春秋仲月大享後爲始，前頭或四孟或逐朔，從容商確而處之爲好，如何如何？

答鄭聖瑞

所示程書，曾所記取，而嘗觀栗谷先生《語錄》，有云"斷則忍"，忍則父子夫婦之間，所傷多矣，此義恐亦不可不深念也。愚言旣不見槪，更有何說？惟願於伊川說中修身刑家四字加意，而修身又是築嗑處。如何如何？

兪家事，往年亦嘗耳熟於諸長老緖論矣。程子定論，亦於其時，爲一邊所引重者，而兪家處之之道，甚不善。凡所聲罪，愈出愈新，必欲離貳而後已。所欲離貳之意，則實爲其子地，人倫變故之際，不可參錯以私意。在於其子處義，尤如何？此人心之所以大不平者也。竹丈固亦不無挾雜之嫌，而愚亦從趾舅之論矣。竊覸盛意，似以離貳爲重，送歸其家爲輕，然送歸而不復還，則卽是不告官之離貳也。始雖少異，其實則同，此亦豈可容易爲之者耶？

"聖人亦有所不能"一句，以後人而觀聖人，固若可疑。然聖人之心，則雖已能，而常若不能。聖人猶如此，況常人乎？夫子所謂君子道四者，雖自謂未能，而實則道之所當然，而人之所共行者也。若如來教，則此四者，其亦將以聖人之所不能，而不可責之於常人耶？送歸其家，卽是齊家之道，是則尊旣行之矣，待其悔艾而卽還之，則便是家齊也。是豈欲尊捨其道而遽求效者哉？此亦愚昧之所聽瑩也。然尊旣不欲以小仁自處，今雖無面目，而後日必爲長久人情，此則猶可喜也。

答鄭聖瑞

春來庭梅早發，中罹霜雪，不能如往年之繁，固已可歎，而偶有"花前少飮卬須友"之句，友不至而花已盡矣。向風馳懷，何能自已？此際賢甥家隷委致惠札，慰敵一晤。風日絶無和暖氣味，靜履猶能安勝，殊可喜也。

窮居僻左，罕與洛中人士接，晚聞士元謗言，幾於溢世，今以來書觀之益信。渠本於事不欲參涉，常以好靜惡動病之，今此自入於是非叢中，諒是不意。蓋自初渠意之與愚不同者，愚則以爲"二先生同心同德，固不敢軒輊，而際遇之隆，復雪之責，尤翁則主人，春翁則夾輔之，其當先尤而後春，不獨爵秩爲然也"，渠則曰"此言亦近於軒輊，只當以年歲之差爲高下者，事理當然。春翁既長於尤翁，以春而先尤，則於尤無所損；以尤而先春，則是定其高下也，豈非未安之甚者乎？以此未敢苟同"云。至如李挺郁單擧之請，則不惟士元，愚亦斥之。廟享之例，但可取一人而已，則春翁當遜於尤翁，而不爾則後人何敢輕易取捨於其間乎？此則與先後之相爭，體段輕重，自別故也。

凡人道德功烈，自有百世可俟聖人者，雖先此而後彼，又或先彼而後此，是豈有增損於本分者哉？此在二先生，都不關緊，而後生輩自作彼此，妄欲後先，使潰敗之世道益復潰敗。天耶人耶？謂之何哉？人之所見，雖各不齊，以大體言之，尊尤翁者，亦不可不尊春翁。而今爲先尤之論者，於春多有不遜之語，如士元之少性氣者亦懷忿忿，至發於長書之間，此不可不深戒者也。一後生德尊二字之痛加呵斥，盛意亦自可見。然書辭中似不無不擇之端，願益自反省焉。

抵權友書，奉覽而還之。猥蒙許以批諭，亦何敢自隱也？顏、曾、程、張之有定稱云云，此屬後人言耳。至於今日吾輩之於二先生，則便同門內子弟之說父兄，事體自異。苟於此等處，口語傷快，則如被呵之後生，無或曰夫子未出於正云耶？較父祖年甲，自是名言。愚本屢誦於人者，而又於兄書見之，此誠可怕也。

若夫文廟從祀單擧春翁之議，曾所未聞，恐無是理，豈亦激而失平之言耶！行宮奏對之語，正是士元之所藉重，而欲止其競端者也。苟如來示，則此段果脫空矣。然若曰遂翁本意出於定爲後日從享位次而發則過矣，謂之偶然先發於語次者，則恐非其實也。愚於其時適忝留都侍從之末，於士友間實有耳剽而目擊者，故向來愚與人書，有云"遂翁之爲此奏也，春翁家子孫深喜之，尤翁家子孫大慍之。其喜其慍，均是私意之小小者"也。此書一播，兩家子孫俱怒之，曰"吾家父兄，豈有喜也"，"豈有慍也"。愚應之曰："此喜慍二字，實是近日鬩墻之根因，雖曰無是，吾未敢信也。"以此愚亦入於一場是非中矣，兄未及聞耶？仍及之書中"蓋原於陰主禮論嫁禍士流之舊手段與夫某人欲襲蕩平之餘謀"云者，必明有指的，而未能曉得，鈍滯甚矣，願聞之。鄙說之未當於理者，亦於後便細賜鐫誨。李挺郁疏語得失，亦欲得高論也。

答鄭聖瑞

前月令咸袖致數幅長牘，至今披繹，不忍釋手。楓嶽之遊，樂乎？雖窮到望洋、月松地界，計或趁端陽還歸矣。老年筋力，安得無疲憊？而心胸則豁然，所得似不草草，世間萬事，何往而非乘除也？床席孱喘，但有壤蟲之羨耳。

前書所陳十八字，猥蒙獎許，大體旣同，細節何論？至如“尊尤翁者，不可不尊春翁；尊春翁者，不可不尊尤翁”一段，亦入於印可，自幸愚見之不甚悖於理也。然而“若偏於春門”之敎，猶若有不相知者，何也？且執事抵權友書，原其本意，出於相愛。而近聞有沈仲良之孫繼衍者罰權友之子，而其目則曰賣祖賭榮，蓋以盛論爲欛柄云。言語傷快，流弊立可見矣，豈不重可戒也？

興原人云云，亦承悉。春翁家後孫，如明文、士元輩，本來與此人氣味燕、越，而疑阻之言乃至於此，此則保其必無是也。況玄石平昔言論，無怪其爲今日朝論之根柢矣。春翁則何嘗毫髮有彷彿於此者耶？子孫雖俱無狀，恐無可以憑藉而附合於所謂大蕩平者矣，願勿爲過憂也。以此觀之，則往來行言，固不可一一準信也。

答鄭聖瑞

示諭多少領悉。處之以羊、杜之交，見待固厚。然人雖有言，苟或相知，直可一笑而置之，何至飜動得說話如此？有言不信，聖人旣著之於《易》之困矣。只當默默然，而又未敢無答以嫌於慢也。幸乞恕照。

與鄭聖瑞【乙丑】

春闈始有春氣，不審靜履調攝增勝否？ 寒勒庭梅，未見一二萼向開者，彼此又各老病，無由合幷。 追思向來花下小飮，而不易再得，悵恨奈何？弟脚痿而不能行，口噤而不能言，全然是癃痼樣子。昨得洪君錫父子過訪，惟脉脉相看而已，可歎。

區區妄謂有書院而不讀書，則名不副實，將焉用哉？以是忝叨山長處，皆令講學，或聽或不行矣。如仁里所在，則非與他院比，先正遺澤未遠，況有老兄、諸士友所居，宜若易然，而經營數載，終不免廢，然則豈非士友之羞恥耶？此不必多人，兄若勸起兄家群子弟，洪生謙海且擧同志可與共事者十數人，各爲通告，錄成一案，始自首夏，約以四時一會講，則事易成矣。

答金尊甫【信謙○己酉】

頃日士元之來，獲拜八月惠疏，荷意勤厚，哀感不已。適祥時哀遽，不克付復於其歸，驪便近又稀闊，闕然至此矣。忽已氷至，抱經窮山，氣味淸適，承有在原之憂，計亦已向安矣。縡頑然不死，奄過常事，號絶罔極，見今目力全昏，不能看書，只就《大學》、《論語》慣熟文字，間誦一二遍，稍覺有味，而實心未究，邪思不除。一念間斷，便壞一日之功；一日悠泛，便失一月之功。此事愈覺難，悤悤過了五十來年，終恐無聞而死耳。吾輩今日所勉，惟朱子究竟法，而朋友間朴實頭負荷得者，未易得見，來書所以惓惓於士元，豈亦衰世之意歟！爲之感歎。況責乎人者如此，其自任可知，此道不孤矣，何幸何幸？

此君天資固甚佳，而終始少氣力，不能痛拔流俗。其畏名而不敢盡爲善之道者，蓋亦不知善之眞可爲耳。然視數年前，似煞用功矣。相見時，示以栗谷先生"一毫不及聖人，吾事未了"之語，渠皇恐不敢當。然妄語及此，亦來書策懦之力也。此後隨事切磋，大家扶持，深有望於高明也。所求乎朋友，先施之，聖人豈不能也？然且云爾者，其心謙謙若不足也。更願虛心遜志，去華務實，以日有慥慥之益，則麗澤之賜，豈獨士元賴之？此又幸之甚也。尊門伯春亦如何？維弟喪耦，實關家運。方相守在此，頗慰孤寂耳。相望渺然，無由一聽偉論，以豁蒙陋，惟向風馳神爾。

答金尊甫【庚戌】

七月中伏承五月惠疏，荷意至厚，而哀苦昏綴，不能自力布謝，因循以至于玆矣。仄聞纔經危疾，近來天意若偏禍故家，有不可恃者，況且窮山無醫藥，其獲遄損幸耳。始驚終喜，殆不能勝喩。

示諭明白懇惻，極有警發人者，其中求助之意，甚盛甚盛。顧平日蒙幸至淺，雖欲妄有指陳，何由蠡測其一二？今以來教所自病者觀之，朱子所謂“闕却平日涵養一段工夫，胸中擾擾，無深潛純一之味”者，恐不可不痛省也。

此身進修次第，豈有可言？但從前枉讀多少書，無一實得力處，深可惶懼，極欲收拾晚暮，以酬夕死之願，而氣質難化，精力又已不逮矣。以是益思一致身於强輔之側，而安可冀也？所論師友交修一款，切中時病，非高明，安得聞此言？願與同志者勉之。伯春久不見，不知長進如何。

别紙

程子“知性善，以忠信爲主本”，此語大覺有開心進步處，以是每擧似同志矣。

常謂“爲學大方，不越乎朱子《敬義齋記》”，庶幾終身用之不窮，但患無實得力處耳。

子夏日知所亡，月無忘所能，古人篤實，安可及也？近欲以此爲法，日誦橫渠六有，又以尊德性、道問學爲心，勿令有俄頃閒度一段語，隨事繩檢，而終是間斷時多，奈何？

鄙性過於慈恕，而不能無憤世嫉俗之意矣。《語類》有問：“何時見太平？”朱子曰：“卽這身心，亦未見有太平時。”讀此覺意思平了，來示似亦有此病，試以奉聞。

與兪子恭【肅基○甲子】

竹林書院介在兩湖之間，海山奇勝，固罕其匹；事體嚴重，有非他院之比，而鄉俗貿貿，蠱敗滋甚。非講學，無由救得積弊，今須先定講長而後，方有措手之地。士望屬於左右，允叶鄙衷，可蒙諒許，公餘不憚往教之勞否？此時流俗勝而道學微，以時義則未可遽語此事，而有院則不可不講學。故忝叨山長之處，則輒皆以是相勉。其聽否，在人而非在我，我則欲修吾職而已。他人固可謂以迂甚，而在左右則或不如是否？苟不以爲不可，則愛而莫助，寧有是哉？似聞院規自前以隣近邑宰差掌議，故今番則別添講學二字云矣。

　　此去李生光國，卽礪山人，而方爲都有司，自數年前委以此事矣。聞方躬造以請，故作書爲紹介，幸迎見款遇，細詢其事狀，如何？節目欲自此草呈，而遠外事情，未可遙度。若蒙先爲出草以示，則當以愚見有所修潤，更俟斤正耳。如何如何？

答兪子恭

講長猥蒙俯許，幸以慰多士之望矣。尊旣黽勉從事於祿仕之律令，朱墨惱擾，恐未能專意舊學，此相愛者之所常嗟惋。鄉俗貿貿，可與共學者，固未多得，然十室忠信，不患無人。況敎小童，亦有四益，成己成物之功，豈有大小之別乎？一縣絃歌，聳瞻新化，推及旁近，其利益博，兩湖之交，豈無彬彬作興之效乎？

答兪子恭【乙丑】

講事連蒙臨賁，使兩湖多士知有絃誦之盛，自此庶幾有興起丕變之效，是不獨惠被一縣而已。如非尊成己成物之好意，何能如此？感歎無已。更願終始無替也，此事間斷，則易乎仍廢；若過了一年成習，則漸漬有功。公務雖倥偬，豈無一日之暇乎？切仰切仰。

答兪子恭《中庸》問目

序文"道心惟微"，微有微小、微昧兩義，何者爲正義？
道心，難明而易昧，故曰微，恐當從微昧義。

篇題小註，朱子說"夷、齊所爲，都不是庸了"。如孟子所云"伯夷隘"處之類，固不可謂之庸，而若幷與叩馬事而謂非庸也，則恐如何。或曰："旣以湯、武之放伐，謂之平常矣。"若以經、權言，則夷、齊經也，湯、武權也。湯、武之行權，旣可謂之平常，則夷、齊之守經，獨不得爲平常乎？或曰："在湯、武時，則放伐乃爲平常，夷、齊蓋過於守經而失中，故不得爲平常。”此說似然而亦非也。既曰守經，則寧可謂之過而失中乎；既不失中，則又豈可謂之非平常也？若以古人兩是之論言之，則夷、齊，經而得中者也；湯、武，權而合中者也。中之所在，庸便是也。然此既一經而一權，其事不侔，而同謂之平常，則亦烏在其爲不易之理也哉？終是可疑。

中無定體，隨時而在，是平常之理也。在湯、武時，放伐乃爲平常，卽朱子所謂“權而不離於經”者也。夷、齊則能守而未可與權，雖所守者經，而謂之中則未也。來諭所云“旣曰守經，寧可謂之過而失中”者，恐說不通。君臣父子，何莫非大經？而或有過於忠、過於孝者，豈有一謂之經而便無過不及之可言耶？

率性之道，性則渾然一理，而道有千差萬別。夫同者理而異者氣，則道若非純理之物，而先賢之論，皆謂道不可以雜乎氣言之者，何也？

人物各循其性之自然，各有當行之路，其爲千差萬別，固不離乎氣。然就率性上言，則當專言理而不可雜乎氣矣。《語類》論天命之性第一段，極分曉。

戒懼之爲統體工夫，謹獨之爲零碎工夫，農翁集中發揮明切，固當爲定論矣。戒懼旣爲統體工夫，則通貫動靜可知；謹獨旣爲零碎工夫，則不可盡占動一邊審矣。而觀下“致中和”章句“自戒懼約之”、“自謹獨精之”之語勢，則似以戒懼專屬靜一邊，而謹獨盡占動一邊，可疑。農翁以“自戒懼約之”之戒懼，亦作通動靜看，而但質之《或問》“自其不覩不聞之前，而所以戒愼恐懼”云云之說，則又似不合，未知如何？

戒懼都是通貫動靜說，自戒懼而約之，蓋言自所睹所聞，以至不睹不聞，皆當戒懼，而若推中之所以能致極者，則必自戒懼而約之，以至於至靜之中無少偏倚云爾，亦何嘗以戒懼專屬靜一邊也？“自其不睹不聞之前”云云，“自其”二字，已包得睹聞於其內矣，未見其不合。

費隱，初非兩箇物事也。只是以此理之充滿周流而言之，則曰費，而卽此充滿周流者又初無形象之可見，故又曰隱也。然則費卽是隱，非費外別有所謂隱也，而章句之必以體用爲言，有若分屬兩層者，未能無疑也。

費却更隱，隱却更費，元非兩箇物事，不可分別說來。然若就理上形容，則自不得不以體用言之，而一原無間之義，固粲然於其中矣。來諭疑若分屬兩層云云，恐有語病。

《語類》：文蔚謂：“中庸散爲萬事，卽所謂費；惟‘誠’之一字足以貫之，卽所謂隱。”朱子曰：“不是如此，費中有隱，隱中有費。凡事皆然，非指誠而言。”謹按朱子論一貫之義，旣以一本萬殊分體用，而費隱亦以理之體用分說。則文蔚之以費爲理之萬殊、以隱爲誠之一本，似得其旨，而朱子非之，何意？

一本萬殊與費隱，固同謂之體用，而所說地頭各異，不必混合言之。費中有隱，隱中有費，誠則通貫費隱，奚獨可語於隱，而不可語於費耶？方論費隱而別着“誠”字於一邊，朱子所謂“非指誠而言”者，以此歟。

“某未能一”，不過聖人自謙之辭，與上章之眞不能者不同，而章句於此合而言之，可疑。蓋上章則擧道之全體而言之，故於沒緊要事，謂容有所未能則可也。此章爲人倫日用之常，費之小處，而謂聖人眞有未能焉，則殊覺窒碍。未知如何說而可也。

聖人所不能，前章就道大上說，此章就費小處說，果似窒碍矣。然聖人蓋未嘗中實自聖，而强若不能，然則雖與上章眞不能者不同，而不害謂之不能也。人倫日用之常，固費之小者，而語其至精至細，雖聖人，亦自謂不能，皆所以發明費之義。然是不過借用前章語句，恐當活看。

鬼神，旣以良能、功用爲言，則其言體物不遺之驗，當以天地之升降、日月之盈縮、萬物之消息變化顯然易知者爲證，似更明白慤實。而舍此不言，必以祭祀之鬼神杳冥恍惚不可測度者爲言，何也？

鬼神，體物之驗。如天地之升降，日月之盈縮，萬物之消息，豈不顯然易見？而只如此懸空說，則恐無湊泊處。蓋祭祀之鬼神，卽吾心之鬼神；吾心之鬼神，卽天地氣化之鬼神，一理感通，無所隔閡矣。此章處於費隱大小之間，必如是證嚮而後，方可以由庸行之常，推而至於格天人通神明之極功矣。如何如何？

鬼神，氣也；費隱，理也，二者之間，合有分別。而朱子乃以鬼神之不見不聞爲理之隱，鬼神之洋洋如在爲理之費，混道器而一之者，何也？小註饒雙峰謂："此章借鬼神之費隱，以明道之費隱。" 此說得失亦何如？

鬼神固氣也，此章則重在良能上。饒說以鬼神與道分而二之，恐有病。

知仁勇，皆性之德也，勇於五性，何屬焉？

勇於五性，似當屬義。

三近節註所謂"三知，知也；三行，仁也"及"此三近[4]者，勇之次"者，皆以分而言耶？抑以等而言耶？且三知、三行，分居知仁，而三近亦僅爲勇之次，則當以何者塡差於勇位乎？

三知、三行、三近，恐以分而言。三近爲勇之次，則知之、成功一也，當塡差於勇位矣。如何如何？

4 近：底本에는 없음.《中庸章句》에 근거하여 보충.

答蔡君範【之洪〇庚申】

辱示草江冊子，良荷勤意。遂菴先生士友間酬酢之語，曾已聞之，尊亦以習聞爲教，豈必待文字而後可信也？然往昔迎鳳之制，退翁多少往復，具在原集中，固未嘗不以爲未安。後賢遵用之時，意亦如此，而蓋有不得已者存焉爾。老先生之教，未敢知初晩如何，而竪碑之後，旣無他變通，則爲後學者只當一依庭碑所載，而改其中間輕改之失而已。愚之斷然釐正而不疑者，以老先生"栗谷當專享"一句語，終是百世定論而然也。如何如何？更乞平心恕量。

答蔡君範【辛酉】

勤示，深荷盛意。華陽酬酢，不能細記，而鄙意蓋嘗以爲"栗谷先生專奉一廟，豈非正當？而旣不能然，而與諸賢幷享，則不得不用隔板之制，以略存專尊之義"。此庭碑、記文之所以申複不已，而昨年釐正之不敢少緩者亦此也。伊時語脉，蓋不外此，而章甫之以上段句語至登通文，一何輕遽之甚？

來教改圖云云，無亦過聽而然歟？別廟則事體重大，今難輕議，旣未可輕議，則只當仍舊而已，愚見豈有前後之異哉？夫隔板之議，春翁依退陶說而主張之，其時尤翁答李厚淵之語，旨意可見。執事往年所撰文字及今書辭意，恐或未考此等事實而然也。 至若老先生初晚云云， 正所以信遂翁之教， 而來示似若有不相悉者， 豈亦前言未能別白而然耶！ 悚仄悚仄。

答李衛率【載亨】問目【戊午】

深衣小帶，《禮》所不言， 雖未詳其所綴處， 而見《家禮》兩襟相掩之圖，則可知其右綴腋下，左綴襟旁，而相結於腋下也。 但衣之前葉直下無斜幅， 與今衣制不同，而襟在腋下，則裳之前齊，必高仰不齊。未知裁時稍加分寸， 以取着後齊整之制耶？ 韓久菴以小帶綴於左右襟之旁， 而相向而結， 此則有違於兩襟相掩之文，恐不可從，如何？

深衣裁法，稍加分寸之說，已詳於《家禮輯覽》，蓋前留四寸而後留一寸也。 或曰"留寸， 非朱子本意， 莫若作方領時，兩肩上裁入三寸，反摺翦去之際，毋直而斜摺之，則衣下齊自爲全幅，而兩襟之會，不期方而自方。雖不留分寸，而裳下齊自整， 布勢平直而無橫斜之患。 如此則朱子領緣廣二寸之說自明"云，此言如何？ 韓久菴說，恐誤矣。

答李衛率【己未】

前月付復於邑便，又拜盛翰，聲息殆若相續，不知關塞之爲遙也。忽已深凉，伏惟德履萬福，馳溯益切。綍自經今夏暑毒，衰落日甚，日用工夫，有退無進，拊心悼歎，如何可言？新通判相見否？洪評事文饒還後，問見執事否，以爲“聞其不絶某人，心甚疑之，不果一往”云矣。不知居觀之際，或忽於夬夬之義耶？偶筆及此，可諒此相愛也。無由一奉緖論，每念悵悒。

答李衛率【庚申】

霜臺新命，仰見聖朝無方之盛意，可以聳動遠邇，而竊想秉謙有素，踧踖如不自容也。綍經暑衰落覺日劇，尋理舊業，亦不能如志，奈何？迷兒猥叨幕官，朝聞命而夕登程，試期已迫，終恐有不及之患也。此生無復識面之望，而兒還可以細扣聲息，何異親見也？

陶菴集

卷十一

書

書

與兪展甫【拓基○丙午】

竊聞編史之役，已越十年，而戊辰屬諸執事，先祖捐世，實在是歲矣。年代寖遠，其立朝始終，雖以執事博洽之識，容有未盡知者。謹納家狀一通，幸留之座右，汗靑之暇，從容參考，如何如何？仍念先祖孝友忠藎仁厚恭儉，固已信於國人，內外績用，亦皆昭著。至於選宗英之請，實無愧於韓忠獻臨沒囊封。尤惓惓於嚴宮禁之戒，僅踰年而爲己巳之禍，則憂國赤衷，猶炯炯可識矣。顧其平生言議讜直，其在臺閣銓衡，一以嚴別陰陽淑慝爲主。積爲鑴[1]，積餘黨所怨嫉，以至視之如私讎，其欲陰逞憾毒，何所不至？此在秉筆之公幷觀而黙察，使是非之眞不迷於百世矣。此豈獨一人一家之幸也？區區不勝懇禱之至。

與兪展甫

聞已發巡，民憂溢目，何策可紓？自南來者輒有傳頌，遠爲

1 鑴：底本에는 "鐫". 일반적인 용례에 따라 수정.

嶺人喜也。但過用心力，恐非久大之圖，獨不聞完平相公退狀事耶？無以聰明自喜，持大略細，以副相愛者之心，如何如何？《百家類纂》蒙此印惠，不料其神速至此，况其補綴非小役，珍幸曷已？

與兪展甫【壬子】

聖候不寧，遠外倍切憂燭，信後或已有乃瘳之吉耶？洛耗杳如隔世，雖或過耳，元不欲聞。惟紙末所示，是第一好消息，横渠之喜，指月以俟矣。平日過情之恥，固所自知，而盛敎云云，豈意慮所到？此殆餉禍招辱之端爾。如令相愛，亦不肯出力挽止，他尙何說？然令所聞或過耳，焉有是慮？莊生近名之語，固曾所奉砭於座右，而譬之一字記未得耳。聖賢之道，但敎人力於爲善，初不敎人以求名，亦不敎人以逃名，此實正當道理。執事無或視此身爲戒，而益怠於爲善否？好笑好笑。

與兪展甫

湖疏始終，憑令示方聞之矣。凡事非分則必有咎，何莫非平日濫竊之罪？然聖敎嚴重，亦足以令妄作者知戒，玉成之惠，其將賴之。而獨恨夫如令相愛者，不肯力挽於始，此後如有可以懲毖者，則毋坐視也。

答兪展甫

新授賑任，已料其狼狽矣。令之從初自守，不欲同流合汙者，其意豈不好？但以赴江都一節，爲人所困𢍰，近間撕捱，亦不能一吐所以然之由。自外面觀之，似無意義，威命日嚴，勢不可抵當，畢竟自不得不出矣。與其不得不出，無寧自附於急病之義？而一移足，便成收拾不住者，誠如盛慮，莫知所以爲計也。向日吳君伯玉以騎省去就，來問於嚴敎之後，答以今日義理，都在君看得深看得淺如何矣。今亦無別語，惟熟量而審處之也。罷賑間他除，一切力辭，猶可以見其本心。然其不肯一吐，則前後無異，不知將何以爲說也。其或黽勉承命，則惟盡心濟活累萬濱死之命，而亦於《夬》之若濡、《復》之中行，深加體玩，幸甚幸甚。

答兪展甫【癸丑】

申戒之意，感佩不已。外間風色如此，自不待謝絶而已闃然矣。但令家少年及朴士洙輩，時時來往，其憂我之切，不及於令，而我亦不能一切牢拒，負令意多矣。在此猶飽令政聲，他境亦有爲氓之願。望重則責愈大，不知將何以稱塞。

與兪展甫

曾以趙生弘重濟恤之意，縷縷奉託，而閭例糶之外，全無所顧。我則盡我心以告，而施不施在人，誠無奈何。此意已及於令郎矣，今日赴者至，噫其死矣。使弟易地而處，設能守一切之法，亦或有他道，今則無可及者，言之何益？顧其斂殯之道，實爲罔措，寡妻乳兒，惟束手號啼而已。極欲親往治喪，而忌祀隔以數日，兒子久病，未可替往，不得不走人急控於令座。須擇定將校或吏屬閑於喪事者，使之往護，而此時私債，豈有一分可得處？幸量給若干公錢。渠有已熟之麥、始鋤之稻，目下雖難卽賣，差緩自可還償。此又難恃，則弟家當爲之充納，勿慮勿慮。俾得戢身一木於數日之內，則亦豈不爲仁政之一端耶？如是則我與死者，方可以無憾，千萬矜諒而曲施之也。渠無至親，曾聞只有一箇六寸親在近村，使之往議凡百如何？

答兪展甫

邑事，念之頭痛，然有人誦傳令最目"爲治如此，凡百何有"。但逃故之政，雖智者，無以措手。軍制旣不得大更張，則小小方便牽補，只是苟度目前，其勢終必無民而後已。無民則無國，將奈之何？特補無辭遞之路，一日在職，當盡一日之責，此外豈有別議？然秋後內遷，亦不可謂無是慮，挽近又有由是府增秩，仍位極上公者，得無匹休於後先否？

答兪展甫【甲寅】

承有海藩新命，一州不咸，在朝政可謂知所擇矣。然爲南民缺然，相望轉益落落，又不能不馳悵耳。去就固所奉念，况蒙辱詢，其敢自外？但終無別策耳。旣有難進之義，則畢暴衷悃，以聽威命，自無撕捱之憂，而前之所不能者，後亦豈易言耶？此旣不能，則勢不得不如或者所勸最下一說，亦恐住足不得矣。古人往往有辭內而居外者，或可自附於斯義，而古今殊勢，公私之念又交錯，一出再出，益難收拾，豈朱書所謂今姑爲目前計耶？被譴時匪怒之敎，只是欲其出，出者都藉手於此等語句。下款固甚恧蹙，然此亦只是一身事。十九備忘以後，難進之義，尤爲大節拍。而第一義旣讓却別人，則誠無可以奉塞勤問者，隨地盡職之外，更何言哉？只乞審量而處之。

答兪展甫

中國於異姓，雖至親輒結姻，此固重本宗之義。東俗不能然，六七寸之間，亦多持疑，誠過矣。所示內外兄弟家，則於禮律無可稽。惟朱子外孫還爲朱子之孫婿，以此推之，尊門所議似較輕。 然我國則挽近以上， 終未得一箇可以援證者，安敢質言？惟在深量而處之。

別紙

“栗谷先生常謹在色之戒， 嘗曰：‘爲監司而期年獨處甚難，無定力者所以易於流蕩， 此不可不猛省也。’嘗以省姊行到黃州，有名妓近房，卽明燭以拒之。其和而不流，不顯亦臨如此。”【見遺事】 病中偶閱《東儒師友錄》， 得此款倩人錄呈，是則執事之三極，如何如何？

答兪展甫【丙辰】

相別已五年，自令還朝，聲聞若差邇。而此身如縻，令亦出沒於膠擾之域矣，不知何日得相見。承連有撕捱，終恐挑脫不得，然而朱子“富貴易得，名節難保”八箇字，願念念不忘也。如以此言爲迂闊，則軫可閉口矣，如何如何？

答兪展甫【丁巳】

自聞寵擢，公私豈不喜甚？而惟憂甚於喜，不敢隨衆作賀語矣。昨冬一晤，出於積阻之餘，而卒卒不能盡所蘊，此心長耿耿矣。承有宵寐之感，同聲之應，豈虛語也哉？然弟固不能爲栗翁之所爲，而設令爲之，恐未能一一承用。白老亦豈易及也？然則是夢也，終無可驗之日耶！呵呵。位愈高而責愈重，是固可憂，而目下進退儘難處，不知將如何出場也。千萬只望靜中日親義理文字，藏器而動，以爲救時之用耳。

答兪展甫

讁補之後，宜卽馳書奉問，而晩聞且無便使，汔玆未果，先施深荷。辭本見却多日，今則已有定計否？方伯非補外之官，不如一州一縣之爲安於私義，然已成近日謬例，誠恐挑脫不得矣。以私計言之，甚多不便，痛癢相關，不能無過憂者。而嶺路不幸而失範令，又幸而得台，台若不往，則其如七十州何？前日所期於範令者，於台亦無異，此則終是公勝於私耳。但世道人心，十年間不知落下幾丈，台之精力亦恐類此矣。區區所望，惟嗇精神節嗜慾，先爲愼身之圖；嚴名分明是非，務盡正俗之道，以大寬我聖上南顧之憂耳。

答兪展甫

卽接朝紙，嶺疏就鞫矣。聖上處分嚴正，益知從前義理之不明，都是群下不能開導之罪也，不知末梢果如何。而乘此幾會，使之革舊礪新，大歸於正如聖敎者，非承流宣化之責而誰也？千萬加意，以寬南顧之憂，深所祝願，勿以爲迂也。

答兪展甫

犯科殊非所望於台者，前月偶逢令從淸甫，不免衝口而發，痛說一場，還自笑其愚妄，今不欲更煩筆舌也。砥柱中流四字，在冶隱書院之在仁同者，頃見甚好。如蒙善印一本，仍爲作簇以惠，則朝夕揭看，或有激懦之功否？

答兪展甫【戊午】

安東變怪，僻處未之有聞矣，今見朴台疏，誠萬萬駭痛。其中一轉語之及於節下者，竊恐無語可解。抑或已嚴加鋤治，徐徐狀聞，而姑未及到，枉招人譏評耶？其批五六日不下，是必難於處置，或於次對，廣詢而斷之，然其不能嚴懲則判然矣。此事關係至大，此而歇視，則爭殺長吏之變，迫於目前，不可不深思却顧，以塞亂源，是亦嶺外得喪之一大幾也。或狀或疏，備陳凶黨情狀，痛繩以法，仍盛陳此院之不可不亟建而宣額，以正人心而新汙俗也。此非有毫分可疑，台豈不能辨此？而區區爲此語者，猶恐明者之或有一失，妄有提警，幸擺脫利害，爲國家長慮而善處之也。

答兪展甫

盛疏大體儘好，厚祿攛掇之際，能不爲其所撓，爲國家深慮，爲士論扶植，一事而兼數善，可謂善收拾矣。但措語終欠刺骨之切，且悖惡之擧，只是若干逆流，非安府一邑盡然，以三溪通文亦可知也。此一段可以折其恐動之勢，而全無所見，此後或可觀勢而爲之否？無批還給，大失禮使之體，於台已可爲難進之端，而聖朝擧措益可憂歎。今雖無開納之敎，未必不得力於後，再疏計亦有可觀，不知已如何措辭也。牖迷之敎，良荷不鄙不恥之盛意，而事旣後時，且難遙度，不能奉貢其一二，愧負愧負。

答兪展甫

國家得一度支，豈不爲幸？而從前難進之義，向來辭內之防，今則蕩然無存矣。詩曰："其何能淑？載胥及溺。"謂之奈何？然以台平日自任之重，亦豈肯充一夫之數而已？扶顚補敗之功，不能無望於萬一，情亦戚矣。

別紙

詩曰："靡哲不愚。"哲而無可愚之理，而特爲其利害之私所亂，所謂利者未必爲利，害者未必爲害，此其所以爲愚也。今台一出，蓋亦畏禍底意多矣。苟以畏禍爲主，善則無一事可爲，不善則亦何所底止？使台以不進獲罪，則重亦不過行遣，而旣失此好幾矣。目前爵祿，固世人所謂福者，而其可畏則有甚焉。莫若撥置禍福於身外，惟以世道君德爲心，合則行，不合則去，雖或以一言一事獲罪，亦安知非福耶？“福兮禍所伏，禍兮福所倚”，願深念此言也。

安東建院事，台旣疏請矣。廈氈之間，從容陳說道理，參以本道事勢，使上意曉然知無可畏而有可恃，則不患其不準請。不準則不止，雖以去就爭之，不爲不可，亦可以慰士望矣。陳白之際，願深留聖念，使復建之擧，出於特命，方爲得體，如何如何？

自台之出，殆若不可相爲，而猶復忠告而不知止者，蓋爲《春秋》責賢之義、畎畝憂世之志，不直爲區區姻好而已。如不可堪此苦口，則願明示盛意，無令更有失言之罪也。

答兪展甫【己未】

光膺大拜，允叶輿望，區區亦豈不欣聳？顧其時艱日棘，憂甚於喜，不敢隨衆例賀。乃蒙先賜枉書，俯問窮陋，下情感悚，如何可喩？江干秋冷，伏惟鼎茵體候增福。前夜雷變，又極非常，憂端齊山，良是歇後語。畎畝之心猶若此，况百責所萃之地耶？蓋自制麻之下，中外人情，莫不以閤下一身進退，係國家存亡，而士流之望尤切。不知平日何以得此聲，而來頭又何以塞其責耶?

今日第一義，無過於格君心，而大人之德，固未易言，雖有是德，亦不可以責效於一朝一夕之間。惟“以道事君，不可則止”八箇字，當爲目下受用之要。此雖若不及於正君定國之功，而其所以維持世道、扶樹國勢者，又豈淺淺也哉？人臣身非已有，而況致位至此，只當知有國而不知有身，無顧戀富貴，無較計禍福，則何事之不可做？何變之不可應耶？苟以此立心，則斯已過半，而所憂者又見識不逮耳。往年每勸閤下讀書者，蓋知有今日事，此非爲閤下，實爲國家也。今則能追思，而猶以爲迂闊否？宋祖開卷有益之語，眞切可喜，亟取朱書《時事》、《出處》一二編，朝夕玩繹，長在心目，則其益甚大,【其中答梁丞相書，尤當體服。】如何如何？眼昏胡草欠敬，惶懼惶懼。

別紙

夏間小紙，至今未有回教，妄謂以閤下之弘量，而猶不免訑訑聲色矣。乃蒙追提勤諭，開示盛意，始知前日淺之爲知也，悚汗何已？至於不住謦欬之教，虛心來善如此，何事不濟？此國家之福也。

上款事，入對後始可陳白，或有嚴敎，則屛出或引告，以此決去就，豈不綽綽然哉？未肅命前，則攙入於辭免文字，不但有要字之嫌，旣不入於唯諾諸公之中，則不必自引，設有自引之端，自引則晚矣，終不如入陳之爲得體也。至於近日過擧，方冀改免，何暇及此耶？花祠亦不可不一痛陳，而必須令上心洞曉嶺外情形利害而後，方有準請之望，此亦非細事業也。挻害他處與否，固未可料度，而亦何足論也？

新相第一筵對，上下拭目，其切於君德時政者，先從大體上開陳。而至於立紀綱、愼法令、進人才、惜名器、抑浮躁，俱是大臣之職，當以此爲己任，餘外事務之關係私小者，切須擺脫。凡人取侮於上、失望於下者，正坐此等事耳，此不可不戒也。

入對時敦勉他相，爲近例矣。然一人卽乙巳間討罪，閤下所嘗與者也，一人則僚席已力爲之扶護，何必效尤耶？近日命令擧措之失平者，固甚憂歎，而筵席下敎，往往有善端之發見，惟當扶接培植之不暇。而彼以十年苦心等語，申複於上前，雖其本來伎倆，而吁亦不仁者矣。事事不與苟同，方可以答士流之望矣。

官師規正，人物進退，一循公理而後，可以厭服人心。而一箇私最難克去，以度支時一二自辟見之，可驗矣。大僚異於庶司，千萬淬礪自新，以正頹俗，幸甚幸甚。

別紙

廈氈吁咈之美，至令野氓獲得其一二，其爲欣幸，有不可言，亦以見盛意之出尋常也。金令曾不識面，不知其人果能寬南顧之憂耶？但以昨年避辭論之，聖教不白直三字，至當至當。職牒靳許，未見其爲未允也。以閤下肅命以後事言之，所當匡救者何限？而都未有聞，豈以邵子所謂施爲欲似千勻弩者爲意耶？安臺遠配，此何罪也？其後停論之臺，尤不可不論罷。知閤下於花祠事，非不留心，而於此闊略，抑欲待鞫罷之後耶？前月間一士友自京過訪，言左揆事業，只是促西伯赴任，國事可知云云。閤下則能免此譏誚否？妄嘗謂非有茂弘之滅親，難以託百里之命，老峰相公所謂危道者，實可念也。近日內則掌兵，外則守藩，雖於聖度包容之德爲大，而居廟堂者恐不可不加愼，如何如何？

別紙

回敎謹悉，始初倉卒膺命，雖緣事勢，而已失自重之義，今又乍入而旋出矣。目下善類之屬望於閤下者甚盛，此非他，以其異乎他相之伎倆全露無可恃者耳。若復因循遷就，捱過時月，伈伈伴食於朝堂，默默備員於賓對，則卽與他相何別？方來事變難料，一言進不得，一事做不能，或以他端狼狽而退，則豈不近於何所聞而來，何所見而去者耶？苟如是則不惟善類無復係望，國有緩急，將疇所倚仗耶？莫若早爲一言，以決其去就，萬一感悟天心，固大幸，而雖不能爾，亦足以維持世道，悅服人心矣。筵對則言語未易條暢，上旣厭聞，必有以攙斷遏塞之，決無畢辭之理，此則終爲失計之大者。退食之暇，從容草成一箚，趁速呈上爲宜。淵輩些少計較之言，何足聽也？切勿持疑，千萬之幸。安東院事，不可不附陳，閤下若不更伸此議，則何以慰中外士友之望？此外又有何緊急事耶？前箚條目甚好，或就此中審擇而敷列以實之亦好矣。區區累煩而不知止者，爲國也，非爲閤下也，可俯諒之否？

別紙【庚申】

兩大臣伸理之典，聖斷固赫然，而閤下一言，亦可謂有回天之力矣。况大臣而以道爲去就，於閤下始見之，豈不偉哉？然復官備忘中未安處甚多，而還朝引對之日，默默無一言而出，已大失士望矣。近聞士友有以此事爲言者，輒應之以交淺言深。而次對則一月之內，至爲稀闊云，不知何日上下能相孚，而可以無言不盡否？衆心極泄泄，顧此衰老將死，何由得見河淸之日耶？或言近日閤下必欲與左僚同做此事，此則決不可成者也。

別紙

趙中丞聖復死於酷禍，數歲淫刑之下，終無異辭，眞是鐵石人。當初被讒，出於朋儕之手，此則不過恇㤼，而群凶之必殺乃已者，非惡其人而然。觀其請鞫之啓，無非誣逼春宮之語，其心豈不灼然可見？今則上敎旣曰"聯箚代理，義理光明"，則此人亟宜首被愍恤之典矣。雪誣獄，則此事亦次第當行，然此則與聯箚代理，同條共貫，亦不必遲待，如何如何？其時事實，恐未詳悉，疏供謄本送呈，覽過而留之。設令此人直請代理，當此義理光明之日，亦當得伸，況意同而言則輕者耶？受禍最酷，尤豈可不矜念？伏聞昨冬筵中，以南風連吹爲憂，可以仰見天心也。設又有戊申之變，此與疆埸外兵亂有異，惟當正名義嚴討復，以昌我剛大之氣，以折彼凶逆之心。今之所以防禍，後之所以應變者，都不出此，願深留意焉。入對之際，尤不可不明陳此義，以廣聖聰，以鎭人心，以爲作事之根基，幸無以此言爲迂也。

廟薦姑無參錯手段，此則大慰士流之心，除了蕩平中人，實難推移。然亦於其中必擇可，而無徒循其班資也。如黃、尹輩守正不撓之人，此後宜亟先調用，以允公議，如何如何？

似聞與僚席有費力苟合之意，果爾？必大失士流之心，可憂可憂。

別紙

別紙回敎備悉，十一日備忘未安處云云，亦非他端，蓋指悖子惡孫等敎矣。誣獄見伸，則兩相自在其中，而但人力量不逮，擧兩相事猶易，誣獄事尤難，閤下而亦不免此。兩相雖幸伸理，而誣獄又如前掩置而不敢言，則義理頭腦終無可明之日，天下寧有是耶？區區屢煩提警，良以此也。

今來敎則以此言視作尋常文字間當請改而不請改者然，豈以此段與伸獄罷科，條列各殊，而不爲通看也耶？自聞有疏決之擧，意此幾難失，而又恐不免默默而出矣。今承與諸公合辭陳請，雖未蒙兪，辭氣不至甚落落，極可幸也，此後猶有可望。但以目下觀之，不能伸得誣獄，而只放出許多逆賊，此何事也？論天下之事，貴在知要，今日時事之至此者，專由於頃年彼此俱有逆之一備忘，故目下第一義，無過於伸獄罷科矣。

朝紙中聖教以梟獍對不逞，似指彼此而言，豈以今示奏對措語如此而然耶？不逞固輕於逆，然此亦不必言者，或如所妄度者，則大臣出言之不可不愼重，益明矣。昨年元景夏來見，語及此事，不佞以爲："誣獄中人下至白望，如有妄加疵病之人，終是賊邊人。"元默然而去矣，此語願深念之也。

所謂大更張大變通，無益而徒歸紛更，非可慮於閤下者，所憂惟持重太過，而三思反惑耳。簿書期會，架補度日，豈大臣之職耶？惟君德責經筵，實爲急先務。乙巳人旣失之於前矣，閤下能懲毖而善圖之耶？此意甚善甚善。

以善而化不善固幸，而以善而化於不善，則不幸甚矣。此所以有苟合之戒也。蔭伯旣關由廟堂，則無或費推挽之力，而前頭籌貳，又將襲得某人之套耶？監作出六之請，猥褻亦甚，願以此爲戒而無效之也。

泮疏似是年少輩氣銳輕發，而抑或有主張者存否？頃與人以此事酬酢，淺見則此事三司當先之，太學繼之，恐不必遽爲也。其人答以三司旣不能言，太學安得不先之？此言亦通否？士氣摧沮，似不能更擧，而此後如或有被讉之事，扶護元氣，亦豈非大臣責耶？箚中旣攙及子若孫一段，則下端宜有元非可累之語，而全然沒之，有若負曲者然。如不能明白說破，則不如初不提起此語之爲愈也。大抵誣獄一幷洗滌，則相臣伸枉，自在其中，而今之論者或於此事，强存區別，若分作兩件者然，良可痛歎。

乙巳之禍，承款正刑者亦多，而栗谷不爲分别，一幷雪寃，由是而是非大定。以《武定寶鑑》及《栗谷年譜》與《筵記》參攷，可見也。此係世道消長之大幾會，此後筵中或有此等事出於言端者，則必一以栗翁義理爲主，如何如何？此不可不預存商量，以爲應變之圖也。

與兪展甫

身退而名益重，此范老所以愀然於坡公之言者，區區未敢遽賀，而亦想閤下不以處江湖而少弛宗國之憂也。比日溽暑，伏惟台候起居神相增福。筵敎往往得之風傳，令人代怖。然仁天旣玉成之矣，豈復有他虞？竊謂閤下當軸以來，大體固得正，而力量拓得未弘，私意克得不盡，頗有不滿人意處，此《春秋》責備之義也。異時世道之責，閤下有不得辭者。切願及此閒暇，益親義理文字，以爲正君定國之本，幸甚幸甚。綍誠迂愚，所恃惟陽未嘗亡四字耳，是以有此過慮之言，可博閒中一笑否？

別紙

前書所云，殊涉僭易，而乃蒙寛假，復勤垂問，此古人欲聞過之意也，甚盛甚盛。以愚觀之，近來私意漸勝，手段稍滑，幾不免人言，今番事可謂善敗矣。老第新館，良非易事，豈他人莫如之義耶？此外不敢縷陳，而一念之萌，亦躬自繩削則幸也。廟薦無一番參錯，此爲事業不少。但聖上苟不加斥逐，而責以革新，則果能確然如初否？冢宰之政，前後判如二人，令人發笑。益知仁天玉成之德，於閤下若偏厚矣。

聞誣獄有付有司稟決之命，而上教中對否德一句語，似是深入趙、宋輩之言而然也。益恨閤下不能撥却百事，盡誠力請，終失一番好幾會也。不靖稍輕於不逞，然終是常時意思不能見得義理與事機，應變之際，輒致誤着耳。

所教二說中初說，即鄙見《武定寶鑑》中所載誣服者，栗翁無區別之事，此可法也。柳、禹諸人乙巳處分，曾未詳聞矣。趙中丞聖復事，頃間一發於筵中，而聖上以始初請椿棘之啓爲無狀云，然否？伏乞詳錄其曾所口白與耳承者以示之。

蓋聞閤下於凡百奏達，有發端而無結梢，聖意如難之，則輒卽止而不敢復請云，此言不至孟浪耶？戊申丹巖相公蒙宥以後，愚嘗勸以牢臥江鄕，無輕去就，此意實有在，而不能見用。雖其衷丹見孚上下，而於世道則未必有益也。願閤下深念之，除聖心廓悟外，切勿屑屑來往爲幸。

與兪展甫

一年三四上號，實古今之所稀有，邦慶稠疊如此，而畎畝過憂，殆有倍於喜者，不自知爲何心也。江閣淸致，令人爽神，惟恒居不及山野，往往痲痺，已是兆見。老來閱理頗熟，天下事豈有全好者耶？願有以加愼也。

似聞食料甚艱，增損姑不可論，新屋雖精好，恐未易遏得京第之念，似此經綸之術，無亦太疎否？然而其視世之知進不知退者，不可同日而語，此意豈不好？而古有無地起樓臺相公矣。是則泰伯又高之義，無或以爲責人無已否？語涉戱謔，不勝惶懼。

別紙

堂圈事盛教如此，愚言亦不免執迹而疑之也。然此事大臣例主之，不可諉於冢宰，文衡追入，終失濫多。前錄亦少刊汰，此實由於依違流俗之意勝，而愼惜名器之義輕，恐無以自解於有識之誚，如何如何？

答兪展甫

秋事幾大熟，而忽大歉，是不獨爲畎畝數口之憂而已，奈何？回教魏山人浮夸之作，未敢保其必不然。然尙論古人之道，不當以其微過，不信其好處。苟取其善，於己身未必不爲善，如何如何？迷息遠役，居然雲天嶺外人矣，念之惘然。

答俞展甫

敎意備悉，往年寧陵行幸時，今度支公自湖委至，候於路左。前輩則未有此事矣，相見時語此，則以爲古今不同也。今玆盛敎，良符淺見，議者之言，未見其爲好。閤下所寓，如在高、坡之間，雖若嫌於呈身，亦安可避也？幸存熟量。數昨雷震之異，憂厲無寐。今日仁愛我聖君，惟上天耳，警告若此，其或庶幾否？默禱默禱。

答俞展甫

江干晝宵陪話，境界淸勝，殊非富貴氣象，至今猶來往于心也。乃蒙盛翰辱存，荷意甚勤。緈歸後拙狀猶昔，迷息無事遄還，相對頌祝天恩爾。樊川乍過，未暇叙穩，蓋其意不欲還朝，而今無所執而爲言者，狼狽深可念也。竹醪到卽一醉，醉後笑而謂人曰："使相公薰酣沈沒於膠滯場中，豈能記憶此山裏閒漢？此亦江湖安靜之力也。"此言果如何？

答兪展甫

縷縷辱詢，實荷披心，李台所引前事之不相襯合，誠如來教。顧今世道壞敗，廉愧都喪，士類之所依恃，惟閤下一人。擧足重輕，其可不自愼也耶？小紙所示，命意儘好，而但恐上下之間，捨置本事，徒以影響相接，大非誠實道理。不若直就向來聖教咎責之事，悉暴其本心，以爲疏首二字之註釋，則其間自多有觸忤之端，非欲故以此自疎於聖眷。而既蒙收召，窘蹙至此，安得不一有控暴耶？如是而猶復敦迫，則此一段用之於辭竭意窮之際，亦未晩也。前頭固應有十分難境界，而日前不欲事之批，已是萬萬兢惶。於此而不申白其情實，更待何時耶？義理自當如此矣，如何如何？往年丹巖相公遭如此境界，一疏之後，卽命收還史官矣，幸深思之也。《華陽語錄》得見甚喜，此後似此書冊，輒辱示之尤幸。

答兪展甫

示諭縷縷謹悉，此事雖曰非敢有所畏忌，苟以故作自阻爲嫌，則雖經年閱歲，終無收廻史官之理。引疾豈不便好？而此爲悶迫耳。前教下策，義理儘正當，而既不免擔置本事，則此恐爲緦、小功之察，故切願加意於緩急先後之際耳。撕捱不事之批，初不記的在何月矣，今既許久則勢將待十分難境界，不得已而陳暴本事，試於閒暇時，構成一本以待之，其前則惟如前引疾之外，無他道矣。

親友所勸固多端，各自有見，而範台則又援前輩故事。然此則必下以實情控暴，上以誠心開釋，一經此節拍而後，方可用之。稍進一二十里，則猶賢於進城外耶？此亦萬萬惶恐而後方可議。然顧今鼎席有事，無或近於舍龜朶頤耶？恐亦當觀勢而應之也。至於走州獄，則決知其不可，草堂之居相近，豐府之狀將上，又何必更蹈其前轍耶？猥荷辱教，不敢毫有所隱，而語或涉於詼諧，主臣主臣。

別紙

湛翁事實，終恐道學少遜於節義，尤老之意蓋如此，不必以集成一句語致疑，如何如何？課日手記，試當問於其後孫，如或借來，敢不奉覽？

答兪展甫

誣案雖燬，其受誣於虎口者，不得一併昭洗，即是從前一箇塗轍。而當路者猶以此竊竊然相喜否？俯諭去就之節，諒如台教，病昏不能悉布。

答兪展甫

下示筵說，次第承領。上心已被群小壞了，動被脅持，萬無開惑之望，天耶！然此實臣下之罪也。前復中所敎，尤荷勤問之意，卽今頭勢固若難於爲辭，然苟欲積誠殫慮而爲之，豈患無辭？然竊恐大監力量，不易辦此，何必枉費說話耶？臺臣行遣之後，雖若漸成邦禁，而此非殉國大臣之所當顧者也，如何如何？《武定寶鑑》，頃得北士書，云遍求不得。其時事實，終不能詳悉，亦不可遽以爲證矣。日前有一士友相語，偶及大監去就，則其人以爲此老忠字恐不足。問何故，對以朱子不曰盡己之謂耶。此語不可不一聞於執事，故偶及之。阡柱詩刻文勝終未安，然試當於病間後書上，以俟進退之耳。

答兪展甫【壬戌】

舊墅移寓，本於私計爲便，醫藥飮食，尤有補於將攝。非不知其如此，而已是老物，一着身於地，便自難動，只願守得“夭壽不貳，修身以俟”八箇字而已。縷縷勤敎，實荷懇念之盛意，而無由奉承，可且恕諒否？大靜謫客，可謂能人所不能者，而畢竟倉卒失對，還爲全軀保妻子之徒所訕笑，殊用歎惜。朝紙近頗間斷，未敢知聖候加減如何，而國事無一可恃，前頭扶顚之責，恐有不得辭者，切乞於閒暇時，深念深念也。

答兪展甫

胤郎一命固甚早，而似無可辭之義，其將黽勉祇承否？小紙所稟，蓋不敢自隱，而不加揮斥，有此回復，可以見盛意之攸存。然庚申疏未必痛陳終始，聖批示悔，恐亦只是前席勉副一段，而前後疏章，都是含覆說過。至如在城東時副本，有若沒題之文，捏合爲虛鋪叙者然，前日所奉聞忠字不足之譏，恐或緣此而發也。然愚意亦非謂卽今便可爲之，已失之機，雖不可及，早晩更有收召，則便是一初，終不可不明白指陳，使上下曉然知難進之義如此也。凡事豫則立，願以此爲深念之一端，如何如何？

答兪展甫

縷縷回諭，有以見牖迷之意，然所引諸條，恐亦如前所云虛鋪叙者。愚見則以爲聖敎敦迫非常，而終不敢一進者，是必有萬萬不敢强之情勢。而前後只是一疾字，殆不知所謂負罪者爲何事。有懷而未能罄竭，豈不爲不盡己之一端耶？此後申召，申暴此事，使上下曉然知其情勢如此，難進宜若此云爾。然人見旣難合，則何敢强要其同耶？從此不復言此事矣。

答兪展甫

閔弟之亡，盛敎悼惜甚摯，是固憂世之一端，而亦知生死情誼之非常故也，重爲之感歎。胤郎相見於半歲之後，爲喜可知。但山齋安燠，正好看讀，而依舊是可憎面目，不知渠欲自待以俗吏也耶？ 窮居索莫，春間如獲一番傳呼，豈不爲村巷之榮？ 而未敢幾也。 秖願赤舃及早還朝，以捄此世道爾。寄餉栢醪，連日取醉，飽德深矣。範台來往，雖不免屑屑，猶無猛有迹之嫌疑，向日歸死故山之請，恐是失着。而當路者攔掇甚急，不知將如何措身耶？ 殊用憂念。

答兪展甫

《完平日記》，曾欲一見而未得者，深以爲幸。此外稗史，雖非新奇， 而凡爲台座所藏者， 使得盡數一經眼目， 如何如何？ 仍有所稟，今人熟於古史，而於我朝則昧然，就此等書冊，一番整頓，使有條理，俾列朝事實瞭然於一帙之中，豈不爲閒中一事業耶？ 試爲留念，如何如何？ 兒子所處草堂，梅花盛開，興至每往訪，引酌而還矣。年少士友，有以餘瀝過醉者，翼日之會，黜座不得同飮，退而作詩謝過，末云負罪門人。 見而笑之曰："此是渼湖法門，亦可位齊三公耶!" 偶及此語，以博閒中一粲。

與兪展甫【癸亥】

峭寒不解，未審侍奉匀候，一向增福，瞻遡彌切。綷調息粗遣，疾勢視前漸減，還懼其壽。目下天災時象，懍懍若難保朝夕，朱子遠遊之願，亦恐非遠慮耳。但聞近日有居閒讀書之大臣，此則雖治平之世，未或有之，惟此爲第一好消息爾。竹醪謹已取醉。小紙回教，示諸負罪門人，則以爲“二字固當量而後下， 然吾則直情自訟而已， 無他計較機關底心”，仍吟儷語一句曰：“誰謂跋疐之狼，還成負嵎之虎？”此君是業科者，而意欲諷切台座也，不妨奉聞否？

與兪展甫

丹溪獄中物件之錄示，誠莫曉其意。丈巖雖有發微之辭，終在於其然豈其然之間耳。至於後事，旣經先朝處分，重以諸長老之言，其見信於後世明矣。或於其間有一毫非其實者，則其爲未安，孰大於是耶？ 六臣精忠大節，軒天地而輝日月，雖百世之遠，猶令人聳動，有未易致其詳者耳。此等事恐不可不十分審愼也。

別紙

尹和靖嘗答其門人見南子之問曰：“我非孔子， 安敢見南子？”此卽經常底道理。至於魯齋，則未至聖人而爲聖人作用，是由大字上生出病來，宜其大得罪於後世公議也。尤菴一疏，終是不易之正論，然薛敬軒於諸儒中，極尊信魯齋，似有志氣相感處。靜觀則又甚嗜《讀書錄》，其不去此一段，亦或有見。然而不必以此而致疑於尤菴正論，如何如何？

與兪展甫

春宮冠日漸迫，臣民慶忭如何？大臣非比他僚，况又頃批敦迫非常，吉事雖與憂患時承聞有異，而略伸其分，亦何害於義理也？前稟野乘釐正之事，願從速下手，凡事作始爲難，始則豈無終耶？

答兪展甫

伏聞手批臨宣，誨諭出常，進退俱難，誠有如盛教者矣，公私憂念。南相事恐不必見引，其時處分旣嚴，公議方張，豈執事今日情勢之可比者耶？於義理何四字，上敎至當，黽勉進承恩命，從容陳懇告歸，如朴丈言上也。俯示諳近地申籲而還次也，或者之說則似不成道理。至如憑藉求進云云，亦恐歸於曲嫌矣。設令出於中策，申籲之際，章首二字不可不先去，此雖差失負嵎之夙計，以一事而閱歲撕捱，不亦支離之甚乎？深願一番勉承者此也。如何如何？坐念明日是先王諱辰，未死賤臣，倍切號慕，竊想同此懷事也。

與兪展甫

晩接朝紙，槪審還尋初服，已有日矣。積年違離之餘，再登文陛，竊想恍惚如夢，仰瞻天顔，比昔時如何？歸臥江湖，快適可知，而旣失猛虎負嵎之勢，行有赤舃還朝之期，經綸大業，須爲善料理而以時措之，使邱壑之賤均蒙惠澤，是區區之祝也。日間頗有凉意，侍奉台體增福？野乘通編之役，近已始手否？趙氏家《紀年通攷》六冊，適有去便付呈，此書則雖徐徐謄出，亦似無妨。《冶谷集》則期限已迫，不知果畢寫否？《大東金石帖》，愈看愈好，未忍遽舍，且恐爲雨水所汙，姑留之矣。

答兪展甫

向間去就，以愚見觀之，似爲醞藉，而往往是非多端，至有誚之以去來何所聞見，此則固不審事勢之言。而不惟閤下自失負嵎之勢，士流之平日倚望者，亦若失衛、霍之功云。他日塞望之難，亦可推知。閤下雖自謂嵎固自如，而到得住脚不得時，似無奈何，獨不見頃日事耶？愚者之願，惟不患有位而患所以立耳。

別紙

居常竊欲搜集尊攘一事爲書矣， 似聞李諮議泰壽家有所謂《尊周錄》者，不必疊床，故求見於其子孫而斬之矣。社署人示以新下擧條，直長李壽頤以其師遺意，續成其錄，因宋揆申白，有出六之命。今則恐不得掩藏，纔使人要見於李郞。而此則尤翁事業未必見載， 只可資其採摭， 而未信其可用也。杜子美之詩曰:“四隣耒耜出，何必吾家操?”此意良好，台敎與愚見，於此信無同異矣。《說郛》錄出條件，姑未淨寫，當於後日奉副，而原記則可，後識則重難，恐未敢出也。

別紙

《尊周錄》頃於署人歸也，送言於直長，求見其冊，則泛以借人未還爲對矣。 然書若不成， 則大臣何以得見而至白於上前? 可示於干恩之時相，而不可示慕義之士林，是曷故焉?有未可曉也。 苟知此書之十分好，則請進覽，或又請刊行，使一世明知其有補於世敎而後，賞之以調敘，亦不爲晚。經國之大臣作事，一何悤忙耶? 亦可視以爲戒也。 此書則隣家耒耜，恐不堪用耳。

野乘則留族李歙谷家所藏， 如或愜意， 則不必更爲此書。願自今日爲始，合力編成。題目不知如何爲好耶? 倉卒思之，得日星【出伊川《春秋序》】錄三字而已，幸於此外深思以敎之。起於深河之戰，終於華陽之萬東、禁苑之大報，未知何如? 威化回軍之義， 壬辰再造之恩， 則只當入於序跋中矣。 建虜與我國通言， 不知在何年， 而比深河事先後何居? 以此起頭亦好, 願詳細考檢也。凡例一通, 先爲成出以示, 而纂集時隨加修潤爲宜, 如何?

別紙

某冊名以《尊攘編》儘好, 何必他求? 愚意則恐當以深河戰起首, 而昏朝密諭, 廢妃諺書, 俱可刪沒。但就金將軍碑文, 撮其要語, 以揚義烈。皇朝賜誥, 雖有傳疑之云, 苟出於尤翁文, 則亦足可據, 以此事結之, 豈不光鮮耶? 此下繼之以丁卯諸君子讜議, 終于大報、萬東等事似宜。願依此式例, 蒐輯其可入者, 如何如何?

此呈《貂裘跋》, 亦是尊攘之一端, 其中所引爲先生上書訟之者云云, 實憑童年熟聞而得之。今者徧考年譜, 而無載見處, 可訝。或傳此是尊外先全州李相國疏, 其見漏於年譜, 或坐於後日都提調之謗言耶? 未敢知也。苟得其意, 字句不害有同異。然欲悉其事實, 幸乞搜出於碑誌文字中, 細錄此一段以示之如何? 跋語間如有可議處, 亦乞斤敎也。

往年安正郎鍊石之胤, 來請其先碣。區區常謂歸正之人, 不可與終身蔽惑者同日而論, 而時議多排擯之者, 此則恐不免爲賊邊人。所恨無力可以奬進, 今於所屬文字而不之許, 則何以慰其新歸之意乎? 南、少輩以此事爲不佞好黨論之一證, 視若不可與言之人云, 良可笑也。然而春間嶺之士友, 有來守讀書者, 出示其家狀, 則乃掩卷曰: "此別人也。”初欲令其人操筆，口號作文，沒興而止，因循至今矣。日昨洪令來傳執事語安公梁山時事甚詳，無論其善惡毀譽，備述其前後聞見，而參之以己見，使覽者一寓目而得其人，如何如何？此人居官之謗尤多，而最所難明，故願得閤下一言以決之。

答兪展甫

大監出處之義，正可講於前，而不必議於今。向雖以負罪自處，一番承命之後，便已擺脫得盡。今此進宴，以凶歉災異言之，則固亦非時。而慶東朝賀聖壽，實爲莫大之盛擧，無故大臣之近在江郊者，焉有不可進參之理哉？惟審量而處之也。

答兪展甫

別紙回諭謹悉，往年不有度支一出，或未必入閣，不有入閣，安得辦事業？愚意則某人所斷異日無可觀者，未敢遽信，亦願執事無徒咎於既往。且於領袖二字，勿爲過讓，而終始以此自任也。綍分外別諭，不敢無陳籲病情，如或少間，擬一趨承，先已白此本情。而批旨復過隆，促以卽來，似若未蒙照察者然，惶蹙尤不知所出。文字之可入新編，蒙此錄示，尊門節義，令人聳歎，苟得叶力，不住用功，則何難成就也？

與兪展甫

今日何意作相慰之辭耶？ 令子器識， 非草草止於一命者，吾女淸明豈弟， 宜若有福履之綏者。 而只緣兩家父兄名位過盛，踰分之殃，乃及渠輩。靜言思之，其將咎誰？惜死哀生，此心如割，恨不得相扶大慟，以洩一哀也。今年德門禍故，實人家所稀者。伏惟侍奉之下，情境慘毒，何語可慰？人生無彭、殤，歸盡則一。使渠有嗣續，則生死亦何恨？而譬如好果樹不得盡其用，而又不能留下一種子，是可惜也。風寒非常，此時尊體如何？寬譬之言，都不足以動聽，惟無益二字最切實。伏乞以是措心，痛節至哀，仰慰慈念，且以紓善類之憂也。

別紙

吏判初政，大失士望云，今見之果是。近日樣子，可謂載胥及溺矣。日昨果蒙書問，是則前輩好事。愚亦略有所答，不知果見採否也。己卯帖本，不欲轉借於人矣，於遯荒大臣則可，而於在朝名士則不可。渠雖有託，未可許也。歲末非鐵定之限，姑爲仍留，以待日後心定而遂得初計爲好，如何？時時披玩，亦或可以紓懷矣。

答兪展甫

伏承下狀，聞連有色憂，台體亦少寧日，慘慽之餘，安得不然？向有一士友來傳躬慰時目見，氣短而不能成語，雖外似寬抑，而內實傷剝，實爲深憂云。執事上奉老親，下有士流之望，何其不自重如此？良用慨歎。迷息至今支延，亦是望外，苦請於葬時從行，其亦任情而不量力矣。以禮則固無不可往之義，而其時必値極寒，如縷之喘，何能往還於累日之程耶？令渠行止一聽尊舅所命，不知如何分付也。銓相新政，台意以爲如何？彼此互對，姑勿論，全不愛惜名器，世道無可望者。初仕則稍勝，前書不可謂不見採。而所謂前書，倉卒多疎漏，意欲更申，而自見新差承宣之政，未可與言，故不免中止，可歎。清陰、桐溪之疏，讀來增氣，已載入於編中，受賜大矣。

與兪展甫【甲子】

辱詢去就之節，謹悉盛意。國有慶禮，苟無大難安之事，宜一展喜忭，況曾於上前有所白者耶？聖人作《易》，欲令觀玩於象占之間，趨吉而得正耳。避嫌，賢者不爲，惟勿舍靈龜，勿生朶頤之念而已。且聞已次第還入，似無缺窠之憂矣。設令在朝之際，不幸又値過擧，願勿挾藁席免冠伏顱如近日樣子也。大臣威儀，朝廷景象，恐不當若此也。

與兪展甫

舟梁期日漸近，爲宗社欣祝萬萬。承有黽勉參班之意，殊以爲幸。目下朝象訖未定，而嘉禮後有某處分，中外同憂，是或出於驚騷而豫立之義，亦當量而後入。設有過擧之可以爭論者，秖當毅然坐朝堂，董率而陳請而已。諫臣勘律已至再，似不輾轉層加，而或有是也，則一信字可以謦欬於君側。且私廟事，人皆難於爲說，而此亦不然。彼諫臣之言出於忠愛，而直未詳其間曲折而然。苟於批敎中，但以"本無加隆之事，秋仲云云，亦只是酌獻，初非有三獻，何以爾之妄度至此"云爾，則不徒使渠曉然，可以解群下之惑，嚮來許多過擧，亦何從而生乎？以此道理，面白或箚陳，則豈不爲開廣聰明、匡救闕失之益乎？更願相勢而善處，毋孤士類之望也。宗疏之痛加斥絶，實光聖德，此則當爲將順之端矣。

歲時人事，紛擾忒甚，《栗翁集》來後不能一番披看，何論考校？凡例及年譜爲最緊，故先爲呈上，從容尋繹，字誤者直改之，可議處相報。冊子中無籤而朱書，來敎誠好。臨瀛本及《南溪集》所載新譜、考證諸編，必盡爲參互而後，方可論其得失。且先生原集、續集、外集、別集，想都在宅中，而雖所無亦可得來。年譜外留置他卷，幷次第點檢，此亦當隨力爲之，續續奉聞耳。彼此交盡而後方成定本，須於入都之時，預晝還付營下之計爲幸。

答兪展甫

藥院特命，諒是不意，眷注非常，不知將何以報答也。早晩或不無議診之端，則只可顚倒趨承，計較利害，趑趄前却，是豈分義之所敢出耶？範台昨夕果過宿而去，荷意良厚，而主客一啞一聾，默默相對，可謂都無事矣。然而語及大監去就，以爲"窘迫之極，或者還羨我洪州牧"云矣。

答兪展甫

竊計其間又上辭本，準許旣無望，勢必一倍窘蹙而已，公私憂念。竊伏思之，待上來始議藥之敎，可見聖意之必欲致之。不待他問候之事，而卽可竭蹶趨承，而不能然者，以其有計較之私也。在於分義，豈不未安？旣無別般情勢，何可一向撕捱？待批下，入而議藥，至前力陳私情，得蒙順遞，則固大幸。而雖不爾，留數日投章告歸，奔走於恩義兩盡之地，雖屑屑而何傷？重卜似亦早晩事，此則痛說情勢與事理之不可更出，以決去就。勢不得不出而擔當，則將護上來之恩言，方可仰副，難處正在其時耳，如何如何？蒙此辱詢，不敢不盡愚，幸存財量。

答兪展甫

前月恩批中辭意，萬萬惶恐，有非臣子所敢聞者，宜卽自列，而至今闕然者，蓋煞有商量耳。今則疏亦後時，在此控免，尤所不敢，姑欲調將十數日，如獲加勝，一進身於城外，以請嚴命。而此宜自量筋力，且可決於醫人之口，似此去就，還自一笑。然亦不敢不奉質於座下，乞垂明教。且念辭免文字，本來少葳蕤，向日黎湖丈亦對人歎其無忠厚惻怛意思，諒是相愛之言。如蒙從容草成一本，付惠於望前往來便，則尤何幸也？

別紙

年譜偸暇僅得一閱，所教籤紙，幾盡見施耳。凡例覽後更還投如何？此集修正之由，不可無記。愚意則欲爲跋，而李君請以序，不知序、跋中何者爲得體耶？恭俟明教。作文時不可無凡例，故欲留之矣。《四書釋義》之與見行諺解異者，請李君抄集，成此兩冊以來，玆用呈覽。渠則願附於文集之末，而愚謂不必然，兩言得失如何？亦乞敎之。野乘意欲先了《尊攘編》，而後方始手，不獨《栗集》校役之當頭而已，南原李生冊子果借來，而未及一看，欲俟後日奉呈者此也。軒相厤碑必入於編中，可以益彰其罪，如不以愚言爲非，則願覔示其文也。

與兪展甫

綍自蒙別諭敦召以來，慢蹇之懼，比往昔尤萬萬矣。動者吉一而已，非不知其不可不愼，而進退無常，惟義之視，不當墮在一偏。且初疏所列，有若成言於君父者，義不可辜負，所以有一造城外之計，而所敎如此，欲更爲深量。今便如蒙投示草本，則先從縣道呈上，以請處分。而若俟神氣一如平日而後，仰承德意，則恐無其期矣，奈何？

與兪展甫

日昨下復札，區區曷勝慰仰？旣未獲準請，則身帶保護之任，一向在外，終甚未安。色憂稍間之時，宿患如或可强，則又復往還，似於分義得宜，竊計必有以量處也。賤臣辭本，今番辭意頗葳蕤，或冀藉得回天之力，而亦孤所願。至如目下沈痼之狀，都未蒙照察，恐視以一例託病者流。誠信不見孚如此，秖此一段，尤不敢冒昧進身，惶悚何喩？新屋纔就，欲扁以夕惕軒，此三字，幸賜以篆筆如何？

與兪展甫

御製兩篇，蒙此錄示，三復感歎。至於需雲之澤，尤出常格，不知將何以仰酬大造也。今日群下誠無狀，獨使至尊憂勞於上如此，而如賤臣去就，何異乘鴈之無足多少者？ 乃煩聖慮於靜攝之中， 誨責之嚴， 已非臣子所敢聞， 惶懍恧蹙， 措躬無地。 旣無由請命於都下，則連章瀆冒，亦所不敢， 只得泯默以竢嚴譴而已， 奈何？ 聞朝議皆以執事不當更出爲言，此雖似然，而亦不可執一。恩義有時或重或輕，恐但當臨時酌其輕重而處之也。 請解獲準則固幸， 告歸時亦應有疏，似不敢如前自由也。

與兪展甫

《尊攘編》留意蓋久， 以故曾於入京時取考《大報壇謄錄》一大卷，則果如今日下敎矣。然所載草記之屬，或不無可以採入者，而恨不能細閱抄取也。祭時儀注，亦是儀章之一端，不可不見載。 且壇之處地云何？ 南北如何？ 階墀爲幾級？此是少時陪扈奔走之地， 而所記者惟一朝宗門而已。 若分付禮吏中明敏曉事者，試一考草記而抄其要，上所列諸條，隨聞見又或行審，一一錄出以來則幸也。

與兪展甫

朴承旨日省疏本，讀之爽然。他餘章奏之見漏，似是亂離搶攘而然。《尊攘編》既以遂東伯碑爲首矣，此下當載朴公疏，繼以某某公亦陳疏，以明大義云。而金碑、朴疏之間，必須從略記丁卯虜書及廟堂講和曲折而後，承接方分明。伏乞就公私日記中撮其要而錄送，使卽謄傳於原冊，如何如何？

與兪展甫

丁卯講和事及皇壇儀節，姑先以來紙所載，錄置編中，隨得隨添爲計。甲申御祭文，卽竹泉丈手書者，而藏在鄙人史箱中。早晚欲糚帖，帖成當一呈覽也。

與兪展甫【乙丑】

閒中無事，就六十年間聞見，逐日錄一二段，僅成一冊，題則用東人。近想無以遣懷，先此送覽，此亦小乘之類耶？此冊本不須示人，而既經崇覽，則可刪者示之。文字不過書出聞見而已，疵病處隨本意改之，使無未暢之患，如何如何？

與兪展甫

木孫之還，承聞盛教。第念如子光禍心者出，恐無百步十步之别，迂見以爲保無他憂也。然恨不早聞於欲樹未樹之際爾。副本覽還，今玆過擧，實爲無前，大臣體國之忠，烏得無一言也？但恐尋常說話，不免爲尋常看過而止。第有一說可以仰聞者，罰不及嗣，聖王之典，怒其子而罪其父，恐無是理。《常訓》卽所以貽燕之謨，如可常行，則用作後則，不爾則亦當垂戒，使後承知不可行。且親鞫，先朝雖或行之，皆是治亂逆也。自今定式，亂逆外絶不用親鞫，此二條不可不添入於《常訓》之中。疏則已矣，前頭入對時，或乘間一言之，未知如何？偶思及此，不敢自隱，幸存深念。

與兪展甫

敎意謹悉，上敎之以不卽泥首罪諸人，亦可見以子罪父之於理不當。此一事姑略之，而但就將心，論其不然，恐未爲自牖之義。至於語默之節，不可以一說局定，從前非蒙俯詢，不一開口者，固情迹之所當然。而今番則係是無前過擧，亦關後弊之大者。徐俟事過心平，從容開陳，方得體國憂世之意，願以是更存審量如何？

與兪展甫【丙寅】

李兵曹基敬近以兼史在直，纔送示儒賢入來後筵說數紙，破鬱多矣。《大訓》無人敢論是非，今旣好發端矣，胡不幷及下段某人事耶？此亦係聖誣之大者，而獨不提論，良足嗟惋。

與兪展甫

日昨便回，伏承下狀，恭審初寒侍奉勻體安福，仰慰區區。綷病近益沈綴，最是膈痰全塞，食飮不通。纔邀來李醫道吉，服所命藥，大有應驗，今欲連用，而再致爲難。未寒之前，極欲就醫故里，蓋循積年百口之望，而殊違畢命松楸之初志。兒子朝已發向花郊，略爲修理待還，廿八間啓行，日氣不佳，則退數日，而當冬遷次，觸事愁惱奈何？亡女夫婦，血誠勸諭，終莫能從，祥日奄迫，恨不令見也。

陶菴集

卷十二

書

書

答黃子直【梓○甲寅】

仄聞有飮冰之行，而病蟄人事都廢，無由奉申咫尺之問，徒爾耿耿。從弟還自洛下，袖致惠牘，辭恭意勤，非可以施於陋劣者，旣感且怍，不知所喩。行期屢退，而發軔亦旣有日矣，今夕方到何地？京闕漸遠，懷事可知。但此去潦炎日收，碣石萬里，秋色崢嶸，一馬臨眺，悲憤塡臆。若此身貼在床席，喘喘無生意，而念來若將奮翅高飛而不可得也。

執事久辭榮祿，牢臥田園，相愛者宜若不至束縛而馳驟之。况親老身孤，情理異於他人，而卒不免此役，豈亦溺者相引之類耶？旣已承命之後，只可職思其居。尤翁所謂“吾儕死守”者，爲使者尤不可不知此義，而至如“主辱臣死”四字，實爲目前第一道理，以此揭諸額上，造次顚沛，念念不忘，則域外事變雖無窮，而亦何憂何懼？然而動忍增益、畏愼豫防之道，亦當行乎其間，如何如何？大抵執事近日去就之節，固甚潔淨，而居則少咎，動則生悔。千萬惟愛身如良玉，毋受一點疵汙也。縡方患泄痢，奄至三朔，雖欲仰塞詢蕘之盛意，終無以自力，愧負何言？只乞爲王事增重，以慰居者。

與權仲蘊【瑩○己未】

厭承明之直，而甘一障之役，老年壯氣不低，何畏乎五嶺之險、六月之熱哉？惟區區畎畝一念，爲聖朝仰屋而已。不知何日到鎭，跋履之餘，體力能無損否？曾佐北幕，雖未見其地，蓋知在長白山下，風土淸凉，况得大紀爲之主，此爲可慰耳。憑府便草謝，只乞加飯自愛。

答柳益輝【謙明○丙午】

縡罪大譴薄，實荷天地曲遂之恩，感祝無極。向來辭本還給之後，繼下嚴敎。朝來始因朝紙承聞，惶怖震越，坐俟威罰，而旣未聞處分，則卒不得不竭蹶請命。蓋微此何以自伸分義？中間事機，非所逆覩，又不必遙揣，只欲就吾心所安處行之而已。如何如何？盛疏披玩，其間引朱子說話，殊痛快切中時病，讀之令人爽然。千萬隨事盡職，以副士友之望。

答柳益輝

匪意曉拜惠翰，慰荷倍常。弟歸自故里，値玆歲晏，徒日深霜露之悲，衰疾又從而劇，奈何？國令疏不得見，然一場痛說，過大海去，在渠何恨？惟覆巢餘卵，念之傷惻，爲聖朝仰屋不已耳。

答柳益輝【辛亥】

適有小出，不謂其間耑訊虛枉矣。往還之路，東閣入望，而蹤跡不便，竟闕歷拜。向風馳悵，何能自已？歸拜惠翰，差慰下懷。兩色穀物，受賜不少，當春固窘乏，而亦不至於不能出門戶矣，豈意過蒙盛念？又烏敢猥當賢者之稱耶？然周之未敢遽辭，感戢雖切，愧悚交并。但願推廣此意，使得與一境顚連之類共祝大惠也。

答成子長【震齡○丙午】

多少勤喩，仰悉雅意。牧老事略有可徵，而河西之生，實在正德庚午，則弘治是正德以前。郡宰之爲別人而偶與同名者，果無疑矣。尊奉先賢，不必取足迹所及，固如盛教。然使是名不存於邑志，則未必有此擧，原始要終，恐涉不誠。迷見只如此而已，豈敢有一毫鄙夷之意哉？幸垂恕諒也。屢辱俯敎，而未敢奉承，只令遠儒徒費脚力於累舍之地，悚歎悚歎。

與成子長【己未】

令之此行，眞是萬事無不有者。栗翁亦曾爲是事，而非休老則必不爲，胡不於此道理商量得細否？聖朝過擧至此，憂歎不可言。而且聞舁疾作程，風寒猝厲，必致增加，絶海間關，亦不暇論。不知方至何地，而中道能不至澌頓難動否？深居晚聞，無由拚別於路左，暮年懷思，益復悁然。作此付城西，幾日達否？千萬隨地自愼，以慰遠懷。

與李斯立【倚天○丁未】

時事至此，令安得無此行？士流榮辱禍福，固一聽於天，而奈國家何？郊棲罕接人，晚始有聞矣。不知何月到謫？凡百何以自遣？聞得遠惡地，而嶺海未必能死人，彼惡之者亦惑也。切望加飯自愛，以慰遠懷。

答李斯立【庚申】

積睽之餘，忽奉令問札，如獲隔世消息。聞方戾洛，而無由叙阻，悵歎何已？時事長時仰屋，豈有閒居意況之可言耶？十數年來，一番牽復，何令人驚怪至此？益知令進退關係之不少也。朝市膠擾之域，輒使人喪其本心，恐不可久淹。過賀班後，卽當還鄕耶！

答李斯立

自聞置對，驚念未已。衰疾人事都廢，不能奉一字之問，豈意先施及此？就審日來匪所，令履珍護，稍慰此懷。活得一境民命，粗足爲塵剎之報。外至榮辱，何關於我？但使令窮蟄田廬，未必能徧觀海山之勝，又未必有三伏畫地之厄。世間萬事，何莫非乘除耶？殊可歎也。各已衰老，相見未易爲期，千萬惟隨地自愛也。

答李元亮【亮臣○己未】

前後辱翰已承拜，而每念以令向來樹立、平日期望，何遽至此。深恐令不能堪此苦口，臨書旋止，一味因循。令旣不能悉相愛之情，則宜其致訝而自阻也。然而前屬文字之逋負，豈由於是耶？良以喪戚疾病，文思枯涸，實無以自力耳。早晚欲一得間泚筆，而姑未之果矣。何至煩令胤强疾相守耶？切乞垂諒而少寬之也。

與洪兄【禹齊○壬寅】

來時不得告別，何異亂離中分散？閉門窮峽，萬緣都絶，而惟一念來往於座下矣。伏問嚴沍，僉起居萬勝？惠友已藁葬否？尙忍言尙忍言？其兩老人與遺穉，姑支過耶？痛傷實不能頃刻忘也。

弟扶老携幼，入此深峽。自知其妄甚，而萬重雲山，京洛杳如隔世，惡消息無一到耳，此爲第一靜味。然而親戚情話，何處得來？世事本無圓滿，亦復奈何？所僦屋，堇足容膝，而地僻市遠，盤飧甚艱。江澗水石，地氣過淸，此亦無久住意。春後欲更圖福地，與汝剛合幷，果能如計否？老親筋力姑免大段傷損，家廟昨又奉來，渾舍團會，殊慰旅寓之苦。而但春峽相去不邇，音問亦疎，懷事實難聊矣。惠友家眷方在何地？此書幸傳於其弟，如何？

答洪汝五【重福○癸亥】

十月惠札，思至輒披覽。歲新而春過半，迄玆未報，衰疾亦甚矣。撙節調養之方，蒙此指敎，深荷相念。但自知餘日無多，心欲汲汲爲善，講業之一切廢却，終未敢奉承也。孫兒輩次第長成，豈不奇幸？而人事凡百，未見其少進，此爲憂歎。仄聞賢抱冠昏如禮，老年嘉悅可知。所願培壅好田地，使作讀書種子爾。一官閒甚，固無害於靜便，然而世人之望此窠者，似亦不少，何不思絜矩之道，而爲克讓之美耶？臨紙偶及之，是亦相愛也，諒之。

答洪文偉【啓禕】

昨日令從以練事疑問。《禮》有“旣殯而祭”之文，祭則無疑。苟有減殺，不成祭體，故以此奉報矣。歸考先正緖論，有人所後喪將練，而遭所生喪，或云所生初喪行練未安，同春以爲不可退，愼齋亦謂“旣降爲期，不可廢當祭之祭，雖曰遭喪未久，情所不忍，其間亦無別樣可行節目”云云。此則輕重差殊，傍照益較然矣，如何如何？

答金士修【時敏○乙卯】

自聞五馬之東，相望益渺然矣，忽蒙遠翰存訊，辭意勤款，區區慰釋，不容言喩。卽日大寒，字履萬珍？弟衰疾侵尋，日甚一日，舊學全荒，新知不繼，秖將無聞而死爾，奈何奈何？峽邑固淸閒，而老年吏役，不慣却心性，宜左右之深自悼歎也。爲貧之仕，古人所不免，然仕者爲人，豈徒爲妻孥口腹之計也？《書》曰：“罔曰不克，惟旣厥心；罔曰民寡，惟愼厥事。”願於此留意，毋虛喫五斗米也。旣辱索言，不敢不略誦舊聞，悚仄悚仄。

答金震卿【鎭東○庚申】

勤敎備悉。大宗者外不得立後，古禮則然，而後世情勝禮屈，支子而不立後者蓋尠，此則不可獨責白令一人。而尊兄所執兩父同命之云，法意固如此矣。是以相對時，或冀其回意，不免爲調娛兩間之言，蓋爲白令懸其情事而然也。今則頭勢至此，誠無如之何矣，咄歎咄歎。塊處窮山，罕與人接，此言何足爲重輕？然此係人倫重事，無論彼此是非，所宜明白決定，而該曹之至今不爲覆奏，殊未敢知也。前後數紙覽還，遣辭恐欠斟量。前日所告不以小忿廢懿親云云，願更加意也。

與李陜川【度翼○庚申】

仄聞先尊長嘗留意於尊周之義，捽輯丙、丁以後言論事業之有補於此事者，作爲一編。此本在於驪州士人家，欲一番玩閱而未得者，果有是也，幸辱示之也。綷亦有意於斯，可得與聞否？昨年廷議時，盛論偶與鄙見相符，今則無可言矣，然而區區欽嘆，自不能已。

答李陜川【癸亥】

我朝大君，即古所謂別子。別子親盡，則爲廟於墓下，祭之百世者禮也。今此孝寧大君廟之建於墓下，實得斯義。夫人家一祠之中，奉安不遷位，而又奉高祖以下，則是五代也。此則僭於太廟之制，宜不敢爲也。今孝寧宗孫之以四世同奉於始祖之廟，極爲僭猥，所當釐正之不暇。況此新廟係是國家褒揚淸德之特恩，事體尤別者乎？設令宗孫移家於墓下，安敢如前僭猥，以犯禮律也？幸博訪於知禮者而處之也。

答李仲通【崇臣○庚申】

俯詢禮疑，固陋何足與知？日前一士友有以此事設難者。鄙意則出後人者，又還主生親之喪，實有違於別嫌重統之義，顯辟之稱，亦是窮極盡處萬不得已之事，二者俱苟而已。然取此較彼，顯辟差爲寡過也耶？

答洪君錫【啓祚○辛亥】

所詢細悉。《禮》曰"中月而禫"，"中"字蓋指大祥月之中，而先儒訓以間一月，自是爲二十七月之制。朱子亦云"從厚無妨"，而非禮之本意耳。假令祥事退行於正月，當卽其月而過禫，况今月退行者耶？若自退行月輒間一月而數之，則又過二十七月之限，視禮意益遠矣。是以過時無禫，禮有明文。兄家若過正月則當無禫矣。前後只陳其大體，故致煩更詢，玆用詳報之耳。

答洪君錫【癸亥】

院便拜書，喜審雪沍，兄靜履安勝，慰荷何已？兪君雖少達氣，謙愼持己，絶無宰相家意態，且其周通縝密，足爲需世之材。雖疾疢沈久，豈意止此？大心旣亡，又失此君，身後百事少分付處，慟惜奈何？女兒，一家常笑我偏愛，蓋以其類己也。渠旣不能爲男子，以克其家，尙冀其晝獅之餘慶，而遽作無告之人。念之心痛，語及涕下，豈亦病裏心弱而然耶！衿州之不能書問於兄，本性疎嬾，不似乃父多事。雖曰無才，何至汨沒於如斗之邑耶？好笑好笑。

答洪幼和【啓祥○壬戌】

所詢禮疑，蓋亦心所不安，而有此疑貳耳。往年朋友有以此事爲問者，令各從其志。時當監試，一赴而一不赴，惟在君審擇矣。若夫緬禮，則惟應服三年者爲緦，餘外皆弔服加麻，固無服制之可論，然本是期服。而靈柩出地，凡百一如初喪，卽是未葬之前，何暇論場屋試藝之事耶？揆以情理，恐不可赴矣，如何如何？

與申震暉【曒】

尊王考文集刪正之役，猥蒙辱屬，蓋亦久矣。連以喪慽疾病，不遑及此，知尊善恕。年來亦不鞭督，至今稽逋爲罪，不於此時斷手，終恐全負孝子之心。就舊時抄籤處，從頭遍閱，更爲增損。謹此耑人還納，以俟財擇耳。

別紙

文集所以期於久傳，貴精不貴多。然祭文、碑誌之屬，關係祖先與族親，未敢輕刪。至於詩什，猶不至廣選，疏啓亦多刪去。如詔、制、箴、銘，恐是所習科體作，故與代人作賀箋而幷不取。凡此委折，不敢不細報，以資財擇。

回榜宴酬唱及耆社諸篇，雖繁而不殺者，蓋以侈盛事爲重故也。

答韓汝溫【師直○辛酉】

所示領悉。被罪家子弟，動以畸翁爲口實，然畸翁事終恐不是矣。圍籬卽罪謫之極律，非如尋常流配，爲子弟之道，只當惶懍蹙伏而已，豈有餘念可及科名耶？少年科擧，前程不翅萬里，不必以苟且窘急爲心，須以此道理說與渠也。

答尹季章【鳳五○庚申】

嶺儒所託文字與敎意，並奉悉。追念先故，力所及處，其安敢辭？第遺愛碑陰，未必盡有叙述，設或有之，只是以一鄕人士所共愛慕之心，無多無少，以自表見而已。若轉而求之他人，則面貌較重，而還有嫌於文勝。故近歲親舊家有以此事相託，而輒以此意謝之矣。今不可取舍異同於其間，幸有以寬恕之也。

與洪文饒【啓裕○乙卯】

深居不聞世事，令從忽至，始承嚴程已過素沙，渺然不可及矣。盛疏大旨，得於口報。雷霆之威，非不可畏也，目下只見言責，不見其他，推此心以往，何古人之不可及哉？平生於人，不欲作姑息之愛，今日此行，當賀不當慰也。然末俗易高，險塗難盡，此語又當深念。聞朱書一部隨身，尤是好消息，千萬益自淬礪，用松江圍籬中白木故事，以爲培養本原之地，如何如何？瘴氣當夏益盛，肥人易受傷，此爲可念，亦望節愼自愛也。

答李士受【鼎輔】問目【丙寅】

> 鼎輔家月沙先祖，自朝家新有不遷之命，奉安之所，終未決定。蓋別奉高祖，雖有沙溪之訓，而尤翁猶不敢從。《家禮》別子藏主墓所，乃不易之定論，而事勢有所窒碍。尤翁有一說，欲依李益齋影堂例，別立廟於宗家曰"程、朱之論人家別廟，不啻多矣"云云。此果無害，而程、朱所論，見於何書耶？玄石四龕五世之論，亦甚苟簡。無已則祠堂三間，上一間隔壁，奉不遷之位，下二間爲四龕，而奉高祖以下，如何？

《家禮》別子藏主墓所，自是不易之定論。所謂事勢有所窒碍者，未知指何事。苟是拘掣於私小之見，則只當擺脫而亟從之，此爲第一。至於別廟於宗家，雖未詳程、朱說出處，尤翁旣援擧爲說，足以信而可行，抑又次之。末端一龕隔壁之議，破碎苟簡，不成道理，旣無可據，則何敢變通？就上兩段商量擇定，恐爲合宜。

答吳伯玉【瑗○辛亥】

冬間書，闕然未復。自聞竣事還朝，一念尤憧憧爾，匪意耑問，深用慰荷。嘗讀朱子與劉平甫書，有云"門戶深闊，事有不可勝虞者"，辭意懇惻，有足以感人，而不能早以此奉聞，慙負多矣。近日士友間謗毁之言，稍稍到耳，相愛之甚，不免屢形於言矣，來示豈以此耶！善後無他策，惟簡靜自守，毋忝乃祖考，是後死區區之望也。過結城時，五台亦有云云否？前冬相對，亦與之憂歎矣。

答吳伯玉【庚申】

向來榮擢，未敢隨衆作賀語矣，今玆新命，尤覺憂甚於喜，令亦能兢兢自畏否？此身忽已周甲，默念親友，地下多於人間，何故支離至此？室人亡日又隔日，轉眄之頃，居然四十年餘矣。撫念愴傷，殆無以爲懷。此時饋餉，遍及生死，曾謂令疎闊爲病矣，何能識憶如此？深荷深荷。

答南德哉【有容○壬子】

向蒙左右辱示所爲文幾編，披玩數四，不勝歎仰。欲左右一來，得以面罄鄙懷，左右不至，而僕遽已歸矣。臨歸極有人客之擾，未暇作書，適尊大人遣人存訊，謹付還冊子於其便，仍令致此意矣，不知已恕領否？日間侍學增勝？僕素不閑古文規度，左右豈不知之？猶欲聞其言者，意蓋有在，僕亦可以言矣。

夫文者，言之精者，而言出於心，故有德者必有言，觀其言，可以知其人矣。僕嘗驗之古今，其文與人蓋相類也。

僕雖未見左右之文，而以左右氣貌淸雅，而知其文亦然，今果然矣。然華而少實，文人之通病，其發於氣貌者，自不能掩。而左右獨不然，此僕之所深服者，今文則異於是，豈左右實有是病，而僕未之知耶？抑欲其辭之工，而不自知斲其眞耶？僕觀所謂《三一堂記》者，其所以自樂者，殆若擧天下萬物無以易之，而究其歸則不過曰一觴一詠。左右試思仲尼、顔子樂處所樂何事，文之所貴者識趣，而左右之言若此，擧一而可知其餘矣。

以僕所聞，孟子曰："仁之實，事親是也；義之實，從兄是也；智之實，知斯二者不去是也；禮之實，節文斯二者是也；樂之實，樂斯二者。樂則生矣，生則惡可已也？惡可已，則不知足之蹈之手之舞之。"若此者方可謂之樂矣。有是德而後，發而爲文，其言必藹然也，幸左右毋患辭之不工而患實之不足也。近來習爲古文者多矣，以僕之不閑於是也，無肯與之言，獨左右不恥俯問，虛己遜志如此，是心可以入道矣。胡五峰云："今之儒者移學文藝干仕進之心，收其放心而美其身，則何古人之不可及哉？"朱子以是言揭諸《小學·敬身》通論之首，其意甚切。僕誠感左右之意，樂爲之誦，得無以爲迂乎？春後一出隣莊，或蒙枉過，可以畢其愚矣。

答閔伯繩【百男○壬戌】

藥料依到，四種之惠亦珍荷。但座上有客，同酌來壺，笑曰："老峰宅酒政乃如是耶?"愚意稱塞之難，不獨酒政爲然。此語不可不使尊知之，如何如何?

答閔伯繩【乙丑】

紫雲院儒來請院長，强之以講學，許之而後乃受。聞自望日始講，此院創建時，老峰兄弟所周章者，君適於此時爲地主，時一觀講，賞罰以勸懲之，則必有作興之效，豈非趾美之一好事耶?一境之望，想亦如此矣。

答李厚而【敏坤】問目【辛酉】

玄纁，近世諸先生皆以柩傍爲當。說者雖致疑於奠字，然奠是置之之意，無論處地闊狹，皆可用之。况置於柩上，終無意義，不若從傍之爲安也。故鄙家從前則用世俗通行之例，而近始遵諸先生定論矣。

出後於人者，爲其本生親，雖自伸其心喪，而聖人制禮則只是伯叔父母之服。遭親喪者雖有伯叔父母之服，豈有祥禫不可行之理乎？ 今之致疑者曰：“伯叔父母則無心喪一節，不可比擬。”然自伸其心喪者，情也；一斷以朞服者，禮也。今於變除之大節，其可拘於情而廢於禮乎？ 抑將伸於公而屈於私乎？况所貴乎禮者，爲其別嫌也。苟於此等處，不能一視以伯叔父母之服，則恐非所以嚴一本之義也。 議者又以祥後禫前服色爲疑，然私親與所後服不可錯雜，但當待所後服盡後，方可服私親服矣。至於吉祭則事體尤嚴重，行之無可疑。以此推之，則祥禫之不可廢益明矣，如何如何？

爲本生親喪書疏之式，沙溪先生以自稱喪人爲可，而尤菴答人書則曰“兒子遭其私親喪，知禮者一用伯叔父母式例，自此所答亦宜用此例”。二老之論不同，愚意則欲從尤菴也。

答李厚而【癸亥】

黎湖丈隔歲失拜，不知鬚髮如昔否？ 得科後便謂事畢，全不讀書，此是近日通患，賢則豈有是耶？ 計必源源扣質於函席之間，而猶不自滿，又復借聽於聾，此意甚盛，愧無以爲報也。《中庸》疑問領悉，但此理氣之妙難言，况敢於卒乍間容易亂道耶？ 來人立促，容竢後便。

答韓大叔【億增○丙寅】

居然一別，北而西，西而又南矣。戀鬱之懷，彼此一般，忽於海外，書問傳至，方信惠州猶非天上。秋分時果已看得老星光芒，又能上漢挐絶頂否？每想橘園秋興，不覺馳爽。三司言議不到，而邊寄之重，亦自不輕，未知何以稱塞特簡之聖意耶？弟久疾或劇或歇，要之非時月可療，奈何？先丈墓文曾蒙辱屬，不敢忘也。舊逋幾盡，新託又始，且欲以今年爲限。故擬令賢甥致意，以索家狀矣，盛託適至，不敢不敬留。第此病少間，方可泚筆，冬間仰副，竊所期也。

答尹景孺【汲○丙辰】

盛啓稍快公議，殊非近日婾嬰吐呑底氣象。使今之仕者皆能塞一日之職如左右前後之爲，則退而守拙者，爲有愧矣。然而玉署則寥寥無聞，豈論思責重，非他職之比耶？抑將待之以陽諫議七年耶？好笑好笑。誠願日親儒先文字，使義理條暢，見識精明，他日事業，不但止於一言一事，則其爲善類之幸如何哉？

答尹景孺【癸亥】

所示別紙領悉。湖疏一讀，頗覺爽然。此是好文字，不知士友間誰能爲此者。泮中起鬧，良亦不幸，蓋湖儒所執，蓋亦有受。丁酉溫宮入對，遂菴奏語之擧先正，先同春而後尤翁。士友有問之者，則曰：“同春於尤翁，有兄弟之序，且其被徵召，有先後之異。雖其晚年尤翁先爲大拜，自後朝廷事體，自不得不先尤而後春，然而士林間稱號則視初自如也。觀於院宇位次，亦可見矣。”其時春翁家子孫深喜之，尤翁家子孫大慍之，其喜與慍均，是私意之小小者。今此儒疏所以後先之者，初不如此則固好矣，旣如此而其言不爲無稽，亦何至於施罰乎？鄭生事亦妄矣。今計惟有善爲調娛，勿令此論得行，以至於彼此層激之域。所以縷陳及此者，欲令細知此道理，力之所及，務爲開曉而鎭安之耳。

答尹景孺【甲子】

聞令貶官之南，而不謂陛辭在卽，未及馳書以問。第切忡悵，忽於京褫，承拜臨發時惠復，而紙筆之貺，悤遽中猶且不忘，感荷無已。竊計上官有日，新莅字况何似？戀念不已。令之於蕩平界中，眞同持網入海曰我非漁者，然畢竟幸而善敗，同作逐臣，而地之遠近懸別，蓋其本心不待白而自白矣。顧今恩寵赫然，鼎席增固，淸心主人，似亦匪久甄復。

令亦能顧名思義，欲滌舊染之汙否？ 但聞過隋府時，見故人衰悴，憫然有可憐之色。以此推之，廣寒仙子無非眉斧，甚可畏也。切勿忘生徇欲，以中時宰欲殺之心也。相愛及此，必爲之發笑也。

與尹景孺【丙寅】

卽日肅霜，令候何似？ 溯往不淺，向付候，久未見復，眞所謂金玉其音者矣。此中病中添病，苦無起色，奈何？ 孫女之婚，吉成殊幸。但病懷思欲亟見賚兒之有室，而聞令姪家不許，然否？ 人家婚娶，貴及圓滿時節，區區俗忌，何足顧也？ 尙記兒時見吾仲父攝家事，一家婦女貼伏，無敢違令，恨令無此力量也。須一言快決而無疑也。

答鄭公華【寀】問目【庚申】

> 子路仕於衛輒，而夫子不爲救止者，何也？ 子路聞夫子正名之語而謂之迂，則所見已大段差謬矣。於此時，若告以仕輒之非義，則以子路改過之勇，必當飜然而醒，終不覺悟而死，豈不惜乎？

孔子之答子路，旣以正名爲先，子路謂之迂，則又責以野哉，仍備論名不正、言不順、事不成之義，是無非所以告仕輒之非者也。其於子路之不能省悟，何哉？孔子始誨之以知之之道，於此事又曰："君子於其所不知，蓋闕如也。"子路之死於輒難，終是坐於不知爲知之病耳。以子路聞過則喜之誠，處聖門幾年，而不能克去此病，氣質之難化，有如是夫！學者所當反省而兢懼者也。

> 甯武子之所以爲愚者，正在於不避艱險，如納饘薄酖等事，乃其實際，而卒保其身，以濟其君，故夫子所以稱之者此也。程子則反以沈晦免患釋之，而乃與比干之諫而死，作對而爲說者，恐失之照勘。曾見《三淵集》有云云矣，今考集註則果然矣。

竭力不避艱險，沈晦以免患，此兩段似相反而實相成。集註中能卒保其身云云，亦未嘗不用程子之說也。然程子之說則置諸圈外，圈內外緩急賓主之勢，不可不知也。三淵說未及見，而來示恐失照勘云云，極未安。

> 《詩》、《書》、執禮，則夫子之所雅言，故諸篇中稱《詩》、禮處多矣，而獨於《書經》罕及焉，何也？

《論語》論堯、舜、禹、湯、文、武、周公之事，不啻多矣，堯、舜、禹、湯、文、武、周公之事，何莫非《書》也？至如"堯曰"一章，集註固以爲弟子之言，而似亦出於夫子誦說之餘，則亦不可謂不多也。

> 《中庸》首章註"禮樂刑政之屬"，谿谷以爲"捨章內戒懼

愼獨切近之訓，而遠擧禮樂刑政以爲敎，此可疑"云。尤菴先生以爲"禮樂刑政，聖人設敎之具也；戒愼恐懼，君子由敎之事也，二者各異"云。愚意則非但設敎、由敎之有異而已。朱子本註中，於性、道、敎三字，旣兼言人物，故如禮樂刑政之屬，非但就人事上言，於萬物上亦皆有品節焉。若如豁說，而只以戒懼等事，謂之修道之敎，則是只言人而不包物，大與本註之旨逕庭。

豁谷、尤翁之說各殊，其得失不難卞，而來說亦好。

戒愼恐懼，蓋兼言動靜，而第本註曰"存天理之本然"，小註曰"未感物時渾是天理"云，則似專指未發時，此甚可疑。沙溪先生謂"以本註'當存敬畏，雖不見聞，亦不敢忽等'語觀之，則可知其兼動靜"云，而終有所未能曉然者。

戒愼恐懼，實兼言動靜，而若以戒懼對愼獨說，則戒懼是靜邊，愼獨是動邊矣。蓋旣曰"戒愼乎其所不覩，恐懼乎其所不聞"云爾，則覩與聞自然包在其中。本註"雖不見聞"之雖字，正是此意，沙翁謂"於此可知其兼動靜"云者，自可曉然。

"道之不行"章，夫子之先言行而後言明者，似非知行之序矣。且念賢者當屬於行，知者當屬於明，而夫子互說何也？《或問》中有問答而不分明。

道之不行，雖居不明之先，而所以不行之由，則正在"知者過，愚者不及"一句上，則知未嘗不先於行也。以此而謂之失先後之序者，無亦麤看否？ 知之明則行自固，行之固則知益明，此章互說，正此意。不如是，則無以見知行相須之妙矣。

"天下畏之"之畏字，當以敬畏之義看之耶？

天下畏之之畏，《章句》中亦以德威二字並擧而爲言，於此味之，可見。

"學問思辨"小註，朱子謂無先後者，恐人未博學時，謂不可審問故耳。 《或問》曰"博學然後可以備知事物之理，得其所疑而問之"，則其爲先後可知。然爲學之法，思而不得，然後始問於人而釋其疑，則思當在於問之先，而顧乃先問而後思者何也？ 竊意人雖博學審問，而若不反諸身而加思索之工，則其所問者，殆同塗聽道說，而無以自得於心，故愼思在於審問之後耶。

學問思辨，固有其序，而朱子無先後之說，蓋亦慮夫學者謂博學時未暇審問，審問時未暇愼思耳。學問資於人，思辨則反於己，而問之之時，亦豈無思？ 而愼思則終當在審問之後，其序恐不可易也。來示亦親切。

大經與大本宜有先後之序，而大本之在於大經之後，何也？

此章乃《中庸》之終，而下一章別是一部小《中庸》也。以首章例之，則大本當在於大經之上，而此章則先大經後大本。其始言末合之際，語序自不得不如此，而以末章謹獨居先、戒懼居後之義觀之，亦自可見。

子張則不入於文學、德行之科，似與游、夏有間，而《孟子》論以皆有聖人之一體者，何也？

子張亦是聖門高弟，一體之稱，似非過語。文學、德行之科，只是就陳、蔡相從者說，以曾子而亦不與焉，恐不可以此判其高下也。

"泰伯"章集註"以泰伯之德，當商、周之際，固足以朝諸侯有天下"。夫以文王之德，猶有三分之二焉，泰伯之德雖至矣，而所謂朝諸侯有天下，則未易言也，如何？

"得百里之地而君之，皆能以朝諸侯有天下"，出於《孟子》浩然章，而集註引用於泰伯之事者，實有取於"行一不義，殺一不辜而得天下，不爲"之義，不必較絜於文王之德而强生疑端也。

百里奚亦覇者之佐，而孟子不許管、晏，獨稱百里奚者，何也？

管、晏則彼所問者功也，百里奚彼所問者出處也，蓋隨人所問而或許或不許也。

與鄭公華【癸亥】

舉世含糊，士大夫氣死久矣，自聞賢言事投荒，稍覺有生意。追得盛疏讀之，雖未知其盡分，而亦可謂不墜乃家風矣。“直挂雲帆濟滄海”一句，人生快意，豈有過於此哉？逖違庭闈，情理迫切，而一時貽戚，永久令名，其輕重得失，豈不懸乎？願以此自寬也。柑山草堂，士會歸後，又得賢遞代，士流之厄，其無已時耶。籬木《大學》故事，賢必慣聞矣，光先報君，俱在此一着，千萬加勉，無虛度好日月也。嚴程甚急，無由馳問，適逢柳村金妙之過，草草作此以付，不知何月達否？

答李敬以【存中○戊午】

大心之喪，以君慰我，宜別於人，而乃泛然聯名於親友書問之中，何人事闊略之甚耶？念君早失所恃，於外黨分疎，亦無怪其如此，還可傷也。斗縣得失不足論，而當暑行役也非小厄，驚歎驚歎。大心已作泉下人矣，區區哀臆，已悉於謝諸友書。“思元賓而不見，見元賓之所與者，如見元賓”，方知爲眞切語，何由相對一敘也？仍記渠病時間語，極恨君不第，曰：“使敬以立朝，必有益於世道，且使吾姪得强輔矣。”此君目大，於人寡可，不知君何以得此期待耶？願勿徒區區於科宦臼中，浸灌義理，砥礪名行，以彰逝者之明也。

語及於此，爲之淚落。

答金士彬【文行○辛酉】

前書疚歎之辭，可見善端藹然，推是心也，天下之善將歸之矣。僕固寡陋，愛而莫助。然亦願深留意於朱子"某年覺悟，便從某歲立脚跟"之訓，日親義理文字，無令科宦害其志則幸也。

答鄭大受【存謙】問目【甲子】

兩祥既在同月，則禫亦同月，而後禫之前，行前禫，似未安。前禫當闕之耶？或同日並行耶？

前禫既非過期，則安敢闕之？禫事亦當從祥之前後次第行之，至於同日則不可矣。

與李水使【漢弼○戊申】

平昔猥與先令監有同年之誼，雖顯晦殊塗，禍故多端，而情好固不替矣。乃者忠節卓然，上而增耀名祖，下而扶植人紀，交遊亦與有榮矣。返虞之日，極欲迎慰江外，或操文一哭，而猝被罔測之凶言，竄伏窮谷，此計遂左矣。瞻望悲涕，何能自已？

與李統制【彦祥○乙丑】

聞移授重閫，竊想仰戴天恩，追念先烈，思所以酬報矣。計已上官，嚴沍籌履萬相？就中曾與尊門忠愍公有同年之好，以是受孝子不朽之託，而病未卽就，使結恨於九地，愧負何言？此身完復無期，不得不俟少間追償，文字或已登覽否？弱孫伶仃，家事想亦旁落，恐無成就之望，尤可悲也。雖異代忠節，或有爲之立碑而表揚者，况令以同堂之親，適乘可爲之勢，宜不恝視。幸力自主張，卽日始役，以爲及秋竪墓之地，如何？時事亦有不可不亟圖者矣。南海謫客，無人相問，將不免飢餒之患，願拔例頻賜顧存也。

答具江界【聖弼○癸亥】

別紙所教，良用感歎。僕固亦忝老病宰相，而自惟平昔無一日之雅，此雖藥料，近成貨物。與之者出於厚意，而受之者實爲無義，玆不得奉留。苟有契分，何敢犯不恭之科也？只望諒恕。

答李丹城【鎭五○乙卯】

《四書諺解》, 愚意則此書只錄句絶字釋, 不成體貌, 且於考閱之際, 甚覺不便。今番謄本一依見行諺解規例, 四書本文盡書, 而吐釋則各懸其下, 摠而名之曰《四書栗谷先生吐釋》, 而書之首尾, 幷依此, 書之曰幾卷幾卷, 藏之院中, 則此亦足爲成書。就兩諺中參互酌量則當俟後人, 何必汲汲爲哉? 《中庸》旣有老先生手筆, 無可疑者, 其餘雖或有訛誤, 取諸本較其得失, 亦恐不難辨矣。此中亦有兩本, 而一則出於文元先生宅, 書面標題, 是愼齋先生手墨, 似可徵信。小註批點、《周易》口訣, 從當問之玉堂吏以報耳。不遷一事, 玄石與人書, 極言其難行, 不知此外別有定論耶? 尤翁所論, 亦未得見矣。然旣有先朝大臣建請之事, 則更無可論。十數年來, 僻處鄕曲, 國典朝議之都不聞知如此, 孤陋可歎。

答李丹城【丁巳】

去秋抵齋任書, 自知迂甚而區區者爲世道、斯文, 不直爲仙鄕士友也。今於致膰書中有會講二字, 良是好消息, 而第未知目下施設如何也。模範約束之外, 姑無他法, 而此事必有主張者存, 方可責成。且供士一節極難處, 方以此回復於齋中, 以冀其善處也。《近思》口訣, 昨年已自宋友所來, 而《易》訣則問於玉堂吏, 更未有所儲云, 豈昔有而今無耶! 四書小註批點，《論》、《孟》廣問而不得，《中庸》往往有之，當爲之訪問也。聽溪堂記文，待更示試當留意，而年衰筆力日退，亦未敢必也。

答李丹城【壬戌】

老先生遺集釐正之事，旣蒙辱託，十年之間，其望尊一來者爲何如？而終不能得，尙可與語此事哉？然而先生後承之中能識故實者，鮮有尊比，終不可不一會。以是昨夏與今春，因閔哀轉及此意者非一再，而今書無一語及此，此何故也？尊如肯來，僕雖衰病，當掃萬而與之同力，不失三四兩月之間，猶所冀也。此言如又藐聽，則自此不復開口矣，如何？

答李丹城

聞寫役已始，殊以爲幸。顧此本意，但欲爲巾衍之藏，以待後日，何可輕議刊出，以煩人口眼耶？或人雖有言，切勿聽許也。纔聞銓相留君使勿歸矣，微官至令大臣爲言，向來相對時一場嗟傷，可謂老不解事也。五馬雖榮，恐不如一郵之爲安分，好笑好笑。

答李丹城【癸亥】

鄙意本不欲左右赴官，而旣未蒙詢以去就，辭陛之路，卒然過辭，在弦之發，安能禁得？今則無他計。勿叙三百里外，國法至嚴，旣不得奉往慈闈，則安敢一日苟冒？卽爲整頓官事，從實呈狀營門，以爲“國典本如此，而除命出於特恩，不敢不黽勉承膺。且意春暖非如嚴寒，或可將母以來矣，母病如此，此計亦左矣，義不可仍蹲。願卽啓聞許遞，且治當初冒赴之罪”云云，則道臣安得不許耶？啓罷之後，自有遞歸刷馬，何患無歸資也？向來通川倅尹某，以親年七十冒赴遠邑，被駁矣。左右如不於夏前自處，則又將不免。天下事惟一直字外，豈有他耶？有失而不自隱，亦可以補過，勿以爲疑也。縷縷至此，蓋亦上念先正而然，能諒之耶？

答李丹城【甲子】

正本寫出，不謂神速如此。悤悤不及精校，恐亦勢然，欲從容與士友細閱，幷留之。印出時正本謄役，非君所可慮。愚意不欲於今時遽入梓，果可印出，則其時豈患無四友耶？目下必須更謄一二件，分置院宇，或後孫家爲急，幸於此留意而圖之也。序文終不敢當，欲作短跋於下方，而姑未及入思。此來諸冊，盡意校正訖，當一時送副矣。

答李丹城

前月耑伻，計卽還歸，鄙書已見否？新件全帙，方與渼湖相公往復勘正，貴精不欲速耳。偶閱古篋書，見庚申九月間，一士友報以"栗谷墓賜祭，在於今番陵幸時，玉堂申思建撰進祭文，自上親製二句以下，使之添入。句語則傳聞'今予苦志，卽先正心。瞻彼江樹，愴懷采深'"云云。頃者蒙示賜祭文，似無礙眼，故許以添載矣，無或失於照檢否？果有此句，則雖係特恩，不可仍存，卽去之如何？

答李丹城

紫雲書院祭文，卽是李宗城所製耶？然則幷去之亦何妨也？前後來籤，無不逐條踏往，洪表叔一序，何故獨爲見漏，亦未可曉也。或者所答入於亂帙中，試更考檢也。此文文章則儘好，而係是初出山時氣味，未覺其純於正，以科體詩及戲作青詞刪沒之意推之，刪去爲得。然此非出於欲爲諱過而然，後人無或誤認如此否？往年《老峰集》刪定時，其與尹鑴書之稱先生者，愚欲存之，而其後孫去之。來示中宜刪云云，豈亦一般意耶！愚以爲老先生文集，與他集事體自別故也，如何？外集方自此校讎未及半，原集則屬於渼湖相公矣。

答李丹城

《栗谷集》纔改名以《栗谷先生全書》矣，其處所在謄本，內外幷依此改之也。校役欲多閱士友眼目，務歸至當，還送未可以時月期也，姑俟之。前來《近思錄》，近自驪鄕移吐而還，幷《周易》口訣、儐接記、四書吐釋合九冊付送。其中四書吐釋，略有修改處，幸爲我致意，使書出一件，且爲精校，俾無訛誤，早晚付送，如何？

答李丹城【丙寅】

廟庭碑近欲泚筆，而緣《全書》爲傳謄未還，無以考據事實。要之數月內當還，還則方可措辭，宜先伐石以待也。南江短碑，亦可留意，待《全書》之還，一時入思耳。斯文事甚非瑣力可堪，推諉無所，每若擔荷，殊自愧也。

答李主簿【敍五○己未】

未見而若相見者然，忽辱書問，荷意尤厚。書贄古道也，不謂陋劣得之於賢胤，爲其老先生後承，益可歆賞。數日相守，偶値人擾，無以副其遠來之意，愧負何言？知有向學之誠，所望惟善導以義方，俾有成立爾。人家父兄只知以文藝科宦爲敎，此可悶也。

答徐別提【宗華】問目【庚申】

成服前，禮無上食之文，而置靈座條，有曰"朝夕設櫛頮奉養之具，皆如平生"，則上食亦在其中否？

成服前上食一段，曾聞玄洗馬尙璧力主是議，欲與之細確其得失，且訪可據文字，而未之果矣。愚意終恐非時，襲奠前，用庋閣之義，已極精細，只當依此而已。"奉養之具"四字，聞亦玄公所引重者，而未敢知上食之必在其中也，如何如何？

答朴生【瑞○戊午】

坐辱徒步之勤，仍有傾蓋之喜。別已經年，每念耿然，又此書枉，荷意益厚。見詢門路次第，想左右所得於賢師者已詳矣，敢容贅說？惟世之從遊師友之間者，始雖勤勉，而終則怠廢，況於離群索居之後，鮮有不失其所守，甚可懼也。如左右志學之篤，豈待此言？而區區閱世之熟，不敢不以奉聞。願益自策勵，期於成就也。孤陋無以仰塞求助之好意，中罹喪慼，闕然至此，悚歎悚歎。

陶菴集

卷十三

書

書

答柳進士【乘】

塊伏窮山，絶無師友之益，垂老之年，孤陋益深。乃於崔上舍之來，伏蒙辱賜書，辭意勤縟，有非微分所當得者。況不識面而先之以書，此古道也，何幸得之於今耶？近日早潦，學履萬勝？湖南一路，舊稱人材府庫，數十年來，一何寥寥？常所慨歎。間因士友竊聞遜老門下，惟執事在耳。極欲一承緖論，以豁蒙蔽，而邈焉不可得，則只有向風馳仰而已。寄示二詩，足見雅志之所存，三復欽歎，警發深矣，益恨無由扣其微奧耳。如緈者無聞而老且死矣，如蒙不鄙，從今以往，頻惠鐫誨，則其何幸也？强拙攀和，愧汗無已。

答柳進士問目

《太極圖說》"主靜"之靜，朱子解曰："非此心寂然無欲而靜，則何以一天下之動哉？"此與濂溪本註"無欲故靜"者同義。而其答門人之問，又曰"主靜者，主正與義也"，反與前日解主靜之說，似有不同，何也？竊謂以無欲爲靜，則對靜而爲動者，又當屬之有欲乎！然則無欲之欲，非不好之欲也，似是人心之感發，而如上智不能無者是耶。如此則正義之爲靜，固可屬之於無欲矣。對此而以中仁爲動者，雖屬之於有欲，亦不必害義否？註說“無欲”上有“寂然”二字，可明欲之非私欲，而抑此欲字，若自上文“欲動”之欲爲來歷，則又似有不好意在。未知如何？

“無欲故靜”此欲字，恐不當與上文“欲動”之欲異看。朱子既曰“其動也必主乎靜”，而就中正仁義上分得動靜，則主正與義者自當屬靜，未見有前後解釋之不同者，如何如何？正義中，其可着得一欲字耶？試思之。

答柳進士問目

朱子之意，以中正仁義分動靜，中仁屬之動，正義屬之靜，而至解主靜之說，乃曰：“非此心寂然無欲而靜，則何以一天下之動哉？”乘竊意此靜字當貼正義看，動字當貼中仁看矣。然其靜旣可屬之於無欲，則對此而爲動者，亦可屬之於有欲耶！如是則不論有欲無欲，此欲字似不可看作私利之意。故前日所稟，只欲取此作人心感發之說，果如何？

“無欲故靜”一節，蓋取聖人主靜上說，故執事之意不欲以無欲之欲作不善看。然上文旣曰善惡分，則此無欲二字，正與惡相對。朱子所釋欲動之欲，實從無欲中出來，上下照應，其意隱約可見，前書所云不當異看者此也。來諭亦曰“動字當貼中仁矣”，聖人則固中仁，動之不可屬之有欲，已自較然，而彼衆人之動，亦不可以有欲目之耶？更加財量。衆人之常失於動者，非有欲而何？試思之。

答柳進士【丁巳】

俯示詩篇，三復激昂，可謂先獲此心矣。或人云云，眞知我乎，但不知無益二字，謂於時乎於己乎。若謂於己，則豈非頂門上一針？然今日尙屬在己者，惟此事耳。僕雖不武，只當鞠躬盡瘁，死而後已，成敗利鈍，非所逆覩。僕固無心作《解嘲》者，而高明之言，亦恐非儗人以倫之道也。然而慨世之意，蓋有所在，是豈獨爲知舊之私哉？近日久廢詩律，不能奉答所敎，而設有攀和，大旨不過如斯。此後興至或可爲，而亦不能必也。禽獸五常之說，此是湖學大是非，非可卒乍硬正，徐當有以報之。宋友儘佳士，篤志向善，尊言爲不爽矣。彼我俱未免孤陋，一旬相守，終無實歸之益。虛名之自誤誤人如此，奈何？

答柳進士問目【己未】

《孟子》首章註"造端託始之深意"云云，端、始字，何所指而言耶？或以爲仁義之端、王政之始，未知如何？

造端出《中庸》，託始出《春秋》，取此以明篇首特揭仁義之意也。或人之言非是。

《喪禮》不杖期，有"舅爲適婦"之文，此舅字獨指繼祖以上爲長子服斬者言之歟？抑指繼禰以下爲子服期者而統言之歟？

不杖期"舅爲適婦"，此則蓋指繼祖以上爲長子服斬者而言也，何以明之？衆子期年，衆子之婦大功，婦之服必下於子一等。爲其子不服斬，則豈有爲婦服期之理？以此觀之，適婦爲當服斬者之婦無疑。

乘方營亡妻改葬，家豚雖是應服三年者，乘實爲之主，子不得服緦，而只以白布巾帶從事耶？

父在母喪者，雖壓屈而不能自伸，其間猶能具三年之體，緬禮之時，恐當服緦。

答柳進士問目【壬戌】

爲子服朞，則爲服期子之婦不得不降一等，老先生之意如此。然疏家論五服輕重之倫，不啻甚悉，名同服異者，尤爲致詳，則今於不杖期"舅爲適婦"下，何不分言是舅乃爲長子服斬之舅云乎？其下"大功衆子婦也"下，又何不分言爲長子不服斬者，雖適婦，猶爲之大功云乎？此甚可疑。而況適婦之服大功，是古禮也，自魏徵始升爲期，則朱子嘗論此事曰："但升適婦爲期，乃正得嚴適之義。"又曰："升庶婦爲大功，亦未害於降殺之差也"。今詳此訓，尤不省其有分開之意矣。抑有一說，如使繼禰以下之宗服適婦，但以大功而已，又當以何服服衆子婦也？欲從古禮服小功，則反輕於兄弟子之婦，而如朱子所謂"輕重之不倫"者矣。欲與適婦同爲之大功，則恐失嚴適降殺之義。幸乞於此深加審覈而回敎之，如何？

近有人擧《家禮圖》爲證者，言"右傍子字下長斬衰三年者，蓋言爲長子斬衰之義也，其左婦字下便對說適期，則此適婦，豈不明爲服斬子之婦乎"。竊意《家禮圖》雖是後儒之所添修，然且以對待之理推之，或人之言不爲無據矣。如今亦可以此說爲證而破前日之疑耶？

朱子所謂"升適婦爲期"之適婦，卽愚所謂繼祖以上爲長子服斬者也。庶婦之服大功，正得殺之之宜，不如此看，則隆嫡降庶之義，俱無所當，節節窒礙而不通矣。來示兩"何不"者，無或强生疑端，反亂其宗旨耶？恐不必如此也。末端所示或人《家禮圖》說，亦足爲愚說之證也。

虞、卒哭，令其夫若子主之，明有《小記》之文，則自兩祥以下，又當誰主之歟?

祔則祔於祖廟，尊者爲主，故舅主之。虞、卒哭，則夫若子恩重服重，可使伸情，故夫若子主之。然則兩祥之於虞、卒，宜無異同矣。《小記》本文註"虞、卒哭祭婦，非舅事也"，今指兩祥而問曰："是舅之事耶？夫若子之事耶？"其爲非舅之事明矣。以此推之，夫若子之主兩祥，亦無可疑矣。

賀循父喪未殯，服祖以周云云。

未殯則周，固有賀循之說，而此非先王所定之禮，不無可疑。夫喪不可一日無主，若服祖以周，則周之後祖喪，便無可主之人。是雖出於不忍死其親之意，而父亡之後，不得代其躬而盡三年之制，亦非所以順親之心，此於天理人情，至爲未安。愚意則父喪中祖死者，無論殯與未殯，皆服三年，恐爲正當底道理。而於禮旣無可據，則便是義起，何敢臆斷？恨不以此奉質於沙、尤諸老先生，願更存思量而回敎之。

父卒則爲母一節，昔有欲據父死旣殯服祖三年之文，以爲父殯後服母之證，沙溪先生以爲"此說亦近情義"，先生之意，蓋以人情所不忍而爲言也。抑愚意則以爲服祖三年，非所謂情理之不忍也，其重只在於體父之孝，今之欲爲母伸三年者，亦可謂之體父乎？若但以體父爲義，則是不得伸者，反爲孝思之所至，而情理不忍，有不可論矣。然則先生之論雖如此，終不若姑從《續解》之爲有據耶!

玄石則力主服期之論, 自沙溪先生至尤翁, 皆以爲重難, 特未有決語耳。愚則以爲母期之畢, 在於父喪三年之內則已, 若三年後, 則雖欲自附於不忍死其親之義, 父服已除, 未有壓尊之義, 母喪徑脫, 終無伸情之地, 此於天理人情, 實爲未安。未殯服周之說, 旁引爲據, 終未襯着。若以父之小祥前後爲斷, 前則服期, 後則爲母伸三年, 似合於情理, 而旣無的證, 不知如何則爲得也。後得尤菴《禮疑》, 其答人問, 有曰: "此事, 父死期年母死者, 母之期尙在父喪未沒之前, 則猶有壓屈之義矣。若是明日父喪當畢而今日母死, 則亦當期, 而期盡之後, 便爲無服之人耶? 此不可不深思也。" 以此推之, 愚見或不大背於義否? 願深思而商敎之。

答鄭子文【五奎○乙卯】

湖嶺逢別, 雖甚倏忽, 久而思之, 豈易再得? 秋來戀往倍深, 忽承耑書, 遠存窮谷, 荷意良勤, 何以爲報也? 霜凉靜履萬勝? 吾輩各是暮年, 雖用千百之功, 猶不能逮人, 况復多間斷而少接續乎? 是將終於無聞而已, 奈何奈何? 所敎"享用無幾"一句, 眞是痛切語, 然亦不必以此存心, 唯俛焉日有孜孜, 斃而後已, 方可爲究竟法。責己勉人, 外此無他語矣, 不審高明以爲如何?

答鄭子文【辛酉】

經年阻戀轉深，忽拜枉翰，以審春來靜履萬相，仰慰區區。弟逐歲益衰，今則已是篤老樣子，目昏神短，不能親生面文字，時取舊書溫習而已，如是而尙可有寸進耶？聞携卷棲山，老年此事，誰人爲之？良可欽歎。吾輩餘日無多，尤宜汲汲爲善於未死之前，不至枉了一世。盛問雖勤，而此外豈有別語？願以此交勉也。

與鄭子文【癸亥】

前日蒙諭"八則陽生"一段，終不能無疑，徧考諸書，更爲尋繹，則程書《易》總論，有云："先儒以六爲老陰，八爲少陰，固不是。九、六，只是取純陰、純陽，惟六爲純陰，只取《河圖》數見之，過六則一陽生，至八便不是純陰。"《朱子語類》有云"陰爻稱六"，與《程傳》之說大不同，這只就四象看，便見得分曉。蓋程、朱論《易》，本自不同，程子則不取象數，朱子則細分四象。今以《本義》觀之，則有曰"陰數六老而八少"，此就四象而論之也。《程傳》曰"陰爻稱六，陰之盛也，八則陽生矣，非純盛也"，此但就陰陽之純與不純而論之也。苟以四象言，則八則陰穉，本無生陽之義，此生字似不成道理。而程子本意旣不取四象，則只當以有陽之義活看，不必於生字上局滯，使本旨反歸於晦昧也。此等處只觀大體，不當於一二字句間苛論矣，如何如何？

答宋信甫【相允○癸亥】

俯詢縷縷，良見不鄙之盛意。但此事在二先生之門，未經勘定，後生末學安敢輕議？第當留意，徐考經傳，或有可以援據之端，敢不奉報，以資財擇耶？尊宗人文欽甫年雖少，而見識精透，偶以來教示及，則以爲"進士府君之墓失其處，故築壇於妣墓之右而同享。此則以精氣合之義推之，固不可已者，而其餘判院四代，則雖欲爲壇，將焉依乎？若祭於正寢，則不得不名之曰'先祖祭'，朱子旣曰'僭而不可行'，則今何可遽行？且恩津君雖見於礪譜，而其下代數不明，門中本以判院爲始祖。故二先生亦不敢輕議，但錄於小註，以爲傳疑之道，宜亦不敢直以爲始祖而正東向之位也"。凡此數款，極似有理，未知尊意如何？願更存商量也。

答宋龍卿【羲相○乙丑】

令甥之過，獲承問札，荷意良厚。病廢人事，經年未報，徒有悵恨，院便荐存，殊慰願言。賤疾長時沈頓，已斷四方之志，不如是，豈至今失靜地追隨之便耶？今世講學廢久，人或論此，不以爲迂，則輒曰妄耳。非高明諒此老婆心切，豈肯不顧譏笑，辦此希有之擧乎?《白鹿》韻之拚和，蓋亦略叙其欽聳之私爾。華陽講長纔差出而引嫌不出，士望所歸，畢竟又恐不免煩尊秉拂，幸毋過辭也。

答李參奉【頤正】問目【庚申】

近來湖右禮家，最長房所奉祧主，長房死則成服後卽遷于次長房，不待三年，此有可據否？若成服卽遷，則雖無吉祭，似當有改題、告由之節，未知如何？

最長房死，則其所奉神主，遷于次長，不待三年之畢，近世士大夫家多行之者。以愚所聞，祧遷在於最長房之喪過葬後，而來示則以爲成服後。彼此所聞，未知孰是，而成服後則無乃太遽耶？大抵此事始出於尼山之尹，而尤翁以爲可行，其書載於原集中。禮經雖無可據，而實以三年廢祭爲未安故也。愚意亦以爲長房事體，非與宗子等，不必待其喪畢。次長之當奉者告由奉遷，奉遷後始行改題，似得之。而此等儀節，出於臆料，惟商量而取舍之，如何？

答李參奉【癸亥】

十年前顔範，漸覺依微。各已老衰，盍簪無期，幸而生並一世，只將一識面而已耶。士友之自南來者，輒先叩尊安否，今玆楊友行，尤得其詳。而遠賜辱幅？辭意鄭重，其爲感慰，如何勝言？冬候乖常，近日德履增福，瞻溯益切。緈積疾之中，重以慘慽，向來所業，幾乎擔閣一邊矣，悼歎奈何？

兩匣八冊，受賜爲多。今人好談古昔，而於我朝事，全所茫昧，此是公患。年來妄欲蒐輯野乘，依年代編成首末，與同志數人有約，未及就而適聞忠州李歙谷家有已成者，倩人一觀，甚不滿意。苟有人先獲，則眞是“四隣未出，何必吾操”者，向之煩索於高明者，意蓋如此。高明乃不鄙，而與之往復如此，此意甚盛。人事滾擾，僅得披閱一卷，殊愜所望，尙多有可議者。夫以高明之一生勤苦用力，而編輯之際，不能無餘恨，仍又埋沒於巾衍之塵，實爲可惜，高明亦豈不自惜耶？今若因此用工，庶幾事半而功倍。然煩疊者刪而從簡，疏略者補而致詳，自亦有許多般事。年來老病，百事專靠於人，此亦非可獨爲，勢將與曾約者同事。此書之出於尊手，固難諱於此數人者，而餘人則不令知之。書成後作跋語，始明言其顚末，雖或見行於世，恐亦無傷。

今之所謂《日月錄》，李公錫齡所述，而士夫家多傳之者，而於其人，別無疵害矣。然未獲尊命之前，不敢徑自專輒，縷縷申稟。如以爲難，則卽當於一番經眼後，討信便還納。或蒙肯，則來冊以下未了之數卷，從速了當，續續付送爲望。可否之間，不可不速賜明教，不知從近有何信便否，幸乞留意也。日前有一士友來見案上有此冊初卷，略略披見，苦問誰所爲也，不答。其人旋於尊所着圖章中得之而笑曰：“此某丈書也，何乃諱之？”是則雖一見露，非愚之罪也，好笑好笑。

答李參奉【乙丑】

《尊攘編》，蓋爲丙、丁亂後，人心日喪，全無含寃忍痛之意，裒集關係節義者，以示天地間有此道理。幾成十之八九，而前託八冊，待此卒業，始可議，且欲俟未來者之盡來，從容考證，姑未免束閣。來春則遇信便，必付後編如何？

答蔡生【膺祥】問目【己亥】

申生事，亦是窮格之一端矣。曾子耘瓜而傷其根，父以杖擊背，仆地而蘇，退而援琴而歌，孔子聞之怒。夫受杖而仆地，聖人非之，況死而彰其父之惡乎？程子曰："舜百事從父母，只殺他不得。"若使舜處申生之地，則父雖頑，必不命之死，雖命之死，必不死矣。浚井焚廩，先儒以爲決無是事，設令有之，使舜不能烝烝乂而死於井廩之間，何以爲舜？是以程子之論申生，有曰"此只是恭也，若舜便逃也"。是豈不爲處義之一證？此恭字與《西銘》所云"其恭"同義，蓋恭則恭矣，不可謂孝也。豈可以橫渠借引之語、朱子註解之辭，遽認以爲義理之至當哉？頃問中人倫之變未易言者，概以本事要當別論，不欲於文義之外，生出枝葉矣。來示及此，不敢不罄其說，未知如何？

或問："物物具一太極，則是理無不全耶？"。朱子曰："謂之全亦可，謂之偏亦可，以理言之則無不全，以氣言之則不能無偏。" 以此說推究，則"物亦具五行，而只得五行之偏"云云，似無可疑，來示豈或以具與偏之相盭否？

朱子章句爲萬世標的，反是則異端也。一時儒者同異之論，如子約云云，不過笆籬邊物，爲後學者，豈可眩於取舍之際耶？或有可疑，卽是已見不到處，就章句熟讀爛思，必知其的確不可易而後已。

《心學圖》大抵以人心道心分兩邊說去，下面下工夫處，亦從遏人欲存天理上分說矣。來示中初無分類之意，只因名言之相對云者，無或太泛然否？名目分排之間，固多未安，而直斷以不足取不足斥則過矣。末端未必無補云云，似得之。

仁義禮智，謂之根於心則可，謂之根於性則不可。西山之說，先正固以爲未安，而"聲色臭味發於氣"云云，氣卽所以成形，此與朱子所云"形氣之私"同意矣。道心是義理上發出來底，《心學贊》曰"根於性命"。

虛靈知覺，心之體用。覺軒所謂"肅然不亂，炯然不昏"，蓋指虛靈之本體，而知覺自在其中矣。

西山情本善之說，似本於孟子“其情可以爲善”之語，蓋是溯源之論，而語意不免有病矣。

體認一段，旣曰體認，則固不可謂之未發，而此是輕輕下工夫，不至如“求中”二字之爲病。然而朱子答曰“謂有些病”者，蓋恐於未發已發界上易錯了，惟存養二字爲攧撲不破矣。所論“在延平用工，則不爲病”云云，儘好。

朱子曰：“赤子心，也有未發時，也有已發時，今欲專作已發看，也不得。但方其未發時，與老稚賢愚一同，惟已發時，未有私欲，故未遠於中。”此論甚該備。深味“大人不失”一句語，則終恐屬已發邊矣。

鳶飛魚躍，道之自然，本無一毫私意。與必有事焉同者，非明道，不能說得出矣。此段十分精妙，不可容易立說，須於天理人欲界分上透得分明，方可識此意思矣。退翁所論，已是八字打開，惟深味深味。

答鄭進士【陽元】問目【乙卯】

陽元居憂中，取從兄之子爲後，趁葬時率來，而禮斜之後，則似有稅服之節矣。如在小祥後禮斜，則期年已畢，無稅服之節耶？

出後於人，而在於所後祖父母喪期年之內，則其追服與否，實是變禮之難處者。 惟稍可證者，《喪服小記》"生不及祖父母、諸父昆弟，其父稅服，已則否"。鄭註云"生於他國，而祖父母、昆弟皆在本國，已皆不及識之。今聞其死，而日月已過，則父則追而服之，已則不服也"。北齊張亮駁之，其說曰"生不及者，是已未生之前已沒"云云。以此兩說旁照，則今此所後祖父之喪，在於已未及出後之前，則或可以已未生前已沒之事爲準，且未出後而在本生家者，便可與生於他國一例看，則稅服恐無所據。至於期年服盡出後，則尤無可論。如何如何？

答鄭進士問目

下示中鄭註所謂"已之不服"者，似不以生於他國，而以其日月之已過也。 日月雖已過時，猶以祖父母恩親至近，必無並代乖隔而便不服之禮，故張亮乃以未生前已沒解之。我東先賢亦以爲疑，是蓋若聞訃於日月未過之前，則雖生於他國，已亦應稅服矣。至於所後孫之出後於期年未過之前者，與生於他國之孫聞訃於日月已過之後者，尤有間焉。今以在本生家，比擬於生他國，而獨無稅服，果爲得禮之中歟？且以已未生已沒之事，爲準於已未及出後之前，誠如所敎。然而已未生云者，喪出於未生前，而中間已過許多歲月，始聞訃於已已長之後也。如此者，父雖稅服，已若稅服，則便是追服先代之喪也，其不稅宜矣。今則其父旣非稅服，已之當服期年之限未過，而只以未生前爲準而終不服者，亦果一毫無疑而得禮之正耶？今有人無子而死者，期年之內，取有子之他子而爲後，則其所後子旣爲服喪，其孫則以未生前已沒爲準而不服乎？且此所後子，若於葬時，已爲禮斜而率來，則旣爲所後孫之後，決不可以旁尊服之。旣不以旁尊服之，又以未生前已沒爲準，而不服所後祖之服，仍並與旁尊服而短之，則是視祖反不如旁尊之重也。處於期年之地，而絶於三月之內，揆以情文，甚爲窒礙，更乞指敎。

前報兩條，所釋指義各異。以義理言之，張說似長，然其足爲此事援證則同，故果並擧之矣。來示"已之不爲追服，不在於生他國而在於日月之已過"、"與所後孫出後於期年未過之前者有間"云者，似然矣。然雖在他國，而祖孫天屬之恩，固自在也，故聞訃於日月未過之前，則當追服。而至若所後孫，則未出後之前，元非祖孫之親，近則有服，遠則無服。出後之後，祖孫之義方定，雖方在期年未過之前，稅服之制，於父則有，於祖則無，恐無追計日月必滿期年之理矣。《尤菴集》有人問出後於人，而所後家子死未久，所後子追服與否，則尤菴亦擧鄭註、張說爲證，不許追服，此可以旁照否？下段云云，可謂善設難矣。死而無後者，期年之內取人爲子，而其子亦有子，此亦當從"父稅服，已則否"之例矣。今此所後子設令於葬時已爲出後，　則是在本服未盡之前，禮貴別嫌，義在重統，不可不卽日改服期年，而今則本服已盡，只當以未生前已沒爲準。此兩段似若矛盾而實不然，彼則改服也，非稅服也；此則旣無可改之服，又無當稅之文，恐只得從一否字而已。如何如何？

答南進士【埜○丁未】

春閏惠翰，至今披瀉不已，踐更卒歸時不索答，仍致闕然矣。卽玆遠問洊及，其出僅五日，殊不知嶺嶠之爲遙也。霜寒日深，伏惟玩理有相。縡衰疾侵尋，夏秋來絶無開卷日子，如高明相愛者，又落落千里，抱此孤陋，其將無聞而已，良可悼歎。前示冊子，極知高明精力盡在此矣。然而割裂經傳，務出新奇，固朱夫子之所深斥，區區拙守，蓋無他法。曾亦略露此意，而猶未敢遽然奉還者，切懼夫理有未明，不能盡乎人言之意，欲一番痛讀本經，始取來冊，反覆參究，以獻厥疑。而他書久未卒業，冬後方捱到此耳，宜執事之遲之也。記文文字，雖鈍拙，豈敢稽廢至此？是亦有俟焉爾，其未可寬恕耶？至於"有極"之"有"，前後旁搜廣引，固已無餘力矣。然以文勢則狹迫，以語意則深巧，此蓋由無極翁一箇無字，相形出來，遂生此見解。而要之箕聖本旨，未必若是。試就此一段虛心平氣而更思，如何？

答南進士問目【乙卯】

曾所獻疑《洪範》錯簡考定及“有極”一句之解作實有底義，請以一言更質之。皇極章首句，明言“皇極，建其有極”。夫皇極之所以爲皇極者，都在於建其有極，則這有字，其果尋常無意味底語助辭耶？蓋皇極本篇，紛亂錯出，無復統緖，故先儒亦皆緣文生解，未深究有極二字之含至理實有底意義。故妄此考定其亂簡，而發明其隱義者也。

有極名義，十年之間，依然舊時迷見。熟復獻疑，曾亦有言於執事，而亦未之能焉。古人爲學，必不如是之踈闊也，愧歎愧歎。今方溫誦上經，幾至《範》篇，前來冊子亦在郊舍書簏，當取來對閱，如有新得，早晚因便奉報，兼以付還也。

答南進士【丙辰】

多少勤諭，寔荷指迷之意，而愚滯之見，終未能曉然。三代以上，使得有字，固非盡作虛字，如來示所列，而此則恐未必實底意。蓋實有之理，已在極字，不必生疑於有無之間，而着得一箇有，況解作有之極者，語勢文義，似欠通暢，未知終果如何也。

答沈生【杜國○癸亥】

未有一日之幸，而先辱以書，此古道也。自顧陋劣，無以堪此盛意也。少好讀書，而今則病不能讀，益恨夫虛送未病時日月也。楊友季達，素所愛重。以季達之賢，而說左右篤學之誠，殆不容口，左右之賢可知。各已老衰，又間以山川，此生恐無相接之日，恨歎奈何？疑問略此臆對，只望孜矻加進，以慰相愛。

答沈生問目

> 母喪未葬而父死，則未忍變在，固當服期，而葬時題主，何以爲之？父未殯而服祖以周，則其祖之主，亦當題以祖考耶？

未忍變在，誠如來示，而以亡室題主，則極有所不忍。尤翁答人問，以爲"題主以亡室，似無其義，雖題之以妣，而練祥仍如父在，恐不相妨，其題主及練祥時，具由以告，事乃宛轉"。恐當依此行之，未知如何？服祖以周，雖見於《通典》，爲父代服，斷不可已，蓋喪不可一日無主故也。題主以祖考，似無可疑。

> 爲人後者之妻，爲其本生舅姑當服大功，而退溪以爲"從夫服期"，未知如何？

《備要》之以大功爲斷，正合禮意，雖有退溪說，不必更生疑難。

幼時喪親，未得服喪者，及其長成，因其改葬而爲之稅服三年，此於古禮，或有可據否？

無於禮之禮，識者不取。

《曲禮》云“卒哭乃諱”。釋之者曰“卒哭之前，猶用事生之禮，故卒哭乃諱其名”。然則古人於父母生時，不諱其名耶？

《禮記》鄭註曰：“敬鬼神之名也，諱，辟也。生者不相諱名，衛侯名惡，大夫名惡，君臣同名，《春秋》不非。”以此觀之，生時之不諱名可知。然古今異宜，今則行此不得。

答沈生《近思錄》問目【乙丑】

“君子當終日對越在天”，在字未詳。“其理則謂之道”、“率性則謂之道”、“形而上爲道”、“但得道在”，四道字一義耶？上三道字，似皆專指理而言也；“得道在”道字，似是兼浩然之氣而言也，如何？

在字固實也，而此則歸重在於天字，只合以語助意看得之。其理謂之道，以其在天者言之；率性謂之道，以其在人者言之，而但天之理賦於人而爲性，實則一而已。“但得道在”之道，即是承接於形而上之道而言之，形上之道，又專以理言之者，則四道字有何同異之可言耶?

"自約數年"，自約，自收斂之義耶?
自約是自爲約束於心之謂也。

"謝顯道從明道先生"云云，"盍若行之"，盍若之義未詳。
若，汝也，或作語助意看不妨。

"管攝天下人心，收宗族厚風俗"云云，收宗族，與收世族何別?
收宗族、收世族，義則雖不異，而"不忘本"以上，則是道理說也，而下段則重在明譜系、立宗法。

"坎之六四"云云，"君心蔽於荒樂，惟其蔽也故爾"，故字是固之誤耶?
以久字意看。

"人只爲自私，將自家軀殼上頭起意，故看得道理小了他底"，他底當屬小了爲句耶?
小了當句，他底屬下。

答柳進士【光顯○丙寅】

幾年不聞音耗，今日忽枉問札，如獲世外聲息，驚慰可量？弟經了浩劫，餘生踽孑，本爲畢命松楸之計。而一疾沈痼，不得已方就醫搬還故里，遼鶴身世，能不悲哉？年來學業荒廢，無以副朝聞之願，是爲慙懼爾。不知中間讀幾卷書冊，做何等工夫？相望絶遠，無由承聞緖論，只有向風馳注而已。奇、柳諸賢相繼云逝，湖南士友之屬望，非左右其誰？近因考巖金君維寬請左右主張士論，仍爲講席秉拂之役矣，已徹高聽否？三種珍果，眞所謂非汝爲美者，愧無以爲報也。一詩情見于辭，博粲可知。

答尹參奉【觀周○戊午】

月前獲承枉札，兼惠示數詩，三復慰聳，殆不釋手。意到方可拚和，而人事滚擾，苦無暇隙，仍與回敬而姑闕之矣。又辱洊問，愧荷何已？五台去旬間蒙宥，似於端陽前還歸，而未得聲息耳。歸後又或有迫隘之端，人生晩節甚難保，生還豈不爲幸？而憂則倍於喜也。頃日得觀勸諭文，爲之感歎。秉彝之心，人所同有，自可有振作之望，詎可遽責效於時月之間耶？願無自執謙，俾克有終，如何如何？

答韓參奉【命玄】問目

先親於承重終制後，七代、六代祖兩位神主，當祧遷于長房，而其長房流落遐鄕，且甚貧窮，勢難奉祀。故問于黃江及諸知禮家，營建別廟于驪州墓下，以奉祧位，而題主則以親未盡者屬稱書之，傍題則不書。槪諸議以爲“旣設別廟，則以長房名書奉祀，似不誠實”，且觀《疑禮問解》答姜博士問，則有云“最長房旣不奉祀，則恐不可以是人爲主”云。故定爲鄙家家禮，祭享則以參祀中行尊年高者，塡祝主事矣。有議以爲“無傍題，則無祝文；無祝文，則不三獻，如是則不可成祭，必改前規，書傍題以最長房爲當”云。而鄙意則此旣從前講定之事，猝難變革，雖以日後事言之，子孫散在四方，或有不知存沒者，只假其名書于傍題，每以攝主行事，太不誠實。亦或最長者旣沒而不得卽聞，則以旣死者名祝曰“某孫某有故，使某攝行云爾”者，此未安之大關節也。似當依舊制爲之，如何？

士大夫子孫淪落貧殘，雖序當最長，而不能尸先祀者，類多有之，此別廟不得已而作者也。然其間禮節，實甚難處。以來示數條言之，題主則以親未盡者屬稱書之，而傍題則不書，旣無傍題則其屬稱，將安所着落耶?《問解》答姜博士問，意有所指，恐未必爲不可傍題之的證也。至於無傍題而讀祝三獻，設有世俗權行之例，終不成道理也。然今之爲別廟者，當遞遷時，輒指最長當奉者而曰“某家貧弊，與某家同”，或仍奉而不遷，又或一位二位，以至于三，儼然成數龕家廟制樣，而實則無主者矣。夫神者，依於人者也，親未盡而奉於其家，則氣魄精神，自相感通，雖或家力不給，香火數缺，而人神相依之理，固自如也。彼尸祀者，未必盡知此義，而禮意則實如此。若別廟則廟貌雖侈，享事雖豐，旣無主者，與不祭無異，惡在其親未盡祭不廢之意也？ 今聞尊門最長之人居在別廟相望之地， 雖曰貧窮， 旣與異鄕淪落者絶異，則至今仍奉別廟，實有未敢曉者。愚意則兩位改題移奉，不可一日少緩。此後長房之當次者，雖在窮鄕，情願奉往則許之， 苟不能然而勢不可奈何， 則始可爲權奉別廟之議矣。然遞遷之日，長房當次者，不可不使來，以其名傍題行祀， 告以不能奉往權安別廟之由。 其後祀事， 來則躬行，否則祝文“玄孫某使某親某”云云，行三獻爲當。以旣死者名祝，設如來敎所慮，遠外旣不得聞知，則此亦何害於義理也？ 其人旣沒，則祧主又當遷而之他矣。竊想此事講定，已經累十年之久，似未易更改。然猥辱勤詢，不敢不悉布迷見，仰備財擇。不勝悚懼之至。

答鄭參奉【壆基○乙丑】

淡翁席上識面， 已是四十年前事。 時過貴州， 未果一往叙舊，只有憧憧在心。不意先辱書問，以審春寒齋履萬重，仰慰殊深。此祠院體重，不比他所，而卽今士習漸乖，鬧端百出，殆不成貌樣。此時宜藉長德老成以鎭之，强疾一出，非但春享利成之爲幸而已。區區妄謂不有講學，則無以正士習祛積弊；無士子，則無以成講，此講生錄者，不得不已者也。然而此非有刑賞之可以勸懲，如非父詔其子，兄教其弟，萬無聚合作起之望。吾黨之士所當協心幷力，以成此事。事若不諧，鄙人亦不敢以山長自居矣。願與同志相議善處，使後生輩齊趨下風，如何？切仰切仰。

答鄭伯休【綠○丙午】

講服世好之日久矣，一南一北，無緣合幷，居然各成老大。忽於令季之枉，猥辱手敎，未見而先以書，此古道也。况假借之隆，勉勵之勤，俱非淺劣所敢膺者，感奮悚怍，不可勝喩。至如孟子答景春之問，朱子嘗曰："讀之，胸中浩浩然，如濯江、漢而曝秋陽也。" 綷嘗反復擊節於此，不謂重獲敎於君子也。愚非能輕富貴薄卿相者，始焉奔鶩於詞章之技，乾沒於榮利之途。中年屛處，自知才疎病痼，不堪爲當世之用，妄欲讀書求志，以少塞皇天賦畀之意。而心力不强，又無明師良友之益，私欲橫流，尤悔交積，不知不覺輥到無聞之域。每惟前聖開蒙之恩，如彼其罔極，而回顧半世，依然是小丈夫，眞朱子所謂孤負是翁【指孟子】也，中夜起坐，愧汗沾衣。

然而廣居也、正位也、大道也，固極天下之廣，盡天下之正，窮天下之大，而要皆吾性分內耳。士君子立心，只當以此爲準，不明不措，不篤不措，俛焉孶孶，斃而後已。執事所以勤勤拳拳於斯語者，可見平日用力之深，而推是善以及人爾。然先儒論“孟子才高，無可依據”，又言“話頭高，卒急難湊泊”。《論語》富貴貧賤不處不去之下，以無終食違仁終焉，《中庸》素貧賤素富貴，在於愼言行之後，如是而後，方有下手處，不審高明以爲如何也？

昨年筵對時一天字，蓋欲開廣聰明，展拓規模，推性道之所由出、陟降之無不在，以仰贊聖上嚴恭寅畏之工，本非舍是心而爲言者。且其致知踐實，有許多條目，而要之識淺誠薄，無一分半分可以孚格天心，都歸一場閒話，至今思之，愧懼無以爲容也。

伏惟執事遠以圃老爲祖，近有家庭詩禮之聞，撥棄科累，杜門窮居，養老之餘，探索經籍，豈向所謂“不以其道得之，不去”者耶？今以來書之所以憂當世責朋友者，立心高大，命辭明暢，由是而益自勉焉，則所謂大丈夫者，奚獨讓乎人哉？吾輩年雖衰邁，朝聞夕死，聖人已言之矣，願相與勖之。遺集序文之託，豈不知託名爲榮？而惟猥越是懼，區區已面及於令季矣。疾作不能盡所欲言。天氣向寒，只乞以時愼毖。

答鄭德振【鏶】問目【壬戌】

> 亡姪三年內，時祭雖廢，忌祭可行，而祖考妣忌祀，主祀無人。祖考以下伯父亡從位，則鏶或可權主，而至於曾祖位及先祖位，則自有他長房，使族親中行高年尊者主之耶？且三年內忌祭，似不可盛設，而至於先祖位，則事體自別。春秋學宮釋菜，皆擧縟儀，則獨於此宗孫玄遠之喪，似不宜略設單獻之祭，並乞明教。

大抵立宗孫而宗子穉弱，不堪將事而後，方可議攝祀，先後之序，自應如此。今未立宗子，而遽議攝祀，豈不爲顚倒謬錯之歸耶？目下道理，惟在宗嗣得正。而後攝祀一節，亦必待朝命而後可定，而某人之當攝，亦惟宗中公論所在，非士林所可與議也。苟得攝祀之人，則大小祭自當攝行，更復何疑？今曰："某位則此主之，某位則彼主之。"此則不成義理矣。若夫不祧之位，則雖於京外釋菜，盡享縟祀，至於家廟，則其備禮與略設，惟一視宗子有故無故而處之，公私事體，不可同矣。

答鄭叔範【纘楷○庚戌】

別紙辱詢奉悉。士夫家練祥，行於國葬卒哭後者，厥有先賢定論，近世尤翁之議尤嚴截，愚昧所聞，獨此耳。喪家雖不行練事，期功之親，自當除服，爲人後者，似亦不敢自異也。

如何如何?

答鄭叔範《小學》問目

《稽古》篇題，首引"孟子道性善，言必稱堯、舜"，何也?性者，人所稟於天以生之理也。語其本然之初，則渾然至善，而其爲惡者，固非性之罪也。故孟子每道性善，其示人之意切矣。然若徒說性善而已，則其言無以有徵，而人莫之信也，故必稱堯、舜以實之。堯、舜性者也，要知他性善樣子，堯、舜是也，孟子指此樣子而示之，俾人人有所興起其爲堯爲舜之心也。大抵聖人教人之道，只因其本分所固有者而進之，故朱子編《小學》書，而於《題辭》首句，已說下性字，《立教》篇題，又因子思所謂"天命之性"以明之，而《立教》、《明倫》、《敬身》三篇，皆只說所當然底道理。故至《稽古》則考聖賢已行之迹，以證前三篇之言也。然則前三篇，卽道性善之意，而後一篇蓋必稱堯、舜之義也。故引孟子此言，而繼之以"摭往行、實前言"，實之一字，乃此篇骨子。又曰"使讀者有所興起"云者，亦出於"如舜而已矣"一句。於胎教則如太任而已矣，於幼教則如孟母而已矣，於詩、禮之教則如孔子而已矣，餘皆倣此，如此看了好矣。

"克諧以孝，不格姦"，是師錫帝之語，則當是時也，父

母已順矣，而至事於畎畝之日，又曰"爲不順於父母，

如窮人無所歸”，此似可疑。

此等處不可考。然其曰“不順於父母，如窮人無所歸”者，只是孟子知得舜心爲如此而形容說來也。

“行無專制”之行字，只就身上說；“事無由己”之事字，廣就事上說。

口體之養，不是小事，而但比志則有輕重之別。以《西銘》所謂“乾稱父、坤稱母”看之，其不曰天地而曰乾坤者，蓋天地，形體也；乾坤，性情也。天地之所以爲萬物大父母者，只是其性情也，於此尤可見孝子養志之大矣。

父母全而生之，不是只言身體，德亦在其中。故子全而歸之，則兼言不虧其體、不辱其身矣。

“公明宣三年不學”，揆以“行有餘力，卽以學文”之義，固爲一偏。然此可見古人爲己篤實處，比後世爲弟子就師者，不過致力於訓詁字句之間，則其立志何如也？尹和靖侍伊川半年，始受《大學》、《西銘》，黃勉齋初學於朱子，朱子時不在，留三月待還，又受業幾箇月而歸，古人篤實蓋如此。

足者載一身而先動者也，故九容亦先言足，曾子先言啓足，其義恐亦如此。“戰戰兢兢，如臨深淵，如履薄冰”，這箇道理，此曾子所以聞諸夫子也歟！

一擧足一出言而不敢忘父母，非謂一步一言之頃，恒曰父母父母，只是不徑不游，不敢行殆，不出惡言，不反怒言，卽是不敢忘父母之道也。故敬其身，所以敬其父母，《敬身》篇題詳之矣。

答鄭善甫【纘志】《小學》問目

"不絇屨"註，"未習行戒"。

絇謂拘着屨頭，取自拘持，使不妄顧視【出字書】，此行戒之義也。童子無遠行之事，故未習行戒。

憾而能昣者鮮。

有憾恨之心，則便爲忿氣所使，作事悖戾，鮮有能自重其身者矣。

"男女有別然後父子親"云云。

男女有別然後父子親，朱子嘗論此，以"漢武多內寵，而太子疎，以致巫蠱之禍"爲證。來示所疑，或可推類而曉然否？然無別之義，終是淫辟爲重，以本註所喩禽獸之類見之，可知也。

答宋生【瑚錫○丁巳】

不面而書，此古道也。然此惟有志之士，可施之於先知先覺之賢，而不可苟焉者也。似聞尊能自拔於科臼俗累之中，慨然向道，可謂有志之士。若僕者，雖不可謂無是志者，而讀書數十年，未能日知其所未知、日行其所未能，殊無分寸積累之益，其不爲君子之棄而小人之歸者幸矣。以尊而行古道固宜也，而但恐所施非其人耳。然而以所得於簡編者言之，惟“爲己務實”四字，是爲學根本，僕雖至愚，切願以此矻矻孳孳，斃而後已，亦不敢不奉聞於同志之士也。蒙此俯問之勤，而旣未有一日之雅於尊，用力先後，所造淺深，茫然無所聞知，只得以下學立心之始爲獻，無亦笑其僭妄否？千萬恕量。

答宋生問目

“仁作義不得，義作仁不得”云者，只是說氣質異處理不相通者。如虎狼之父子，仁也，而作義不得；蜂蟻之君臣，義也，而作仁不得耳。仁義禮智，理也，而局於氣質，則其不能相通如此。若緣此而遂指仁義爲氣，則害理甚矣。此等語句，當活看，不當泥滯也。

心固至虛至靈，而視一身所受五行之氣，本非別件。朱子精爽二字，蓋就氣中拈出而明示之。此外以心與氣分言處甚多，惟當隨其所指地頭而觀之耳。悤悤不得細論，而大體如此矣。

答宋生【勛錫】問目【戊午】

長孫承重而死於喪中，其小大祥及其三年畢後凡祭祀，長孫婦主之耶？次子主之耶？長孫之弟主之耶？其主祭之時，當有告辭，亦當於何時而告耶？

次孫主喪之說恐是。大抵婦人無主喪之義，未立後之前，當先告以某親權主之由，而葬祭諸節皆權行之，告辭則當於朔望殷奠爲之。

今有人其父卜妾後出之，及其將死也，又有命使不納其奔喪。旣死之後妾果來，拒之則抵死不去，不拒則是違父命，未知將何以處之？

旣有父命，只當遵行。然又必審其出之之初，有罪無罪果如何 而處之。古人往往有從治而不從亂者，是則權也。

答宋生問目【辛酉】

《論》、《孟》則曰集註，三經則曰傳,《庸》、《學》則曰章句。且《孟子》則旣曰集註，又於各篇下稱章句，何也？傳，所以釋經者也，故於三經則稱傳。《庸》、《學》非無註也，而重章句，故稱章句。《論》、《孟》亦自有章句，而重在集註，故稱集註。蓋章句者，分章正句之謂也。如《庸》、《學》卽是一通文字，非先立章句，則何以得其要領？不曰註而曰章句者，此也。至於《論》、《孟》，則其章句之難辨，非如《庸》、《學》，故於各篇則言章句，而就全書摠而名之則曰集註也。

"大學之道"之道字，小註東陽許氏曰："大學之道，是言大學中教人修爲之方，如'君子深造之以道'之道。"門下之以道爲方者，無乃出於此耶？然許氏之言亦似未穩，未知如何？

經一章上下道字，文近而義別。雖若可疑，而"之道"之道，若作義理看，則語意恐鈍滯，東陽許氏之說似好也。

補亡章"卽物而窮其理"註"卽物，如卽事、卽景，隨吾所接之事物"，若如此說，則事物既來之後，當隨其所卽之物而窮之，事物未來之前，則不當預窮其理耶？然則學者未當國家天下之前，却不預窮治平之理耶？

格物者，就事事物物上窮格之謂也。思到處便是卽，豈必待事物既來而後，方可謂之卽耶？

"忿懥"以下四者，朱子曰："四者只要無處發出。"四者既是心之用，而人所不能無者，則又何曰要從無處發出耶？

朱子“要是無處發出”云云，此無字，恐是心不可有一物之義，不必以“人所不能無”之無字，照對而設疑也。

章句以忿懥以下四者爲人所不能無者，以親愛以下五者爲本有當然之則。四者、五者，同是本於性，而其爲情者亦一也，其訓詁之不同何也？

“人所不能無”之無字，對有字看；當然之則，對辟字看，則可知二章訓詁之不同。

“或不能不失其正”或字，人多疑難。遂菴先生亦曰“老先生嘗云：‘或字當在欲動情勝上而在此者乃眼在中間之法’。愚曰：‘正心旣在誠意之後，則工夫已到精密，其用之失其正者，蓋或耳，何可謂必失其正也？’先生答曰：‘如此看亦可也。’”云云。

栗谷《聖學輯要》引正心章註，無此或字，未敢曉其意，愚則嘗謂“此字只當寬緩看去”。來示無或過深否？

石碏六逆之論，柳宗元以爲：“若貴而愚，賤而聖且賢，以是而妨之，其爲理之本大矣；親而舊者愚，遠而新者聖且賢，以是而間之，其爲理之本亦大矣，而可捨之以從斯言乎？”此論似有理矣，乞明回教。

石碏之言貴親舊三字下，皆當着賢字意看，此則只道其常，柳論就變處說。

> 《語類》淳問："《小學》實《明倫篇》，何以無朋友一條？"曰"當是時聚編類來，偶無此爾"，而李氏以包孝肅公尹京時一章當之，此章果是實朋友之倫耶？然則何以云無朋友一條也？

包公尹京章，於朋友條，固不切緊，而舍朋友，則無可屬處矣。《語類》說果可疑，豈或後來添入此章耶？

答金子平【礦○癸亥】

勤教縷縷，深荷相念之至意。鄙性非不畏病，而遠近殆無乾淨之地，蒼黃奔迸，飲食居處，勢不如家居，還恐不病而病。以是昨夏迷孫痛時，亦不出避。目下雖甚危厲，所守豈有異於前耶？所教實爲正當，而其不能奉承者，終是儌幸之心勝耳，曷勝愧歎？都惟恕亮。令子呼去，似合愼重之義，稍俟乾淨，更卽勸送如何？

答金重汝【碇】**問目**【庚戌】

> 別廟祭祀序立之際，祧位宗孫來參，則序次當於最長房之右耶？衆兄弟之行耶？

序立之次，最長房自當在前行，宗子固位於衆兄弟之先，而安敢居最長房之右耶？

六代祖妣忌日，與高祖同日，每爲幷設，而節目之間，固多未安，何以則爲當？

忌祭與時祭，名義自別，雖同日，决不可幷設，只當先尊後卑而各行之，雖至達朝，亦無傷也。

答金重汝問目

所詢承悉，土地二字，恐無意義。昔人祭古塚文【如謝惠連之類】，或有之。今方置之疑信之間，則不妨倣此爲辭。稱以"慶州金某等敢告於古塚之神。某幾代祖某官之墓，久失其處，古來相傳以爲在某地【此下歷敍證據】，旣無碑表，莫可指的，或冀有壙誌之可以攷徵者，不敢不略開塋域。伏願不震不驚，昭示實迹，以啓疑惑"云云，大意似不出此矣。

別廟旣非宗子家，又非邱墓所在，而只於諸族相聚處爲之者，在禮固無所據。然成事勿說，且以已成後處之之道言之，直當留待萬萬不得已時矣。旣有最長房，則無論其家舍廣狹，只當移奉，苟其貧弊不能行祀，則族人出物相助，豈不好耶？親未盡前，徑奉於別廟，實非祖孫一氣流通依己爲安之意。唯無家舍，凡百不成模樣而後，萬萬不得已權安於別廟，如何如何？

答金重汝【癸丑】

溪齋舊迹，令人徘徊起愴，久猶不忘，不但一時逢別之爲依然也。枉札馳存，深荷厚意。辱詢奉悉，祧位雖權安別廟，既有最長房主之，則卽與奉安其家內無異。喪出同宮，未葬前，宜不敢行祭，是則禮之常也。如以全闕爲缺然，則別廟猶異於喪所，其中親未盡者自其家設饌，替行一獻亦好。先賢亦有設紙榜行之者，此可援用否？惟量採之也。

答魚生【有和】問目【乙丑】

鄙家失廟主，改造新主於廟前而奉安矣。後十數日得舊主於園中，而不甚傷汙，還安舊主而埋安新主否？

舊主雖不幸遭難，其身傷汙，而所以憑依之者，猶不失其舊，則固可用也。況幸而不至大傷汙者乎？新主改造，出於不得已也，憑依之節，視舊主似不及焉，舍新還舊，恐非可疑。【雖傷汚，而憑依不失者，理之常。】

答金生【璞根○癸亥】

尊先代從仕年紀，不知爲幾卷，而緣何散佚不收以至於此耶？一冊蒙君尋覓投示，爲幸大矣。傳曰：“讀其書，不知其人可乎？”癸丑樹立之卓然，固所稔聞，而今於此書，有以得其人、得其世矣。此老不擇官之大小、地之夷險，隨分盡職，一節無緇，忠厚老實，後來安可復得？所恨不得卒覽全書，以究極其終始矣。幸盡意求訪，幸而得之，則無論多少，輒卽垂示也。

答宋生【燼○丙寅】

癸卯會盟祭，固一國臣庶之所共駭憤者，而禍家子弟處義尤別。先丈之預此祭，曾所全昧，故喪時慰狀，一例待以親故矣。今見姓名入於祭擧案，且以陞嘉善，入於其時政目中。旣知之後，文字決不可作，所留家狀一通，謹用還納，其餘則姟病間泚筆矣。

與崔生【萬謙○丁巳】

曾未有一日之雅，而自令胤請業而來，聲息殆相接也。其季童蒙又隨來，來未數日而死，遠想尊情理慘毒，誠有不忍言不忍聞者，世間寧有是耶？人生無彭、殤，大都是命，不死於家而死於客者，亦命耳。然其死於客，則實古人所謂“由我而死”者也。自惟虛名欺世，坐令遠近士友徒費脚力，此已萬萬惶愧，而乃令人生行死歸，以仰貽其父母之慼，是蓋鄙人德薄命蹇之由。數日之頃，顔面亦未熟，早知若此，亦豈不授得一字書，以少酬其遠來之好意耶？深可悲也。病甚猝急，窮鄉又無醫藥，不能盡誠相救，死生主客之間，負負多矣，此又可恨也。路泥日短，不知喪行果能及夕安稅否？念之抑塞。死者已矣，長胤之病，爲憂實深，撼頓亦或添加否？千萬切乞先自寬抑以下，寬其過哀之懷也。初意尊聞凶赴臨，得以相持一慟，而旣不能得，則又未忍拘於常例,而闕一字之慰，玆耑人馳問。

答金生【華壽○庚申】

“比有失其父不得者，愚嘗據《通典》，使計其父年百歲，而發喪制服矣”。【出《尤菴集》】尤翁之說雖如此，但古人則多享壽者，故以百年爲限，而今人則壽至百年者，蓋絶稀矣。若待百年而後發喪，則其爲之制服者，能有幾哉？是必不在其子而在於曾玄矣，此則恐難於膠守也。

又按劉智曰：“三年求之不得，乃制服居廬，祥禫而除。”【出《通典》】若用此說，則三年求之不得，亦可發喪，况此八年乎？然而制服祥禫則固無難，而其間虛葬與否及作主等事，極難處，有未敢容易義起。大抵此事摠而論之，不死而爲之發喪與其死久而不爲之發喪，俱所不忍，於此二者，將何所擇？

又按劉智曰："古之死者，必告於廟，今亡其親者，必告其先廟，使咸知之。求之三年，若不得也，則又告之，告之者，欲令其生也則隨而佑之也。"【出《通典》】此說禮意極精微。今亡者之家，雖已博求之四方，初告于廟，亦未敢必，況又再告于求不得之後耶？

愚意則亡者之父，以其子亡去之日爲文，以告于其先廟【若非宗子，使宗子告之。】，大意以爲"某之子某，某年某月某日亡去，不知其處，自某年至某年，求之不得，已至八年之久矣。此係莫大之變故，所當卽爲告廟，而遑遽不暇，今始謹稽禮書，仰告明靈"云云。更爲博求之四方，如又不得，則又三年而後更告之，更告之後，始可發喪矣。聞亡者之婦尙未于歸，未告廟之前，不可不先使見舅姑見廟，亟宜迎來行禮後，仍留于其家，以待三年也。【于歸時服色，勿用全素，勿用華盛，用黲黑淺淡等色。】

答蔡生【命洪○丁巳】

以爲己立志，卽《中庸》卒章尙絅之意也。朱子曰："不以有利而爲，故不以無利而止；不爲有名而勸，故不爲無名而沮。

蓋其心儻然，一無所爲，惟天理當然，吾不得不然耳。”如是而後，方可謂以爲己立志也。所示敬字，固爲學根基，求放心亦在其中矣。然栗谷先生《聖學輯要》以立志爲首，其下列爲學之目甚詳，就此考之，庶幾門路之不差矣。

答李生【光垕】問目

鄙家五代祖神主有蟲變，字墨剝落。人家或遭火災，必爲改造，亦當依此例改造耶？若改成新主，則舊主未知何以處之？

所詢禮疑，實甚難處。以愚見言之，則火災燒燼，全體旣無，固不得不改造。此則雖有蟲患，主身自如，此是神氣所寓，何得妄行改易？旣知其難改，則舊主處置之道，非可論也。幸更加博詢而善處之。

答李進士【仁濟○辛酉】

久因士友間聞名，恨不得識面，時對沈君季文道此區區矣。院隷之來，承拜問札，辭意鄭重，三復感慰，不知所以爲喩。冬候乖常，尊候一向安勝否？緈自猥當山長以來，於院事未敢恝然坐視，昨春欲明一場是非者，非但爲仁鄉，實爲老先生也。今此講學之事，意亦如此，仁鄉諸君子之爲老先生者，亦豈外於此心哉？愚之妄爲此學者，唯是之恃，而必得齋任，與之協心同力而後，方有成就之望。今聞尊爲士論所歸，出而當事，豈非士林之幸也？近歲書院，有其名而無其實，宜乎有識之不欲出入齋舍矣。尊之一出，旣專爲講學，此事未就之前，尊不可遽萌求解之念。此事不成，則愚亦不敢以山長自居，尊亦自同其去就矣。如何？知行敬義之說，語約而義到，雖使愚更有所論說，舍此而何適哉？然早晩亦當相勢，有以奉塞勤意矣。

別紙

尤菴先生遭姊喪成服後，卽令學徒受業，先生自讀于服次，以《禮》有"大功誦"之文也。尊以妹喪未葬，不赴講學之會，似未聞此等義理，故玆以錄示。

答柳生【深】問目

長者爲三殤降服，則童子爲長者亦然否？

長者爲童子服，固有三殤之遞減，童子則豈可以己未成人而遽減爲長者之服乎？自當服如本服。

答金生【承祖】問目【戊午】

"先祖河西文靖公代盡後, 禮當埋安, 而心有所不忍, 仍立廟於墓下"云云。

《家禮》藏主墓所之制, 實指始祖百世不遷者而言, 非可援據。先生道德節義, 固爲百世所宗, 而此則已有士林俎豆之享。至於家廟親盡而猶永奉者, 在禮無徵, 於法不可, 雖遷於墓所, 而終覺未安矣。愚見旣如此, 何敢稱量於隆殺之節, 折定於甲乙之論哉?

答權生【揆○丁巳】

左右之於僕, 未嘗一接顔色, 未嘗一聆言語, 不過得之於道塗之間耳, 何前書過隆之至此? 僕一生爲虛名所誤, 嘗驗之影, 短者長長者短, 又或乍長乍短於頃刻之間, 非有定體, 人之名亦猶是也。左右乃過信而輕以虛禮加之, 恐非實心相與之道。左右之意, 固厚矣, 而於彼此何益焉? 然左右能慨然有志於學, 汲汲以尋師求道爲意, 此固不易得者。而但左右之爲此書, 亦已四五年矣, 不知其間果然能得賢師友, 以資薰陶成就之益, 如前書所云否耶? 然人之爲學, 專在自做工夫, 不可徒靠師友。目下雖無人講討, 自己分上窮格持養之方, 不可有間斷時節。如此積累之久, 使僕未死之前, 得與一見, 則有疑相質, 自可沛然, 卽是不有益於我,必有益於彼者，如何如何？

答權生【翕】問目【丙午】

　　《禮》"父母喪中，非同姓有服之喪，則不可往哭，異姓無服之親，則雖隣不往"云云。

《禮》"有父母喪，而聞遠兄弟之喪，則服其服而哭之，異姓則雖隣不往"，而沙溪云："異姓之恩，雖不可不殺，而其服有重於同姓之緦者，恐不可以此斷定而不爲之往哭也。"此在酌量而處之。

　　父母喪偕而合葬者，於墓祭合祭於吉祭之前，甚不可，一墓而或先或後，亦似不可。

《周禮·司几筵》鄭註云："雖合葬及同時在殯，皆異几，體實不同，祭於廟，同几，精氣合。"今俗雖吉祭前，墓祭則多合祭，而好禮家本有墓祭各設之論，各卓而同時行之，無妨否？

答申生【光彥】問目【丙午】

　　孝行旌閭，雖發鄕黨公議，不有主家相應，則事難終成，倣古人私謚之例，未知如何？

近日旌表殆比屋，而有實行而無勢力者多泯沒，常所慨然。

爲孝者特盡其本分，非要人知，而子弟輒奔走經營，苟徼榮典，豈不大傷厥考心？先儒曰："爲親爲己，也是一事。"私諡不可輕議，曷不觀溫公論橫渠諡書?【見《伊洛淵源錄》】

表石書以處士，無害於禮意耶？

亡者有實行，當書以處士，而或不厭於鄉黨公議，則所以尊之者，適所以誣之，此不可不審愼。

答李生【奎彬】問目

入棺明日當成服，而若主人奔喪而到家三日，則兄弟在家者待明日同主人成服否？然則上食亦差退否？

奔喪之主人，日滿自可成服，兄弟之在家者，則先爲成服，恐無害於義。旣成服矣，上食豈有差退之事耶？

答曺生【命益○辛酉】

改名事，今始聞知矣。人之賢愚貴賤，都不繫於名字，晩暮重更，恐亦無益也。貧病爲之傷嘆，而此士之常也，願任分自安而無戚戚爲也。坡院事，以尙齒一事而有此紛紜耶？愚見則尙齒可論於休菴、節孝之間，而不可論於牛溪。牛溪是配享文廟之大賢，只當仍舊位無易而已。玆事本非愚所可干，而左右又以私相問，有不容自隱，略此及之。

答閔生【宗修】問目【甲子】

以措語之難，而用一獻無祝之禮，寧有是理？恐當於練祭前，以孝子代行練事之意，各告於兩几筵，祭時祝辭，直用小祥禮爲當。○告辭，前喪几筵則曰"先考不幸以某年某月某日棄諸孤，禮律至嚴，不敢不仍用父在母喪之制，將於某月某日孝子某替行練祥敢告"；後喪几筵則曰"先妣初忌，隔以數月，題主旣以亡室，則禮當十一月而練，將以某月某日孝子某代行練事，罙增罔極敢告"。

答李生【心濟】問目

有承重孫遭祖喪於其叔父家，其夕母喪又出於十里地奔喪矣。祖喪含斂諸節，承重孫可以主事，而母喪之側無他兄弟；祖父喪側有叔父，當使叔父主祖喪，而自主母喪耶？十里之間，有難往來並主兩喪，何以爲之耶？

祖父喪側，旣有叔父一人，則襲斂諸事，亦可主張行之，而至於飯含之節，承重孫當主之。相去不過十里，則其勢亦足推移行之也。

> 有爲人後者，於所後母葬時，上山後未及下棺，本生母訃自百里外而至，則當不待下棺而奔喪耶？待下棺後奔哭耶？

旣是出後之人，則本生親，卽爲期服。語其情理，雖不可與他期服比論，而身方主喪，適又臨葬，以大義斷之，則輕重自別，待其下棺，始爲奔哭，恐爲得禮之正。然聞凶之後，雖未敢卽時奔赴，亦當思所以粗伸情事。《禮》云："有殯，聞外喪，哭之他室。"此或可以旁照否？

答李生【乙卯】

三載《小學》，功力固勤篤，而細審來諭，輒有責效之意，聖人所云先難後獲，其義果何如也？行之之方，本無別法，惟當以聖賢之言必可信、古人之事必可行，毋遷於流俗，毋安於宿習而已。《讀大學法》自在書首，亦不可他求，熟讀詳味四字最要切矣。如何如何？

別紙

近世人家以兄弟之子爲後，往往有不告官者，而此事終是疎闊，畢竟生出許多難處矣。夫父子，天性也。惟人君代天理物，故有繼絶世之義，在私家則雖以父之尊，不敢繼天之所絶矣。是以立後者，必命於君而後，乃可爲父子，此大經大法也。某人事，其父之意，固已許其出後，然此只是不命於君而私爲之者，今於父之喪，若不斬而期，則是無君命而私自絶於父也，惡有是哉？尤翁於是事極嚴正，其戚屬李三龜不爲禮斜，而先服叔父三年矣，旣而覺其非是，不服其叔母，則輒許以昨非今是。【見於集中】已服三年者猶然，況遷葬時承重，昏書中出後二字耶？是宜服斬無疑，此非愚之言，乃尤翁之言也。至如宗家絶祀，則亡人之伯嫂具事實上言于朝，以聽處分爲得之。如何如何？

答白生【時迪○庚申】

頃間花石李生，以兩先生位次，果來問矣。先賢道德高下，非後生所敢軒輊於其間，則無寧從鄕黨尙齒之義？然宣額之院，事體嚴重，不疏請而續續追享，至爲未安。雖有前例，實關後弊，恐不可輕擧。至於位次下上，陳疏得請而後，方可議也。區區此言，蓋願仁鄕諸君子更存商量，務歸愼重，而承方涓吉定行，大體旣不見信矣，小節得失，又安敢與論耶？幸有以恕諒也。此事只當從一時之士論，如何如何？

答呂生【尙賢○癸丑】

一遭相見，已是二十年前，何能省識顔面？曾因李學諭璵蒙屬以賢師狀德之文，而李君旋淪逝，僕又流落峽裏，北方人士無相過者，欲一問尊存沒而亦無由矣。每念千里辱託之意，愧負愧負。不意閔令之還，褫致春末惠滋，眞是隔世消息，驚慰如何？忽爾殘暑，尊履萬珍？近來世道大壞，師友之倫，尤日以黮昧，惟尊爲師之誠，至老勤篤如此，此豈衰世所易得哉？良用感歎。玆就藁中淨寫以上，文成蓋久，而無以闡發德美之萬一，第恨尊屬託之非其人耳。竊想尊少日傳習之功甚專，其能至老而不懈否？如尊苦心血誠，固深感歎。然所以闡揚德美，不徒在於文字而已，更願深體朝聞之義，終身勉孳，以光師門也。無以仰塞勤眷之意，略此奉勖，幸恕諒之。

答張生【宇南○甲子】

令從兄之喪，驚痛何言？肥遯之操，世無知者，素所慨歎。挽語略見其區區，而愧無足以闡幽也。令子向年從遊，實爲虛名所誤，今則試可宜已，況此來修人事，何益於彼此耶？使渠誠有志於學，則數載之間，必讀得許多書，讀來必生許多疑，見時將不勝其叩質，而但云若干工夫，而默默無一言相問。雖有憂患，何至荒廢如此？此身老病日甚，無由接應，惟誠心爲己者外，一切謝遣，須知此意，勿令更有虛往還也。

答徐生【永後】問目【辛酉】

尤菴"大小祀兩存之義，旣有朱子之訓，不可以一日重疊而有所廢也"，然則先時祭而後俗節耶？

此指參禮與忌祭而言，若時祭則參禮恐不必疊行也。

內喪過期不葬，則子當葬後行練，夫則雖未葬，猶可除服否？ 尤菴謂"似當與子同其進退"。 若或葬期在祥、禫後，則其夫與子當如何？

雖在祥禫過期之後，今月行葬，則來月小祥，又來月大祥，而禫則不可行矣。與子同其進退，當從尤菴說。

陶菴集

卷十四

書

書

答宋晦可【明欽○戊午】

此身終鮮，惟幸以大心爲弟，如手如足，未忍一日相舍，而今遽失之。顧今世運衰颯，安能久住得此等人物？而平日相期，亦不謂草草若此。況一門繼絶之望，都無可恃，寃酷痛割，尙忍言喩？遠書馳慰，良荷良荷。秋暑侍學安勝？服人厎劣粗遣，而渠已於前月旬日入地，靈几亦隨其兄西歸，塊坐空山，此何人哉？

鶴泉之勝，未曾一寓目，而渠酷好之，臨死猶眷係不已，其忍負諸？方令兒子續成其志，與君家龍游爲輔車之勢。設令他日屋就，使老子徜徉其中，而賢輩時與從遊，亦何樂之有？然而此猶足以慰渠長逝之恨否？語及於此，悲涕無窮。葬時不乞人挽誄文字，而哀其死者往往不惜一言矣。僉賢亦有意否？雖後時，亦不忍不相聞也。無由相持一慟，徒增哽塞。

答宋晦可【辛酉】

歲初書問，昨日始自安洞遞至。喜聞學履履端增福，惟遠違慈闈，情事可念。此身逐年益衰，今則便成篤老人樣子，諒由不學之故，回顧茫然，徒自悼歎。《易經》方到何卦？重理四書，固爲得計。然凡書草草讀過，更竢後日，實爲學者之大患。古人於《周禮》註疏，一讀便焚去者，視此果何如也？

答宋晦可

年譜，聞方始役，殊以爲幸。別紙所詢，籤付以還，就此可更存財量也。跋文，如可以發揮盛德之萬一，則因之託名於卷末，豈非至願？而苟不能然，則數篇之小，而有序有跋，似重疊，不如獨用先正文字之爲得體矣。

別紙

一卷第十二板，"李行進、李時楷等出入勳宰之門"云云。此事載在文集，擧世所知，則初非可諱之事，況此是先生本文，後人何敢用意增刪於其間耶？兩家旣爲婚姻矣，原平初不爲憾，子孫又不爲嫌，則雖不去此段，完伯獨何嫌於相役耶？恐未深思也。且先生立朝大議論，此爲權輿，當初設或遺落，在今亦宜補入，而所示修改之語甚苟，依阿遷就，氣象不好，豈學力未至而然耶！

第二十板，乙亥晝講"形而上者，超乎形迹之外"。
道器固不相離，而就其地頭，言各有當。上文旣言有形有迹，而就此形迹而指之，則謂之超乎形迹之外者，未見其甚害於義。且當時經筵文義，史官必以就質於先生，恐不可輒諉以記錄之誤，不如且從本文之爲寡過也。超乎有形之前云云，先後二字，旣不如上下字之妙，而又超乎二字，於前字，未見其合當。

三卷第七板，"上大漸，急召兩贊善"。
兩先生之言有不同者，各以所聞記錄而已。旣有手筆，又何疑乎？直依《日錄》改"急召兩贊善"，爲先生承召入侍，旣入已無及矣，則尤穩否？

答宋晦可

大賢文字，旣弁於卷首，而後生末學又敢別爲論撰，未必能發前人之所未發，而徒歸僭汰，恐非嚴愼之義。愚之逡巡不敢冒當者此也。以事體論之，卷末數行，只見載今番改刊及中間若干句語點竄之由爲宜。此則以尊門父兄或君輩名無妨，如何如何？

答宋晦可

示諭權令持疑之端，終未可曉。首尾叙事，似其碍眼者，而直載姓名，亦未必勝於舊本也。原譜旣成於昔年，今雖有一二字句之點化者，是則不過事實爽誤處，此外宜不敢動得一字。在賢輩道理，只當如此，而令叔父本來意見，雖或與賢輩差異，此事適在上下官之際，有些變動，豈不大招來與今之譏議耶？愚見則刊役可輟也，此段不可改也。大抵此譜刊行已久，今則只是依舊本重刊而已。設有碍逼於原相者，於權令豈有毫髮可嫌？亟欲以此意作書相告，而此令童年面目之後，不得更相見，近或有書尺往復，而此則恐涉言深，不敢爲也。幸審量而善處之，無或底悔也。

答宋晦可【乙丑】

懷鄕儒宮施罰之事，未知的否，而亦一變怪，不幸甚矣。賢輩處謗之道，只有默默自修而已，不知果如此否乎？前此相見時，輒有警砭之語，本不欲爲姑息之愛，庶幾長久人情，而不謂輾轉寖疏，似若有疑阻之端。豈其然乎？苟有一毫近似，則痛加剗除，務令情志相孚也。

答宋晦可

去秋長牘，春暮始傳至。是亦疑阻之致，雖可恨，然有疑痛陳，甚得無隱之義，三復感歎，不能自已。鄙人言語文字之間，本少葳蕤，信心說出，動多觸忤，不謂今日又復妄作，以仰慽孝子之心如此。苟不見教，何由知愼？任君所傳鄙言，不知遠近如何，全然不記語脉，夫以仲思而傳鄙言，似無訛謬之端，恨不得面悉而反省其得失也。

懷鄉罰事，今而後始得其眞。但以示語觀之，愚名亦似入罰中云云，而此說初未有聞，至於門下人士遽至發通，元無是事。不知流聞之言如何，此世界許多噂，都無足信，觀此數事可知，置之勿復道也。此書未及見，而聞亨叔所傳已多增衍之語云，令季之不傳，亦未知爲得。亨叔願一見此書，慳固而後許之，其亦懲吹之太過矣。早晩須一來細破也。

答宋晦可

鄙意蓋悉於前書，來示亦似已無乖阻之端，更有何說？對任君時說話，茫然不記其頭緖，纔蒙賢季細報，果有斯語矣。昔所不知而疑之者，今則知之而無疑，他餘事大都如此，則豈不爲好？所望惟仁鄉舊閱，漸漸消磨，復見兩家子孫和協之美耳。寖疏之語，未甚疏而先爲說破，可見其不欲疏之情。旣有疚歎之辭，善端藹然，前言固妄耳，勿復疑阻爲望。

承有一來意，多少都在面旣。

答宋士行【文欽○甲子】

阡表至今有待者。尙覬其文章見識，老來少進，而今則還覺不逮於前時。病且垂死，不得不力疾草成。知君看文字，煞有精神，玆以一件奉質，幸痛加修潤而還之也。似聞君兄弟被儒罰，曷勝驚歎？行有不得，反求諸己，出於《孟子》，而朱夫子揭諸學規接物條矣，此外無別法。大抵此事至爲不幸，目下善後之策，惟當於親知之不相諒而疑之過者，絶勿怒之；群少之乘幾爲幷傷之計者，燭其情狀，設有推尊扶護之說，絶勿生喜心。如此則日月滋久，自可妥帖，豈非士林之幸耶？

答宋士行

答尹書，經年未能記得，考見而始知有覩聞端的等語矣。言語文字之間，信心說出，不解爲顧慮畏忌之習者，拙法本如此，不自覺其種種觸忤至此，從今庶可知戒矣。宋德相酬酢時，於惱字，明有指的，不特以彼喜知此惱，而流聞之言，只擧其君家所惡聞之一段。則此一段傳說之際，亦安知其十分端的而無一差謬耶？

答宋士行

《四禮便覽》裒成後， 徐當送議。《尊攘編》此間所有數冊，爲參訂呈去。 尊王本源，李持平泰壽所著《尊周錄》中已先着，覽此可知。此本則以深河戰爲首，承以丙、丁，終於大報壇、萬東祠，似尤緊切矣。幸就草本善爲梳洗出，速還之也。丙、丁以下亦已草出，而姑嫌疊煩，續附後便耳。八松啓，直書"尹某啓曰"，他皆倣此爲可。

答金濟大【用謙○丁巳】

承讀《易經》，此書固不可不讀，而亦甚難讀。以身所經歷者言之。始主程傳，終取本義，讀之非不久，而蓋無許大心胸可以包羅得盡， 又易墮於窮象盡數之末， 不若四子之爲切於身心，仍復廢閣。老來欲一番更讀，而亦未及矣。不知左右目下造詣如何，未敢妄爲之說也。千萬力學，以終久大之功。

答金濟大【丙寅】

新年無所祝，所祝惟世道之回泰，士習之丕變，院貌增煥，卽其一事耳。忽於今朝，守僕報以自削而退。快則快矣，恐非仁人、君子之用心也。以今世而行此事，其爲難成，豈不逆料於前？既始之後，惟有扶接得一線元氣，或冀有志者出乎其間。區區此意，本自如此，非敢望日增月盛，以改觀乎目前而已。尊旣與之同事，至誠擔荷，亦已知之，而猝然爲此擧者，非獨棄僕，乃擧一院而棄之，其可忍爲之耶？自削其名，雖若愧不進者之顔，而還所以增不進者之氣。惜乎，其不能忍耐一時之忿，輕自棄絶也。僕旣失尊，則無可與共此者，畢竟亦恐不免自削，不暇尤人而還自笑也。

答金伯春【元行】問目【丙午】

不各卓，只去韜，鄙家亦如此。久知違禮，而亦以宗家所行，不敢徑異，欲確定而未及矣。徑異固未安，而失禮之中，有輕有重，亦宜參互較絜於其間，不獨此事然也。

緇冠，古用爲始加之服，然冠則敝之，亦非常服也。深衣、緇冠而包以幅巾，則蓋自溫公始，而朱子旣著之《家禮》，則便成一王制度。殷輅周冕，顧何嘗嫌於異世耶？

夫爲人後，而爲夫之本生外祖父母又服緦，是貳統也。此等處，極宜以禮割情。如何如何？

答沈信甫【潮○己酉】

書中誨諭諄勤，深荷不鄙，至以造士相望，則實非愚昧所敢當也。年少友朋，往往從遊，大抵不患無才而患無志，其中朴實頭負荷得者，尤難得耳。然而拙者本非以師道自居，只不得已而應之。區區所自信者，蓋欲人同入於善，而朝夕講說，不過掇拾前人說話，體之於身，一未能焉。其自治如此，尙可以及人乎哉？

所論程門謹嚴一段語，提警甚切，敢不佩服？承方用力於涵養一事，此是爲學根本田地。然朱子所云“獨脚做不得，要得窮理”者，亦不可不念也。如何如何？

答沈信甫【戊午】

自去故里，益復疏阻，書尺來往，亦是六七年前事。垂老情懷，每念耿然，忽拜惠札，慰倒何已？比日春和，侍學珍重？綍衰遲頹謝，奄近六旬，撫往追來，悔懼交積。不知尊年來用力如何，所得力又如何，計必有日新而不自已者，恨不得面叩其一二，豁此蒙蔽耳。

世之長牘馳騁專尙講說者，往往有務虛遺實之患，竊嘗病之。然或懲此而不喜講說，則一噎廢食，誠有如來示者矣。嘗自點檢，少也行底意重，近歲以來，知底意重。要之輪翼兩進，足目俱到而後，方可無弊。竊願以是勉勉，而都不能得力也。今觀盛諭，明白切至，痛下砭鍼，益自知偏處難克，隨事發見如此也。顧此寡陋深所樂聞，幸繼此而數惠良規，使枯朽之物得沾餘潤也。

士友爲院事至，長德凋喪，吾輩乃膺斯責耶。雖不敢辭，而惶愧則深矣。

答沈信甫

書院之設，專爲講學，不獨崇奉前賢，而近歲此義都泯，三淵慨俗之詠，至爲當路藉口之資，士流之羞恥極矣。此時尤宜汲汲講明，使白鹿遺旨不至暗昧於一世。他院雖有有志於此事者，而訓迪之責，實難其人，仁鄉則幸而有信甫，而猶不能敦勸同事。信甫亦不肯當一訓長之名，逡巡至此，更何所恃哉？願自今慨然爲己任，以爲作新一鄉之基，如何如何？左右如又牢辭而不回，則僕亦豈肯虛縻此任，歲歲徒喫福酒爲哉？

抑又思之，玆院凋弊甚矣，旣不堪供給藏修之士。況以學者論之，初不修之於家，直欲責之於庠，不成義理，只當從鄕塾始矣。此間方先勸洞講，講定節目，嚴加課督，每朔望，社長率諸講生，赴院會講，如朱子旬休日溫習一旬內書之法矣。試此奉告，幸與鄕中士友商議，或可斟酌損益而行之否？縷縷及此，誠亦自笑其迂矣。

答沈信甫問目

心，氣也。氣有淸濁粹駁之不齊，則心之爲物，不容無聖凡之不同。而今乃謂"心固氣也，必合性與氣言之，其義乃備"，又曰"合理氣言之，不可着一氣字"，有若以此爲心純善之證，此誠可疑云云。

勤諭得啓蒙陋，感幸多矣。但所謂湖中一種心純善之論，卽指李公擧而言耶？公擧往年往復諸書，嘗欲一番徧觀，得其顚末，而姑未及矣。鄙說則自謂煞有商量。合性與氣云云，必如是而後，其義乃備。至於單指以下與其細註"如論性之本然、氣質"者，亦未嘗不分言，而盛敎則於此一段，似若有未及細繹者矣。心之本體，湛一虛明。湛一是氣之本，故自然虛靈，此則愚見亦然。就其中又合理而言之，顧何所病，而疑之至此哉？未發、已發，固心之體、用，而《中庸章句》不曰"未發則性也"乎？不獨性也，雖以氣言之，此時湛一虛明本然之體自在，豈可着氣質二字？苟於此着得氣質，則"未發之時，聖人、衆人一也"之說，又何謂哉？合性與知覺，自有橫渠定論，而高明猶有所疑，恐亦主張氣字太過而然。若於此快意說去，則或近於善惡混之說，此愚之所大懼也。更願平心恕究，而愚亦從容熟思，如有新得，敢不求敎？

答沈信甫問目【己未】

門下旣以心純善爲非，而又以心有善惡爲近於善惡混，此甚可疑。蓋純善則無惡，不能純善則不容無惡。此二說外，恐無他道理，而門下兩非之者何也?

示諭奉悉。天下之事，此是則彼非，彼是則此非，豈有兩非之理?然愚於此，蓋有說焉。爲純善之說者，殊無心性之辨，易墮於釋氏之見。而謂之有善惡者，則乃曰未發前亦有惡。夫未發則性也，未發而有惡，顧不近於善惡混者歟? 是說之弊，甚至有明德分數之說，此又愚之所大憂者也。幸毋主先入，平心而思之。愚不欲張皇爲辭，而大略則如此。何由一遭相對，痛說是非，使不爲未了之案耶?

答沈信甫【辛酉】

前書辭意勤摯，良荷牖迷。但其中"非獨理之本善，心體湛一虛明"云者，卽鄙人之說也。以來敎言之，則上下自不免矛盾，非不欲更盡愚見，而末端事關師門之語，有若爲師門伸辨者然，令人驚悚。顧此義理精微，非蒙陋所敢與聞。然旣辱與之往復，則只可平說道理，使彼我交盡，而似此頭勢甚不好，不止兆見而已。當此吾道衰微之際，豈可自相嘵嘵，以啓其不幸之端耶? 願從此勿復云云。未死之前，更讀聖賢書，一朝渙然，自覺其謬，則敢不奉聞於左右耶? 只冀進修日新。

別紙

理無造作，心能運用。朱子每以人心二字，置諸天命、太極之上者，蓋以此也。來教謂"人心自虛靈，非由太極而靈"者，有未敢曉。理氣本自妙合無間，此等處當合而看之，不必將心與太極析而爲二也。如何如何？

竊記往年往復時，以不閑序、記諸體爲辭，略爲陳說靜坐義理於書末，以塞勤意矣。又蒙提教，豈其書不傳耶！良可訝歎。

答沈信甫問目

朱子《感興》詩曰："人心妙不測，出入乘氣機。"驟看此語，則眞若除是氣別有心，而乘氣機出入，有如太極之爲者。近來主心之學，或執此以爲心與氣質有辨之證，則若何以解之耶？

竊嘗思之，心之一字，先儒有專以氣言者，有兼理氣言者。朱子所謂"心者氣之精爽"、所謂"氣中自有靈底物事"等語，是專以氣言心也；橫渠所謂"合性與知覺，有心之名"、栗谷所謂"性與氣爲主宰於一身者，謂之心"等語，是兼理氣言心也。蓋專以氣言，則精爽便是氣，氣便是精爽，更無分別。兼理氣言，則理無爲而氣有爲，發之者氣也，所以發者理也。恁地看，則此詩所謂人心之心字，似亦兼理氣言之，而其意若曰"人之一心，神妙不測，而其出入作用處，則是乘氣機也"，猶言發之者氣也。愚見如是，未知如何？

心，氣也，而理具焉。有是氣，斯有是理，不可相離，而亦不可相雜也。合理與氣而總天地萬物之會，故曰妙；無氣不可言理，無理不可言氣，不可言無，亦不可言有，故曰不測。理不能自爲運用，出入者乘氣機者也，理靜而氣動，動之端便是機。氣動，故理動，乘氣之機者亦氣也，所以乘氣之機者亦理也。分理氣而言心，則人有二心也，豈有是理？

尤菴曰："鬼神有以氣言者，有以理言者，觀於章句可見。此章言其德之極盛，而以誠之不可揜結之，則其主理而言可知矣。"【尤說止此】潮意竊恐未然。蓋理費隱處，於氣費隱上可見，故此章專說氣之費隱，鬼神終是氣也。雖曰觀於章句可見，而章句程、張、朱說，不過曰造化之迹、曰二氣之良能、曰陰之靈陽之靈，又引孔子"其氣發揚于上，爲昭明焄蒿悽愴"，何處見得其主理而言也？且德之一字，釋之曰猶言性情功效。性情功效，未必專是理也。雖以誠之不可揜結之，而章句曰"陰陽合散，無非實者"，蓋言鬼神之所以如此其盛者，莫非實理也。愚故曰觀於章句，可見其主氣而言者。未知如何？

氣則有限，理則無極，兼費隱包大小，恐不可言之於主氣而言處。此一章專言合幽顯巨細，而實理無乎不在也。然理不可見，故就氣上言之，恐不可以主氣言。

“二五之精”註“精者，不二之名也”，不二者何謂也？抑木氣專於木氣、金氣專於金氣之謂耶？

氣有精有粗，精則一，粗則二。合五行而言，五行有精有粗；單指一氣而言，金自有金之精有金之粗，木自有木之精有木之粗。不二者，一於精之謂。若專以木氣專於木氣，不雜乎金氣；金氣專於金氣，不雜乎木氣，謂之不二，則恐非原註之意。

答沈信甫【癸亥】

多少勤諭，尤荷盛意。近歲心說，爲一場紛紜，易墮了禪家所謂心，非獨左右憂之，愚亦嘗憂之。或近於善惡混之說，愚之所憂，而左右則不然，各須虛心平氣，無主先入，以究極是非之所在，此非卒乍可言耳。每欲悉取李、韓二丈前後牘而觀之，姑未能焉。早晚一究其顚末，或有新見，敢不相聞？

答沈信甫問目

三年內追後立後者，再期過後几筵之撤不撤，禮無明文。潮常以爲“几筵雖不撤，上食則當廢”。蓋上食，古禮卒哭後已罷，四年五年因行，恐無其義也。似聞門下以爲“上食亦不可廢”，未知果然否？近來一議論，以爲“几筵不可不撤，只於舊日几筵所設處，設虛位，朝夕哭臨，練、祥、禫則奉神主出，就于位行之。而其意三年入廟，神道之常；服喪三年，子道之常。皆禮之大閑，各盡其常，不可踰越”云爾。此說似好，未知如何？宋士能則以爲“几筵撤後，當廬墓終三年”，此說又如何？

禮疑素所蓄疑而未敢決者，上食亦不可廢云云，似由於几筵難於遽撤之言，而亦頗爽誤。所示一說，雖差好，而未有援據，當更熟量而取舍，未知果如何也。

答沈信甫問目【甲子】

追後立後者過祥後撤几筵與否，尤菴謂“中原則或於三年垂畢之時，有始聞喪者，然則几筵之設，當至六年耶”，農巖又謂“三年外仍存几筵，終覺未安”，未知如何？

立後者過祥後撤几筵，係是變禮之大者，累年商量，纔以几筵先撤爲斷矣。兩老之論如此，其或不悖否？

無嫡孫有次孫而遭祖喪者，當以期服主喪，而《問解》似有持重三年之意，未知如何？若無次孫而只有子婦與孫婦，則不得已婦人主之，兩婦人中，何婦人爲主？

次孫雖主喪，宜不敢持重三年，《問解》說恐難從。婦與孫婦間，若不得已主喪，則似可屬孫婦，未知如何？

答沈信甫

心喪中服帶，愚意則以爲"心喪者，身無衰絰之服，而心有哀戚之情者也。黲帶旣非服也，則遇他喪，安得不各服其服耶"。曾有問者，輒以是應之，不知無大悖於禮意否？

答趙仲輔【翊臣○癸亥】

阻闊已十年餘矣，不有士友來往，幾乎存沒之不相聞也。匪意令子辱訪於數舍之外，仍拜惠札，傾慰之極，何異隔世消息？初寒靜履有相？綽風痺之作，三載于玆。再中以後，轉益沈痼，至今動作須人，講業亦不免荒廢，雖有朝聞之願，而恐莫之遂也。許多疚歎之辭，似出撝謙，以奪勤篤，寧有是也？

先墓文之猥蒙屬託，蓋在丁未間。而自聞先伯氏凶音之後，自知逋負爲罪，無以贖此幽明之恨，卽爲强拙泚筆，以俟索還，而遂成塵篋間半稿。偶於崔友語時及之矣，今乃備悉其間事實，方釋然矣。但不審丈巖文字之已樹者，碣與表何居？文體略自不同，必須知此而後可免架疊。草稿亦未及淨書，不得奉還。幸以丈巖文謄本送示，仍得以更加點化，尤似完備。如何如何？旣無時急立石之期，則不妨從容矣。

向日有通諭道院齋任之文，或已轉入淸覽否？此事誠亦自笑其迂甚，未易與俗人道者。如尊者苟不肯齊心協力，則更誰恃耶？萬一有設講之事，則勿以老病爲辭，每會必往，使後生輩有觀感開發之地，至望至望。

答趙仲輔

道院講會，此時豈易語此事？而迂愚殊不自量，所恃惟同志諸君子耳。況如尊兄鄰德者，屬望尤甚。昨冬初講之不赴，已極觖然，非有十分難强，決知其不然也。再巡俱略成樣，方來豈但如此而已？大享漸迫，其時濟濟之美，益用翹企。一區溪壑，閱了無限浩劫，寂寥久矣。春翁所書"絃誦答潺湲"之句，豈意親覩於今日？吾黨之士，計必聞風而興，不待招而自至矣。然來諭中"不患講士之不多，而惟患講習之未篤，必以誠心相期，實事相勉"云云，誠切至之論也。此外豈有別法？所恨病不能與觀盛儀也。講錄謹領，惟疑目昔至而今闕，何也？

答權亨叔【震應○壬戌】

忌辰之合祭考妣，本於人情，雖未忍遽廢，而若論禮之正，則只設一位是也。某人家數世所行，旣得其正。今以奉來祧位之曾前合祭，難於異同，有此疑問。是雖若嫌於援尊，然廢其正而從其失，其可乎？以祧位論之，前後祭儀之不同，固似未安，而合設與單設，惟奉祀者所處如何爾，恐不必爲疑也。

答權亨叔【癸亥】

向得書於過便，卽已付復，意君不棄耄言，來見伊邇，而至今寂然，不免生訝。此時通諭勸學，吾亦自笑其迂矣。是未可與流俗人道，而君以遂翁賢孫，亦不肯相契，則其將誰恃？情理之不便，恐亦遷就之辭，勿復尋單，卽速一來，確定凡百，如何如何？

答權亨叔

講事，諺所謂"始作過半"殆近之，而當之者則要以行百里半九十里爲心。此事惟靠君一人，亦豈肯有始而無終耶？向日錄紙中赴會者，惟兪生彦鏶，錄紙收回之後，不待招而往者，又何其絶少也？如是而欲其接續行之，恐亦不易。然來月則李掌議、崔色掌皆當赴，願協心共濟，期於成就之也。學規圓好，無容更議。前來講案一紙，年少輩傳看而失之，幸更爲謄示也。

答權亨叔

所詢婚議，良荷不鄙。國俗素以姓同而貫異爲無嫌矣，自尤翁釐正其弊矣。旣明知其爲同姓，則何可仍因襲謬而不知改乎？慶州之金亦不可犯禮而爲之也。愚見如此，幸更審量也。

答任仲思【聖周】問目【辛亥】

　　道千乘章，楊氏說“特論所存，未及爲政”。夫敬事節用，
　　使民以時，非政而何？

禮樂刑政，方是政。此則特論所存而不及於治具，蓋亦務本之意也。朱子曰：“此，以爲政者之心而言也。”

　　主忠信註程子說，甚難看，蓋曰“人所當行之道，在於忠信，苟不忠信，則事無實矣。且此心出入無定，必有忠信以主之，然後心方存”。且者，別起辭也，上段所

謂無物，就事物云爲上言，下段則更轉就心上極本窮源而言之。如是看，未知得否。

忠信卽是誠，《中庸》“不誠則無物”，朱子釋之曰“人之心，一有不實，則雖有所爲，亦如無有”，程子此段所引，亦是此意。至於插入“人心”一轉語，蓋就本原上明其難持易失不可不主於忠信之意。上下物字，不可異看，來示或以下物字看作心否？

爲政以德章註，旣曰“爲政”，又曰“無爲”，其義終似相礙。竊謂“爲政”之爲，只與臨字相似，無爲者，無所作爲也。

“爲政”之爲，自與無爲不相悖，若曲避無字，强訓以臨則鑿矣。《語類》云：“聖人不是全無一事，但民心歸向處，只在德上，不在事上。”又曰：“禮樂刑政，固不能廢。只是本分做去，不以智術籠絡，所以無爲。”幸就本文上活看，而參以是說，則自可曉然矣。

耳順者，不思而得也，聖人化之之事也。到此則便可不勉而中矣，而猶必待十年而後乃言從心所欲者，何也？

耳順、從欲，均是化之之事，而自有知與行之別。耳順則只是聞人言語，不待思量而便洞曉，雖知之至，而未及於行。至於從欲，則朱子所謂“左來右去，盡是天理，如何不快活”者。十年而進者，聖人心中微覺有生熟之分，至此方自信矣。

攻異端章註"專治而欲精之", 頃承引達摩事以明之, 此煞有意味。或曰: "學者於異端之書, 只略略看過, 則未甚爲害。若專心硏治, 欲究竟其歸趣, 則便不覺其駸駸然化之矣, 害孰甚焉?" 此說似亦頗緊, 未知如何?

攻異端章或者之說, 曾見《大全》與人書中有之, 恐已是笆籬邊物。

禘說, 竊思之, 凡所謂知者, 必洞然眞知, 如見眼前物, 然後方可謂之知也。而平易切近之事, 則或可以推類而通, 神會而知矣。至於禘, 則其爲道也, 至深至幽, 至闊至遠, 苟非玩理積久, 深詣實造, 如聖人之窮神知化, 如聖人之仁孝誠敬, 則決不能洞然融會也。是故能眞知此說時, 其地位已到至處, 天下之理, 無不可知; 天下之物, 無不可感, 而於治天下, 自當沛然矣。蓋天下之事, 幽顯近遠, 一理而已, 而知之有難易, 感之有深淺。若能於其難者深者, 知之感之, 則易者淺者, 固可知矣。大抵此義, 別無巧妙, 只當識得知禘說時, 其義理已大段明白, 其德性已十分成就, 於天下事, 自然沛乎無窒碍耳。如何如何?

所示幽顯一理、知感深淺一段, 明白可喜。大體則固如此, 但自禘而於天下上語脉承接, 未能分曉, 終是混圇說去矣。必熟讀《中庸》鬼神章至禘嘗之義, 實見得此理, 然後方可以洞然眞知, 如見眼前物矣。如何如何?

關雎章，聖周則每引《詩》註，以爲“寤寐鍾鼓，乃宮人如此，非文王如此，則此章情性之正，亦當屬詩人矣”。或引朱子一說“此詩看來是妾媵做，外人形容不得”云者，以爲“文王寤寐反側，文王鐘鼓琴瑟”。未知如何？

關雎章，嘗斷然以爲“宮人所做”，情性之正，亦當屬詩人矣。朱子一說，亦看作宮中人方能說出宮中事如此，不必以文王看。

公冶長避嫌之說，固如程子所斥矣。第有一說，若其女之賢否、年之長幼則同，而婿則有優劣，如公冶、南容及范文正所論張、富之類，則似當先兄而後己。但其所以先兄，出於避嫌之心，則不可耳。若其心純然，只知兄之重於己而爲之，則何害之有？

公冶長設辭之問，似然。

子華既不當與之粟，則方冉有之請也，何不直以義曉之而乃與之？及其再請，猶不喩之而又與之，何也？程子謂“聖人寬容，不欲直拒人”，若然則是似聖人知其非義，而難於拒人，故姑與之，以微示其意也。如何如何？

子華事，只當就程子說上見得聖人寬容底意，不必以知其非義而難於拒人，演出別般疑端也。

顔子不違之時，其心與聖人更無分別乎？其餘至焉之時，亦與顔子之心同乎？

不違仁與安仁，略有分別，日至焉者，則視不違又有間。大抵境界則同，而功力生熟，意味深淺，則似不同。

"幾非在我"幾字，當何訓？尤翁以"庶幾"之幾看，未知如何？朱子論克復處，有曰"克與不克，復與不復，其機在我而已"，則以機字意看，似有據否？

"幾非在我"之幾，愚亦以庶幾意看了。所示機字，恐非是。

《中庸》"費隱"之費，舊則只以廣字意看，近見先儒以著字釋之者，便不信，近覺廣字固是正釋，而著字意亦不可無。蓋此理之用，流行發見，亦何妨謂之著哉？

第於栗翁所謂"當然者，費也；所以然者，隱也"者，終不能無疑。夫當然、所以然，皆理也。但當然者，以其分殊處言之，故可謂之費，然其實則無形象之可見，亦何嘗不隱乎？朱子曰："當然之理，卽所謂道也，形而上者也，冲漠之無眹者也。"又曰："只此當然之理，冲漠無眹，非此理之外，别有一物冲漠無眹也。"夫旣曰冲漠無眹，則非隱而何？竊意費隱只是一箇物事，以其無物不有發見昭著處言之則爲費，以其冲漠無眹處言之則爲隱，其句法與"無極而太極"相近。今迺以當然屬費，所以然屬隱，則不知者得無以隱别爲一物，而求之於當然者之外哉？

廣字包得著意，著字不能包得廣意。費隱只是就理上分體用說，所以然、所當然，亦豈有兩箇物事？只是當然之中，有所以然之故耳。章句說費隱處，"君子之道，近自夫婦"以下，非當然而何？說隱處，則輒擧所以然三字。栗翁之說，卽朱子之意也，恐無可疑，所引"無極而太極"擬議，恐不倫。

> 鬼神之爲德，朱子於《或問》，旣斥侯氏以德爲誠之失，而其答呂子約書，乃曰"鬼神之德，卽天命之實理，所謂誠也"。想有初晩之異而然也，今當何從？
>
> 且鬼神者，卽二氣之靈處，雖其不可見聞，固未離乎形而下者，然則章句以視不見、聽不聞爲隱者，何也？道、器之所以分，特在於有形無形而已，則鬼神之無形無聲，屬之於器，或者不類乎。如心本無形，而以其靈明活動，故謂之氣。鬼神之不見不聞，亦當準以此例耶？若然則心之無形處，亦謂之隱可乎？此等義理，甚有窒碍不通處，幸賜明辨。
>
> 或者欲以不見不聞爲鬼神之理，如此則似差可通。然章句旣曰"鬼神，無形與聲"，則是直以鬼神爲無形與聲，非以理而言矣。今若以不見不聞，歸之於理，而只以顯著可見之物，當鬼神，則鬼神豈有形有聲者哉？

鬼神之義，重在良能、靈處上。陰陽固形而下者，而鬼神則無形與聲，不曰陰陽而曰鬼神者，於此可見理氣混融無間之妙。朱子斥侯氏之說者，正以其析鬼神與其德爲二物，而以形而上下言之，則或者之說，不攻自破矣。答子約書，則專說實理，非如侯氏析而二之者，與《或問》說，未見其相悖。

答任仲思問目【癸丑】

《大學或問》曰："明德者，人人之所同得，而非有我之得私也。" 然則聖人之明德與衆人之明德，無少不同耶。或謂"大體則同，而若極其精而論之，則不能無差別"，此說如何？

曾有一二朋友爲明德分數之說者，愚竊非之。若曰蔽有厚薄，所以有智愚之別則可，今曰明德有分數多寡可乎？

明德註曰"人之所得乎天，而虛靈不昧，以具衆理應萬事者也"，其釋知字曰"心之神明，所以妙衆理宰萬物者也"，《孟子》盡心註曰"心者，人之神明，所以具衆理應萬事者也"。此三條，其下語各有異同，想必有深意，而未能看破，伏乞明教。

明德，是人之本心。故心與明德之註，其曰具衆理應萬事則同。至於所得於天，釋德字；虛靈不昧，釋明字。心則明字上添神，所以形容其神妙不測者也。於知亦曰神明，而其曰妙曰宰，則專取運用之義。三條下語，各有攸當。

"其性爲最貴"，此性字，是氣質之性，是本然之性？

"其性最貴"之性，似當屬氣質上看。

"極體用之全，而一言以擧之"，此體用二字，似指明德、新民。蓋明德者，體也；新民者，用也。而於此合而言之曰“明明德於天下”，故謂之一言以擧之也。但如此則與下文“心之體”、“心之用”之體用，似微不同。未知如何？其所謂“天下雖大，而吾心之體無不該；事物雖多，而吾心之用無不貫”者，其旨趣所歸，甚難看出。幷乞詳教。

體用之全，固以明德爲體，新民爲用，而下段心之體用，則不必牽合而爲一。天下雖大云云，蓋所以發揮明明德於天下之義，而以吾心爲其根柢也。然此二句包括得大，不獨爲此章說。

答任仲思【甲寅】

一擧升庠，非不喜甚，而平日期望之深，此未足爲賀。忽枉耑問，知方携書入華陽深處。况書中一憤字，眞是無限好消息，傾慰如何？此身日覺衰頹，終恐無聞而死耳。相愛如仲思者，政宜爲之矜悶而救拔之，何遽俯辱詢蕘之至此？規模不廣，曾亦妄有奉砭，而不意爲日省之一端矣。幸更取《孟子》浩然章及橫渠盡心說讀之，　自思吾身自有如許大，何故不廣如此，於此得之，自當有着力下手處，以爲如何？

前示未發已發說，久而頓然忘之，小紙亦不在。古人論學，似不若是之疏脫，擧一可知其他，慚悚慚悚。或蒙善恕而又不憚示及，則早晩當有以奉贖宿慢矣。

答任仲思【丁巳】

經年阻闊，耿耿獨此心耳，向因晦可得聞飛來讀書消息，差以爲慰。忽此書至，荷意良勤。喜審春來侍學萬勝。此身今歲覺益衰，朝聞夕死之願，非不眞切，而義理無窮，精力不及。如吾仲思諸益，又落落相望，無由朝夕講磨，以資餘潤，不能不慨然興懷耳。向來迷息科慶，非喜而憂。見抵渠書，眞是深相愛者，千萬鞭策而善導之也。心說自謂煞費商量，而猶若有信不及者，今獲砭論，更爲入思。早晩相見，一遭痛說，庶有歸一之日耳。

答任仲思問目

《孟子》"無暴其氣"，集註以爲"致養其氣"，則與下文善養、直養，只是一般工夫。而《語類》論暴氣處，以多動作、多言笑言之，則所謂無暴，不過爲節嗇調養之事，而與所謂知言、集義工夫條件，便成差異。此甚可疑。

《孟子》"無暴其氣"一段，雖說告子病痛，而下文所謂夫子之長，先已對照，故朱子釋之以致養其氣者，蓋所以發揮此段爲善養、直養之張本。《語類》中多動作、多言笑，則似是說氣壹動志一節。無暴一也，而註釋與答問，隨其地頭所說各殊。不究本指而遽欲逐節照顧，以求其必合，則無怪其窒礙而難通也。此等處不必過自起疑，枉費多少說話。如何如何?

答任仲思【壬戌】

此事, 苟於先丈在時有命, 而大碩人到今持難, 賢輩又不能爭執, 而徒爲承順, 則雖謂之悖理而得罪名教, 可也。今則不然, 初未有相議之事, 但以數字遺託爲重。雖是猶子、猶父之間, 旣無父與君之命, 則以子與人, 又何可以容易乎? 不許其汲汲奔喪者, 道理卽然。至如宗子、門長告官立後及一面服喪、一面告官等說, 都不成義理。似此說話, 殆近於迫脅, 恐非至親間所宜有者。豈或平昔不能相孚, 而三四年後商議立之之說, 亦不見信而然耶!

大宗方立後, 支子則班祔, 固是禮之正者, 而近世恩褻而法壞久矣。今於尊季父之喪, 獨可行得耶? 士行之言, 大體則是, 而亦恐難行於今日也。至親之間, 繼絶爲重。初旣不許則已, 許之之後, 乃曰三四年後立之者, 是不欲其服喪也。所貴乎立後者, 以其立喪主故也。若徐待三年之過, 則惡在其立後之義耶? 此則純是私意, 不可以義理論。賢輩恐當從容開陳, 不違其喩道之訓。如何如何?

服制之問, 亦不可曉。禮案出, 則爲喪人; 未出之前, 只是服人, 豈有別般自處之道耶? 門長上言之規, 本爲宗家, 而近多於支子用之。蓋支子不立後則已, 如其立後而無父母, 則勢不得不然也。未立後之前主祭, 恐當從班祔例,宗子爲之。

答任仲思【甲子】

道院講錄，姑未一見尊名，而未敢更爲提勸者，誠恐或妨於默修之道矣。昨者過去士友傳新被罰名，信乎處謗之爲難也。大抵二先生，宜不敢有所軒輕於其間。無論子孫與後學，苟無心處之，則或先或後，都無不可，惟用意而先之後之，則爲無狀也。至於儒罰中周遮與陰字，極不好。嘗讀栗谷先生之書，有曰"處幽如顯，處獨如衆，使此心如靑天白日，人得而見之"，士君子立心制行，自當如此。如賢幾多年讀幾多書？自待又如何？而何以不見信於人至此耶？行有不得，反求諸己，此外實無別法，願於此加勉也。

答金士修【敏材】問目【壬戌】

重喪中遭輕喪者，《禮》有"輕包重特"之文，蓋謂斬衰變葛之後，以齊衰之麻，包之特之也。古禮卒哭而受葛，故包特於卒哭之後，而《家禮》省之，尤菴以爲"當移之練後"，然則受服於斬衰之後，而除之於練服之前。如罪姪今日所遭者，幷此包特一款而亦無所施，名爲期年，而實無一日之服矣。卒哭變葛之去於《家禮》者，只是從俗省之，非以古禮爲不是。則今欲援據古禮，變葛於卒哭之後，而行包特之制，至於齊衰受葛之後，則雖無包特之義，亦可略倣其意而兼服二絰，或不至大悖禮矣。是所謂“雖加一日，猶愈於已”者。而又於古禮不無可據之文，則其與師心臆斷輕變重服者，得免同科之歸否？

輕包重特之說，本爲斬衰卒哭受葛後遭齊衰者而設，考之《間傳》本文可知。哀家則齊衰未成服之前，又遭斬衰，雖於葬後，豈有麻、葛包特之可論耶？尤菴練後包特之說，特以小祥準古之卒哭，而其義則與《間傳》無異矣。夫幷有喪者常持重服，而於輕者亦當祭而服其服，則壓屈之中，亦容其自伸之道。孝子之心雖無窮，大義爲重，何得以私情驅使古禮，以遂己見耶？

答金在心【簡材】問目【癸亥】

內喪在於外喪前二日，以父在服母，定爲期年之制，而人頗爲疑。按玄石問於尤翁曰：“母喪旣成服九日而父亡，父在時，已以杖期服母，葬時則以顯妣題主？”尤翁曰：“父在服母，旣定之爲期，何忍以父亡而遽伸之？當仍服期，而若父亡於母葬之前，則其題主以亡室，似無其義，宜題之以妣，而練祥仍如父在，其題主及練祥時，具由以告，事方宛轉。”竊意父喪旣在於母喪成服後累日，則不忍變在，當如《通典》諸說，尤翁之答，義固然也。而今外喪在於內喪成服之前，而前後成服，俱行於一日，則事體差別，似不可以一例論斷，容有可伸之道。

除却多少說話，雖一日之間，獨非父在母喪耶？旣是父在母喪，則十一月而練，十三月而祥，祥後撤几筵，一如禮而已，更有何疑？

答李伯益【普謙○癸亥】

往歲朴君士行之來，獲拜長牘之問。兩家固自有世好，然若其不面而先之以書，則亦可謂居今之時而行古之道者也，但恐所施非其人耳。且蒙辱詢以鄕飮儀節之可疑者，此意尤勤。而《儀禮》一書，適爲人借去，遠在千里之外，索還之後，方可考訂其得失。玆託士行，先以稽謝之由奉報矣。士行不幸歸路得疾，不數日而逝，未知還家後，果卽相見否也。《儀禮》近始索還，而眼暗看不得，倩朋友讀而聽之，因令考閱，逐條奉對，而其言往往出於臆料，不知其必當於理也。賢之請敎之意甚盛，而歸宿則只此儀文之末，未知賢之所當問者，果無急於此事也耶？然而旣有問，又不敢不對也。

因此而抑又有說焉。以賢前書而觀之，則求仁之誠，知恥之意，可謂切矣。其自處以蒙學，則固爲謙德，而至於見待以大夫之賢者，誠非愚之所敢當。愚之虛名欺世，本自知其可愧，而使賢苟知愚之賢如此，則于今四五年之間，一不來見者，何也？愚則不足言，而設有賢於愚而眞可師者，相去僅百里，而一見猶不能焉，其視《孟子》所謂“不遠秦、楚之路”者，何如也？賢之曾自訟其不誠者，方知非過語也。旣荷不外，未敢無一言之報，勿以爲耄而棄之也。李君慶章來過，云與賢有素，故作此以歸之，千萬惟恕諒。

答金伯高【鍾厚○丙寅】

病不能起居，乃蒙此時辱枉，竊觀左右勤眷之意，不比尋常，而虛負實多，又莫能勸留，迨有餘恨。歸未數日，復垂書問，益切愧荷。可言之人，逢着不多，一有之而又巧値病甚，有口無言，是亦數耶。

僕生長科宦家，不識學問爲何事，中歲休官以來，偶感發於《好學論》中“聖可學至”之一語，始省却好文章之念，專意爲己。其略尋路逕，則由於四書集註、章句，而小註則不欲先觀，欲待粗有見之日，而仍老眼幾眵，終未之能。大抵氣質足以有爲，工夫甚覺疏略，以至如此鹵莽耳。《小學》則終身不敢少去，《近思錄》晩後用力，視他書稍勝。近覺《朱子大全》爲歸宿地頭，而地負海涵，終難下手，深悔少時徑取《節要》之便。區區始終，不過如斯，承欲知爲學次第，玆不得不以書代口。

至於《中庸》疑問，病間方欲修正舊時講義，其時可以奉報，先此布謝。

答吳國寶【璞○甲子】

子輶近與相守，聞尊向者來此，觀於朔講，歸讀《朱子行狀》九巡成誦云。尊之資質本自好，暮年精力不衰又如此，願從玆爲學，讀書有疑，往往講討，書面皆無不可。如何如何？閒中好日月虛送，豈不可惜？銀鱗到卽烹膾，一臠可識全鼎之味，何異合席觀漁也？

答李士迪【惠輔○庚申】

先考襄禮，當使人告妣墓。

親喪合祔之時，使人告于舊墓，似若有未恔於心者，故鄙人則嘗自告矣。若欲依此行之，則告辭用孤哀名，而奠酌則使人爲之可也。

靈車至設奠云云。

墓遠處則靈車至設奠云云，似是新設，而如墓所咫尺之地，則雖奉舊奠以行亦可也。

轍翣乃大夫之禮，而世俗通用，前喪已用之。如不至大段僭越，則用亦無妨耶？

翣，只當論大夫、士之別，前喪用否，恐非可論也。此事世俗固多有混用者，然來示中"不大段亦無妨"之語，甚有害。如此措心，百事皆苟矣。

筲脯，所以藏於便房者，而今旣不用明器等，則遣奠後，撤脯納筲中，似無歸屬。

明器雖不用，脯筲猶有古意，何可廢也？是亦不撤奠之義耳。

答李士迪【壬戌】

禫時設位，必於靈座故處者，禮義精微，只當卽故處行事而已，正寢非正寢，不須論也。

仍安神主於故處，則是祥後亦不撤靈座也。禮以別嫌爲重，斷不可爲，至於移奉別所，甚無意義，只當同安於妣位權奉之處而用各卓。祭畢奉入之際，不可不措辭以告，蓋以爲"古禮則當祔於祖廟，而支子異宮之家，勢不可行此禮，不得已奉安於先妣神主權奉之處"云云。妣位前一日告辭，就吉祭條"合祭新主祝"措語，略爲點化以用似宜。如何？

答李士迪

倚廬，未見何時毁撤之文，疏謂"不復宿中門外，復殯宮之寢"。然古禮凡言祥者，類多兼禫而言，亦不可引此爲大祥撤廬之證。禫前猶以喪人自處，當不毁倚廬，而有弔者，受之廬中，何如？

倚廬，未見何時毁撤之文。然將軍文子既除喪而後，越人來弔，深衣練冠，待于廟垂涕洟，此或爲祥後撤廬之證耶。

《喪大記》"祥而外無哭，禫而內無哭"。以此推之，惟支子無壓尊者，祥後朔望，當行門內之哭。

入廟之後，如又哭而行事，則雖無壓尊之嫌，恐非哀殺之義，未見其可行也。

答尹仲沃【啓鼎○丙辰】

求助之意甚盛，寡陋未足以與此。然世之患不能學者，輒曰氣質也物慾也。氣質則惟學爲變之，彼歸罪於氣質者，固不可謂之有志。物慾中科累爲甚，而此則不足爲尊患。此外諸累，亦不可謂不難。然如尊窮天極地之痛寃，雖不能滅死，延此一縷，而亦豈忍纏綿係累於世人所謂慾者哉？於此既能脫落得盡，則惟有體受歸全一箇道理，爲安身立命之地，此外更有何事？苟欲爲學，則入德門路，《大學》詳矣。

讀書次第，則朱子又悉言之矣，而爲己二字又是根本田地，尊果有意於斯耶？過蒙不鄙，不敢不竭其愚，千萬自勵。

答尹仲沃【庚申】

令從姪家吉祭，以事勢言之，萬萬切迫，誠若有不得不行者；而以禮律論之，至爲僭越，終有不敢遽行者。蓋攝祀之稱，但以喪不可以無主，婦人又不可主喪，故用一時權宜之道。而今又因此改題四世之主，遞遷當祧之位，則是便以宗子自居矣，豈不爲萬萬未安乎？就此禮律、事勢之間，斟酌通變，是所謂義起者，非盛德者，誰敢爲之？是以守經之外，卒無可以奉塞勤問者也。

至於行祭，旣曰攝祀，則祖廟考位，似無異同。雖於祝辭稱孫而備禮，亦何至大害於義耶？然而此亦一獻爲正法也。攝祀之攝，實用假字義，而攝姪云云，則還欲用代攝之例，此則恐不成道理。如何如何？

答朴士豪【挺陽】**問目**【壬戌】

挺陽諸宗喪中祭祀及出外之服，皆以中單衣行之，曰："吾先祖潛冶先生所定。"近按先祖論禮諸書，則初無是證，但曰"朱子於卒哭後，用墨縗常祀家廟，據此行之可也”。然則墨縗，其果中單衣之謂乎？《家禮》祭祀條“主人以下服深衣”云，則深衣乃朱子行祀之服也。居喪之人，雖墨其色，其制之爲深衣，可推而知矣。然則先祖所定，可知爲深衣而單衣則非矣。

至若出外之服，雖無先禮之可攷，《家禮》註“或問墨縗出入，則朱子答曰：‘但要出外治事，則只得服之。’”先祖禮說，從朱子也，單衣出入，亦豈先祖之禮哉？挺陽仲高祖佐郎公嘗於先祖憂服中，用栗谷說，以俗制喪服出外行祀，此說出於趙司業克善《三官記》矣。其謂俗制喪服者，非他，卽《備要》所載直領也。然則吾先之不服直領，保無其說，而旣服之證明矣。

蓋諸宗沈而不茂，文獻靡徵，每當喪禮，則或從門生、後裔隔壁之聽而行之，因是而誤傳者多。如散垂三年不絞一也，翣扇不入壙中二也，靈寢奉神主三也，小祥後上食止哭四也。凡此俱非先祖所定，浸浸襲謬，遂流入先輩集中，刊布百世，以招妄言者之議，挺陽痛心焉。

散垂則當時門人嘗有不絞者，或有質于先祖，則以非吾說答之。而諸宗認爲先禮，效而遵之，致有尤菴之疑，其誤一也。翣扇則尤菴問答，有潛治門人翣不入壙之說，而先祖禮說，但謂“從《家禮》黼黻畫皆不可闕”。挺陽先世又無翣不入壙之規，是或門人之禮，而世稱潛治禮，其誤二也。靈寢則先祖嘗與鄭寒崗諸公講定，以爲“《家禮》撤靈座，在大祥章，無先除靈床之文”，故果行三年，而旣葬只設床寢而已，未聞奉主置其中。傳者過實，至出南溪禮說，其誤三也。止哭則《南溪集》"或以此指爲潛冶禮而質之，南溪答曰：'《備要》以前，學世從退溪而行之'"。然則是固非先禮，而挺陽父兄未有行此，今宗中復用或者說遽行之，則世之不知退溪說者，便眞謂潛冶禮，其誤四也。至於父在齊衰三年之說，則其失先祖之旨者尤大。先祖嘗病世之事父不以禮、心喪亦同平人者，有所論說，以爲"祥禫則從《家禮》行於三年後，父達子之志，衣服則從《儀禮》子爲父從吉無妨"。又於他說，以爲"父在降母服，聖人之制"云者，非止一二，而後屬或有遽服三年者，至今爲疑案，其誤五也。

凡厥五條，諸宗或行或不行，而挺陽所辨，旣有證據，故宗議或不深斥。獨其中單衣一節，遵行旣久，皆謂"反之不可，中世因循"，蓋未得當改之案也。如得可據，安知其不改也？遂排諸議，斷自改行，則宗議峻發，責之以毁滅先禮，玆敢仰質。

示喩五條之說，世之論者，每謂潛冶公之禮本來如此，愚亦耳剽久矣。今得所示，始知其爲後來沿習之謬，還以爲幸。大抵朱子註說未出之前，漢儒以來，至程、張諸老先生所解釋，不無異同，而朱子註說旣出，則後人不必以諸老先生之嘗有解釋而膠守之。此豈尊敬程、張不及朱子而然也？以此推類，則《備要》所載喪服諸說，旣據古禮，參以時制，便成一代之定禮。《備要》未出之前，潛冶雖有定說，今此後人不必膠守， 況於後來沿習之謬， 寧有不可改之理哉? 中單衣之制，傳襲雖久，先訓旣不分明，則亦安保其必出於潛冶定說耶? 哀旣依古禮服深衣，則已善矣，恐不必動於宗中之議而還改之也。如何如何?

答朴士豪

諡狀事，頃者因人傳說而聞之。果於士友間有所酬酢，無怪乎傳者之言也。狀文謹此覽還，而此事自有百世之公議，非敢輕說。如綡則平素篤信沙老，以是尊先文字，令仲在時，嘗屢示辱屬之意，而辭以不敢，蓋難於此禮矣，哀則或未及聞知否? 區區本不欲煩諸筆札，而旣承來諭，不得不有復，庶蒙恕諒也。令仲墓文，當不負幽明之情，而逋久亦甚愧悚。

答朴士豪問目【甲子】

大祥後新位之未卽合櫝而必待祫者， 蓋爲祧位未及遞遷，故未忍遽入昭穆之義也。今挺陽祖廟中，旣無當遷之位，承重宗孫又在母服中，不可行吉祭，則祥後入廟時，卽爲合櫝無妨歟?

《備要》吉祭條註"又疏曰"以下措語，試更考看，則可知新位之未卽合櫝，不但爲祧遷一節而已。吉祭後合櫝之外，豈有他道理?

宗姪大和承重先妣之喪，而又方在其母憂服中。先妣祥後，大和引《疑禮問解》答同春說，雖不得行禫，挺陽之變服，則當設位行之。而《問解》答李白江問，又以爲"諸父告辭行禫可也"。二說不同，何所當從?

《問解》兩說果不同，然以義理言之，宗子旣在喪中，不可主祭，則諸叔父何得任情替行耶? 恐只當從前說而已。

過時無禫，固禮家之文，《疑解》亦引證於幷有喪之禮，擧世遵行。然而或謂:"過時者，是《語類》所謂'三年而葬者，必再祭而無禫'之類也，又若在外奔喪追行成服者及臨祥遭服退行祥祀者之類，則可用過時之說。而至於幷有喪者，則先賢有以爲'後喪雖在憂服中，前喪已爲澹澹然矣'。"此說，未知如何?

所引先賢說，未知出於誰人。愚意則前喪雖已澹澹，後喪方在憂服，決不可行禫。旣不行禫，則或人之過時二字强爲區別，恐爲無用之辯也。《問解》中此條甚分明，何必起疑?

答趙靈光【重稷○甲子】

連因湖中士友，稔聞向來絃誦之聲，歸時攀轅之思，益知人性無古今之殊。在上而善導之，則似無不可化之人也。以今日世界而欲行古道，其狼狽之立至固也，安得不爲之慨惋也？脫去朱墨之累，安坐讀書，在賢未爲失計。及此閒暇，專意問學，益長其見識，以爲世需，是相愛之望也。

答成生【德朝○己未】

別紙有所俯詢，自念無似平日過蒙契好，哀之不自疏，亦以先人之故，旣悲且荷，不知所以爲喩也。葬時銘旌當書號，而疏翁二字自好，不必改耶。顧今丹書未洗，如哀自處，宜若古人藁葬之爲者。恐未必乞挽，而已請者，今不可收回矣。如有製來者，亦勿用於啓靷在道之時，如何如何？鄙意如此，不敢奉塞盛託，幸而不死，亦豈忍終無一言乎？千萬恕量。只乞節哀善保，以自盡於大事。

答趙生【宗溥】**問目**

處士、秀才之稱，禮有明文。今有讀書學古之士，未有職名，則似當依禮書之以處士矣。至若不出於世而職名到身者，則名雖官人，心則處士也。爲人子者，似當順其志，而題主、銘旌，不書職名，書以處士。恐無害於義，而古亦有據乎？若書處士，則當幷書別號，而陷中亦然否?

孝子之心, 只當體親志之所安而已, 世俗是非, 何足道也? 處士之稱, 禮有明文, 來示已知之矣。若欲聞古禮有據者, 則《二程全書》有曰: “屬謂高、曾、祖、考, 稱謂官或號、行。” 號是別號, 行如元二、劉九之類。伊川之子端中亦稱伊川爲先生矣。題主若如此, 則陷中如之, 銘旌無可問。

答李生【渭載】問目【辛酉】

古人祥祭, 固嘗擇日而行之, 然亦不外於亡月。哀家則異乎是, 只當以聞訃日過行矣。初期日單獻無祝, 而前一日告由, 恐不可無也。

○告辭當曰“某罪逆凶釁不克終孝, 昨年聞訃, 在於七月二日, 將以是日退行小祥, 而明日諱辰, 只行一奠之禮, 彌增罔極謹告”。【因朝上食告之爲可。】

答李生【明煥】問目

亡妻練祭, 當行於今月, 而前月遭妻母喪。或曰: “禮期以下喪, 既殯行練、祥、禫, 且異宮既殯, 則行祀無疑。” 或曰: “母葬前, 設盛饌行祀, 不合於神理、人情。” 何說爲是?

辱詢兩說得失，何敢折衷於其間？而亦不敢全孤勤。蓋後說以生人之情觀之，則其爲未安，亦似然矣，而於禮則未有所據。凡祭一以主祭者爲主，今尊以服則緦也。以新喪言之，則旣殯也；以死者言之，則又是葬後，以神道事之者，俱無不可行之義。前說所引，旣是禮家定論，恐當從之。然更願廣問而審擇之也。

答張生【學聖】問目

學聖三歲前爲舅妻所收養，遂成母子之名。年前先人以前頭服制面稟，則先生引思齋事爲敎。且考見尤菴答南溪書，有曰"養父母服制，古所未有，只當一用國典，而苟不得三年，則亦當從不杖期之文"。蓋《大典》旣曰"三歲前收養者，齊衰三年"，《備要》言"己之父母在者降"。故昨年舅妻之喪，學聖服制，從《備要》不杖期之文，而先人又以此意，書稟于先生，則以"此事旣有尤翁所論，敢容他議"爲答矣。按《疑禮續》，有李鎭川悅服舅妻事，或有引此疵議於學聖服制者。而但李書旣曰"非三歲前收養"，愼齋答曰"三父八母圖，養母齊衰三年，謂三歲收養者，尊侍則異於是"云，則學聖事，與李大有不同者。蓋服之隆殺，只係於三歲前後，其爲舅妻之親則同，　而其恩義之當服齊衰與當服本服者，則有不可以比而同之。未知如何？

尤菴之說，旣據《備要》及國典而言。愚之前書以爲“無容別議”者此也，追聞議者多以爲不是。蓋族屬之喪，不可有加，卽是橫渠定論。舅妻旣有本服，則雖有收養之恩，宜不敢有加。議者之言，或以是歟。禮意則如此，然其時尊家問目，以尤菴書引重，而其書初無論及此事。故不曾生疑，惟隨問隨答耳。今者見示冊子中沙溪答同春一段觀來，殊覺瞿然。苟以此反之於心，眞知其非，則必有所以自處者矣。然服制則本服一款之外，元無不可行者，而或傳“不獨服其服，仍奉其祀”云，此則於禮於法，俱極乖戾。非族之祀，神固不享，而節節拘掣之端，必有不可勝言者。物情不平，或由是而然耶。當初所詢，只是服制，不及奉祀，故不得早知以正其失，此甚可恨也。

答柳生【忠○丙辰】

前後勤示，備悉雅意。世上些少榮利，令人頭出頭沒，自非過人之識，未易拔得，而君能慨然有志於斯學，深用嘉歎。至於復卦之義，此則不記前說，而乃蒙不棄，而存省之功如此耶。六三之厲，在於頻失，而復則雖頻，而爲無咎矣。不知君目下意思，方爲復而不爲失耶？是未可知也。

所求味之之道，固爲要切，然所謂味者，說不得，畫亦不得，只是心自得之。以飮食言之，必先知其可食而後食之，食時又必存心不他，咀嚼得深而後，其味自出。故孔子以"好之者"置之"知之者"之下，好之者，卽味之之謂也。君之不患不能知而患不能好之者，無亦太遽乎？苟能眞知，則不患味之不深。顏子之欲罷不能，是味之至者，而其得處則要亦不外乎致知、克己兩段而已。大抵爲學之要，立志居先，而立志則又必以爲己、務實爲主。然志之不可不立，二者之不可不爲主，亦必知得而後，方可行得，此格致所以爲《大學》第一義者也。如何如何？好意不敢終孤，略報之如此，千萬自力。

陶菴集

卷十五

書

書

答閔士會【昌洙○己酉】

示諭已悉，聖人之敘五倫，父子則曰有親，君臣則曰有義，理雖一，而分則殊矣。頃年一宰臣引三諫號泣，至謂臣無可去之義。此言大傷倫理，而擧世滔滔，大都一致，馴致乾道日亢、臣道日卑，而莫之奈何矣。今玆州門赴哭，實合一義字，稍進一步之議，恐亦不免於依違遷就之習矣。《大學》言人臣所當止處，不曰忠而曰敬，其義豈不較然？來示明的，可喜可喜。

答閔士會

去就旣蒙問及，安可自隱？而頭腦不是，到今無善策矣。泝而論之，丁未秋冬間，駴機禍心如何？君輩痛迫惶懍又如何？今也弟爲寢郎而得寧，兄爲邑守而得利，雖自謀，無以加此，此固大聖人陶勻轉移之力。然彼始則欲禍之，而終則曲爲之地者，豈無所以然而然哉？蕩平界中，得君輩數人可敵千百，添得一番光鮮，上而固君心，下而平私怨，君輩爲若德多矣。此區區所嘗傷慨，不能不露出於言語書尺之間也。士長目下引嫌，不知主何事，恐只是畏謗。我旣不求而儻來自外者，固無奈何，我又不請而嫌端自去，則又何歉焉？於大處不能覷破，則所執末矣。又視初漸輕矣，奉承君親敎令之外，豈有他道耶？以御史復命時，若痛陳一疏，似無此等難處，甚可歎也。今雖勉承，恐不可不曉此道理，縷縷至此，幸諒之。

答閔士會【辛亥】

鎭川倅昨有書，以其勉赴官次，多有愧悔之語。成事固勿說，而旣問其是非，則又不敢含糊爲辭。大意以爲方今士流所依庇，惟一二元老，而其家子弟不免爲此世界中人所勾引，將置世道於何地。此則士長爲首罪，兄次之，蓋以其書有士長例三字也。無士長則瑞友非惟不肯，亦或不能然。士長聞之，能受而不辭否？

答閔士會

吳君勉戒，誠有是事矣，蓋因渠儕輩追隨之語有所云云。而至於兵判以下數人，元無指的處，似或有推演註解者矣。禮台之爛用卯科，心切駭惋，頻發於言語，欲令其聞而改之，對吳君時亦然矣。大抵常時不曾言及時事，而對朝士，又不敢含糊爲說，益知僻處罕交接之爲勝也。吳君痛責之，而聞厥後少無所悛，是亦不可與言而言者耶？然惟盡吾心而已，日後如見禮台，亦不能不責勉，是皆相愛之甚，而人心不如我心，奈何奈何？難將一寸膠，救得黃河渾，此言惟三復歎嗟也。

答閔士會【壬子】

鄭友情理如來示，則儘難處矣。大抵平日喩父母於道，使知祿養之不及善養爲上。當事委曲開陳，如不可回，又不可拂親意，此又次之。愚嘗酷信程夫子"爲已爲親，也是一事"之語，不敢遂一日之養，到今痛悔而無可及。如鄭友者，安敢不恕以過中之仁？ 而至論其是非大處，則終不敢落在第二義也，如何如何？

答閔士會

護産廳事，得之道聽，終夕彷徨，仰天吁號，得書信然矣。天之不祚，乃如是耶？愚則每欲裒集宋朝范、馬諸公奏議，付本朝事以進，仰冀聖心感悟，曾以此有所奉稟矣。此事固完備而終遲緩，今則已是在弦之矢，言之無益。常謂此宗國大計，不發於吾舅主，則無可望者。今果如此，豈敢挽止耶？然猝詣都下，易致人惑，不知先稟行止之際，將以何語耶？請對體重，而畢竟無歸宿處，徒令中外人心惶擾，爲召亂之階，此爲無限之憂，奈何？此事終無善策，就所示略陳淺見於別紙，行駕雖已發，幸幷此書仰報之。凡事審量而愼密，至望至望。

答閔士會【癸丑】

長疏出於往年御史復命之際，則其獲罪未必如今日之重，此亦可謂計較利害者之惑。然以世道言之，義理晦塞，月異而歲不同，今日一謫，尤爲有力耶？所恨者歸宿只是引嫌，未能聲罪致討，以大扶世道也。所謂長書，不知何人所爲，愚見則春後去就與筵話中疑阻一段，士友間往往有竊相憂歎者。微此君一言，無以明得本心，然則是孝也，非傷孝也。使此君揚揚禁近，以增一番光鮮於世界，則吾未見其爲孝也。

答閔士會【甲寅】

小紙所報領悉，齊名自知忝竊，來示豈於親愛而僻耶？平日心事，不見白於君上多矣，區區出處，尙何暇論？然臣之事君，小而親疎用舍，大而榮辱禍福，雖若不同，而畢竟同歸於玉成。上天之於人，其理本如此，無論往昔，驗之賤臣，益可信矣，頌祝大恩，此心如丹。顧進旣不能裨補袞職，以效匪躬之節，退又不能存養心性，以盡順事之義，此爲萬萬辜負耳。俯循仰慚，何以自立？示意似若於此道理，有未洞見處。臨筆自不覺吐露至此，如何？大心來，偶傳令季晝寢，一第外無餘事耶？未敢知也。

答閔士會【丁巳】

前幅縷縷，實切感歎。迷息素多流俗意思，不肯卓然自異於衆，今番事蓋亦由此。歸後痛責之，一如哀言，而亦何及也？處人父子之間，盡底說道，愚固自喜粗見信於哀，而哀之此事，豈常人之所可及？不獨愚所歎服，渠亦豈不知感？書末云云，恐渠見信一節，亦不能如乃父而然也。此後無論吾存否，幸有以隨事鐫誨也。士衛所遭，眞是朱子所謂人生不幸事，況弟兄一時見困者耶？已略有所對商，而前頭事深可念也。

答閔士會【戊午】

上元又近，孝心號慕，尤何以堪處？兒子處義，卽士衛所謂抑可以爲次者。吾旣本自不快，而來示極正當，示渠而使之佩服矣。大抵今人兄弟朋友之間，少稜角而喜浮沈者多決科，反是者則不能，是亦時運使然耶！恨不相對劇談也。

喪中遇變亂，則雖曾經侍從之人，奉几筵奔避山裏，恐無害於義理。至於因事入城云云，喪人宜不敢暫離廬次，其出入則爲喪事及時見于母兩節而已。苟能一如禮律而無違，則雖卽日還侍几筵，與同奔避，自可無疚於心。平時行動，旣不能如此，則仍留以竢亂定，亦不爲不可，如何如何？

答閔士會

前示非可以義理論，近世媕婀計較之論，大率如此，何足道哉？喪中奔問一款，鄙意則三年不呼之義，蓋所以順人情而合天理也。雖往往有不避金革者，而猶不免得罪於禮敎，況奔問而無所事者，於義何所當耶？事親之日，已無可及自盡之節，惟此終喪，一日違舍几筵，孝心之所不忍者，致身報國，豈無他日耶？幸以此語及兩從，與之更存思量也。

答閔士會

祥期不遠，哀慕何堪？此間孫兒冠首之禮吉成，日氣淸溫，士衛爲賓，士元爲贊，令子亦來觀，喜幸如何？惟是孤露之懷，益切愴傷，大心又不可作矣。曾詢忌祭利成一款，從容繹思，則中古以後，諱日始設祭，非如四時正祭之爲重，雖減殺，亦自無害於義，如何如何？

別紙

路中非相弔之地，而彼旣請弔，我安敢辭？況如至親相見便哀動者，似不可拘也。

人家多於遣奠前行朝上食，蓋爲取便於事勢，而於禮意則乖矣。路中停柩處上食爲當，朔日啓引者殷奠亦然。所示午時引行，則又是變禮。祖奠之徹，雖甚未安，朔奠亦不可闕，似當權宜行之，如何如何？

緬之緦，固具三年之體。然三年喪變除之節亦重，不可以緦服而廢之也，吉祭亦恐無不可行之義。

《備要》禫祭條，吉服別無見載者，黲布笠、黑帶之外，難容臆說。網巾之黑緣者，似當幷置帶、笠之間，而雖或從後換着，亦恐無妨。

吉祭之行於禫月者，固以三年廢祭之餘，正祭爲急，而其重則在於仲月，故惟仲月而後可行。至於孟月無嫌之說，則蓋爲禫事在季月而孟月行吉祭者設。今此禫月吉祭之仍行，以前說言之，則旣非仲月；以後說論之，則又不踰月。而牽合兩說，以就己意，未必得禮之正，不若從踰月之正制也。且愚意則吉祭、時祭之爲四時正祭則同，而特以終喪後初祭而別其名耳。設令季月過禫者，孟月行吉祭，仲月又行時祭，則是天道未少變，而正祭再行矣，無或近於黷否？尤翁之論雖如此，未敢遽從也，如何如何？

答閔士會【己未】

草稾俟間僅此點檢以還，惟取舍之也。此疏兄弟聯名，固不可已。而軍銜不及實職，士衛之言誠然矣。除命未下之前，遲待亦不妨，而季職甚緊，此爲妨碍，姑爲在外以俟。至於繡衣事，衛書亦有問矣。衛之意見亦是一道，而旣以先人心事未暴爲至痛，則未一暴之前，徑先獨出，終涉苟且，此則伯言似勝。如以違命被拿，則略以崩迫私情未及陳暴爲辭，出後得與聯名則幸。雖或因此重勘，仲獨爲之，季則追後自列亦可，如何如何？君輩作事，每患疎闊，以前書先泄之戒觀之，亦可懲也。如欲爲此事，則毋廣議毋煩露也。

答閔士會

二從處分訖未下，惶蹙可知。一疏旣明暴先人心事，而辨君誣自在其中，則忠孝之稱，未見其爲過矣。然今有疎逖之臣，以己見直斷某人以凶逆，則其不死幸耳。如是而後方可謂無所恃者，此君處地固異於他人。前所云云，蓋欲渠無以此自足，百尺竿頭，更進一步耳。朋儕之言，不知如何，而吾意則無他矣。捨却死生於一邊，則何事不可爲？但恐此君終非槁死骨相，此後收拾甚難，可憂者在此耳。設令吾不能悉渠本心，就此分疏，無亦多事，而亦何益於事哉？一家書札，固無言不盡，無煩人眼目足矣。示今與後之慮，亦恐太過，幸平心恕諒也。

答閔士會

所示金令之言未可曉。古者冠則三加，婚必親迎，禍家子孫，旣無廢冠婚之義，則古禮烏可廢？而又豈有冠婚輕重之別耶？雖非備禮，惟行於京城者，爲大未安耳。

答閔士會【庚申】

新年靜履增福，此身忽是周甲，少壯如昨日，何爲遽至此地頭耶？百感交中，殆不自勝到老失學之歎。善端春噓，令人感歎。往雖不諫，來猶可追，千萬自力爲望。兩大臣伸理之典，爲世道甚幸，天道必復，會知有此事，而何意於未死前見之也？右揆數日前入城云，信然否？善後之策極難，何以能不失士望於終始否？示意默悉，敢不相勢爲之？而世事不如意者十常八九，何望其有助也？令子應擧，在於復諡之後，則豈不恰好？而但恐耐不得耳。

別紙

服期者葬後祭如平時，但不受胙，此栗翁定論，今世士大夫固皆通行之矣。然祖父母衰服之重，非比他期，揆以死生情禮，恐亦未可以祭如平時之文一例斷之也。愚意則葬後忌祭三獻，朔望節日亦如儀【忌日是喪餘之祭，雖以三年之喪練祥行三獻之儀推之，恐無不可，况左右旣於葬前行一獻矣。次第增損，自當如此。】，時祭則三年未畢之前，姑勿行之，禰亦同。【朱子於其夫人、長子之喪，三年內不擧四時祭。此是具三年之體者，比左右今服，固爲較重，然亦可傍照而得其禮意否?】墓祭三年內一獻不妨。【此則原野之禮。古人所重在廟，廟中旣廢正祭，則不必於此獨爲備儀也。】重違屢示，妄意參酌如此，實有僭汰之懼，更須博詢熟量而處之。

禫祭與吉祭差別，雖行於仲母忌日，恐無未安。喪餘變制之節重且貴，速令勿退而行之爲宜。

禰祭之必於季秋者，實以成物爲主，若不行正祭而獨行禰祀，則誠有豐昵之嫌矣。或人之說則未知可也，惟鄙家去月有故，今月又少無故日，纔過時祭，明日又將行禰祭。煩數之懼則有之，此一節則以身所經歷而知有理也。

答閔士會【壬戌】

睡起臨盥，耑札忽至，驚慰如何? 昨夕邸報，但見趙尙命疏槪而已，此外漠然不聞端緒矣，所謂昨宵景色，可以揣知。疏本果入徹否? 不入則似無此非常之過擧。入徹之後，先志與兄弟心事俱明白矣。死生禍福，何足筭也? 終是天恩罔極，何以爲報耶? 枷杻二字之外，無由詳知其時事狀，且謫所只云瘴海，不審爲何地，可鬱。豈或悸魄未定，倩草不免踈漏而然歟？納供時果能辭語明快，無所撓奪否？使吾筋力苟如未病時，豈不往見於中道耶？萬死一生之面目，不得見而作此遠別，恨歎無已。

答閔士會

木孫還，方可得其眞信，政爾企佇，意外書至，驚慰如何？其間事狀，今始識其大略。所問出於不虞，而又臨之以不測之威，供辭固難一一裁量，雖或不擇，要亦不失大體，而遲晩二字甚不好，宜其有年少傍觀者之責，君之自咎亦宜矣。

大抵爲某人死則極無義，然此事只當應之以"矣身陳疏本意如此，非爲五人訟寃者，則其逆與非逆，非可問於矣身"，持是說也，雖累招而不變，豈不爲十分道理耶？安坐思量則易，而倉卒未易及此，此坐於平日見識之不周而然，可歎。

然凡事當觀大體，君之爲此事，自流俗觀之，固宜驚怪。而原其心則孝友，而忠國之誠又較多，俯仰自無愧怍，雖有些少做錯，何足介介於胸裏也？許令權着紗帽而入對，何損於聖德？不欲此而必令爲鞫學者，其心之切痛，實萬倍於某輩矣。只望善飯加護，生前俾得以相見也。

答閔士會

店人之持回書歸者，能及於閔院午飯之前否？木孫暮歸，得道上一面消息，猶以爲慰。昨宿何村？計已與士衛作別矣，心緒不至作惡耶？邸便纔謄到君疏，令人一讀胸中浩浩然。平日必欲一上之意，從此似不復耿結於中，何快如之？更觀之，衆怒如火，勢必不免，一時危辱之塞其禍心，亦幸耳。不敢知聖上果細覽否耶？到此而尙冀君之一悟，情戚而意亦迂矣。縱不能然，播之四方，無人不見，不獨使令仲本情皎然於來後，數十年奸壬輩窠窟，打破無有隱情，豈非世道之幸耶？此後思君時輒讀之，可以瀉此心胸矣。

李君益培來傳初書傳旨因某輩突入中止之狀，國其奈何？士類之死生禍福，恐亦不暇論也。京國日遠，大海當前，老來心懷，固不易處。然而古人云忠義塡骨髓，惟爲君恃此而不憂耳。今日必過振威，過此無由卽得行信，又走一奚，過活源與全府時作書，付趙靖世、李基敬，以爲遞至之地，如何如何？

答閔士會

所示縷縷奉悉，程子說，吾欲爲君誦之者，而旣先獲矣，然而終恐未能擺却也。思量兩件中，上段則苟且，下段則好矣。昨日洪生梓來過，使讀君疏，讀盡，問之曰：“此疏好否如何？其止之者，於己爲榮耶？”其人默無所言。及披見供草，則曰“逆乎之對，只當以‘此事已悉於弟疏所列，此外豈有他見’”云云。此亦局外之見，易於思量，易於說話，而視吾前說尤似好，如何？然成事勿說，旣往勿咎，置之無復留諸中也。長道加愼。

答閔士會

振威以後，渺然不復問聞矣。過活源時，手帖之出於五日者，再昨始自趙君傳至，顚倒開視，驚喜如何？身健善飯四字，極慰居者之念，而近日風日甚惡，不知觸冒作行，得免感傷否？計程似已到候風界頭矣。少日有長風破浪之願，而今則讓與君矣。此爲何等壯遊？到底無非天恩也。士元初七自壽村過我，留宿一夜而還，纔一二里墜馬重傷。大抵一家同一運厄，奈何？

所示領悉，此言之出於伯春之口，卽是常理之所必然。早使如此，豈有向來許多疑謗耶？可喜可喜。他日歸來，當一痛說此箇義理，姑置之勿復道也。黨心有善有不善，不可無區別於其間，先以大海洪濤洗盡褊狹心胸，歸後可以刮目相見也。頃有一少年訾議君者，余應之曰：“‘其所摧敗，亦足以暴於天下，而全軀保妻子之臣，又從以媒孼其短’，古人此語當深念也。”其人唯唯而去矣。

與閔士會

活源過去時書角外，渺然不得承聞，計到海上已久矣，風勢如何？淹留亦幾多日？撼頓之餘，安臥調息，亦自不惡？向來心裏所懺悔者，或已洗滌無留在者耶？洛下消息如弱水。彼輩所對辨疏箚，令季亦或送示？其窘遁躱避之情狀，還堪一笑。吳光運以諫長有疏，而氣勢視前頗消挫，他可推知。君之本志雖不白，而士長則不惟心事見暴，其言亦不可謂無補於世道也。或傳令胤已發去，以爲扶將入海之計，或云束裝將發，因君書力止而中沮云，不知何言爲實也。只望隨地善護。

與閔士會

二月十八書，最後至，數昨自潭衙遞致望朝手復，此是近信，何慰如之？不知其間已得好風否？"直挂雲帆濟滄海"之句，每吟覺爽然，不謂君能辦此壯遊也。來書多少，無非懺悔之語，此事何時可了？

所謂至當無妨，不過慰藉，而然爲五人死固似無義，而爲君誣死，亦謂無義乎？惜乎！見不及此也。雖使君不屈，必無死矣，不死而上暴先志，下以不沒賢弟之名，此是十分圓好事，其可易耶？孟子之語大丈夫威武不能屈，必先之以居廣居、立正位、行大道，君旣無此三者，而便能不屈於威武，則眞是立地成佛，天下焉有此理？吾意君之可悔，不在於今番失對，而在於平日不讀書也。南間《心經》，固爲非時，而棘籬《大學》，先輩之事可法。安頓之後，須掃却百慮，靜坐看書，以收功於桑榆也。

與閔士會

卽者君家以新釀二壺，耑人送來。君雖在海外萬里地，而家人能得君心矣。來卽引酌，色味甚佳，何異與君對酌耶？憑令子書報，知發船翌日，移泊所安島。此島似是發船處不遠之地，不知爲幾里，而其後能得一帆好風利涉無咎否？李君奎采歸時必歷見，見後方可得君眞消息，而至今不至，其鬱如何？

日來風日絶無佳時，爲行者憂念切至。新到風土如何？凡百亦堪粗遣否？此身又以胃脘餘氣，數日大痛，汔無蘇意。吾輩各是老年，安居而猶少健，况於炎月積瘴之鄕耶？所望惟海山之善護持耳。

近間胸中悔端，能蕩滌得盡耶？前後云云，蓋有激於十分至當之說，不得不就義理上說去，無少顧藉。而他日生還之後，相對笑謔，責備之言，亦豈止於此而已耶？幾時得君携酒來見，我又肩輿往謝，瀉得此中間襞積之懷否？歸時必一上漢挐絶頂而來，誇我壯觀也。

與閔士會

士淵謂當於早晩有除後爲辨疏，士衛爲草疏以示，此亦有一二往復矣。廿七朝，衛也自壽廬臨還馳書，報以淵病之急，而亦不料其不日而承訃也。此令而止於斯也耶？似此禍故，實人世所罕有者，念君情理，又何忍爲喩？然以吾舅主深仁厚德，而身後未十年，奄失二孤，天理豈有是耶？使君安坐於家，則以昨今年運氣，恐必無幸，投君於絶海之外，天意似若有碩果之應。目下門戶之責，微君其誰？千萬痛自寬抑，一以忘哀保生爲心也。

今日李君汝亮忽地過訪，爲君消息，待此人久矣，其爲驚喜，何可勝言？細聞風濤出沒之狀，令人凜然，輕身發船，此亦終失於疎率，歸時則切須深戒，勿更蹈危也。李君相見似無期，而猶且如舊拭靑，與君相見，亦豈無其日耶？惟化者不可復見，痛矣痛矣。

與閔士會

近日向沍，謫况何似？父子相見，其喜可知。何間當還送否？人心道心之屬於發處，金言爲是，而但其爲用也，亦豈無體耶？誠意無自欺，亦是已發，勿論發未發，皆當用功，君言雖似完備，於此章則不相襯貼，以發爲未發，大旨已全錯矣。君輩以絶海孤囚，能講討經義，諒一奇事。

與閔士會

士衛訃書，計已自京傳之矣。一門喪禍之荐酷，固古今所罕。渠頃於過宿時，言“吾家於士流中，獨免辛、壬大禍，物理例多回還，近事豈亦由是耶”，未十日而渠又繼沒。此君抱負不少，雖一生窮厄，而尙冀爲他日緩急之需，而乃至於此，天也奈何？

念五作書與君之時，渠亦在座，其翌日告歸壽廬，孰謂兩日之穩，遽成終古之訣耶？晦日書來，言有臂痛，初二則云臂痛向歇，初四則云咽喉不浮不塞，食飮不通，恐是感寒，願得轎馬毛帳之屬，入京調治。蓋倩秉姪作書，而初二則絶筆也。初五晨治送馬轎諸具，其前夜及翌朝，則稍進食飮，酬酢如常，能承見吾復書。治任將發之際，暫時倚枕，若甘睡然，秉也不復憂疑，徐而叩之曰“路遠日已晩矣”，則已無應矣。始告急於此處，先走丸藥，而吾兒仍急往，已無可爲，喪出於辰而皐復則在未矣。

孤兒初六夜戴星而至，士元只聞病報，初七始到，當門發喪。其夜廑行襲小斂，緣板材難得，束手坐待而已。十一日夜始入木，木不甚好，而價則二百，聞此可知其間事勢之罔措矣。凡八日而成服，其亦命窮之一端耶？

昨日士元挈孤姪往宿沙村，今明間入京，使孤兒承重受服於舊喪筵前，趁月半還出，方議啓引。而洪、申兩姨從，昨夜來宿此處而歸矣。蓋聞秉也欲還其家，歷省于壽廬，偶値其病作云。苟無此君，則幾不知其死時矣，此則天幸也。

山事意不出於驪山近處，而喪人之意，則以家內多牽掣之端，欲遵京裏終喪之本意，返魂於國洞，而吾則以爲決不可。無論用廣山或他山，返哭則當於驪上，返哭之後，繼奉承重几筵，同會一處矣，未知吾言果得行否也。當今家力蕩殘，償債及引葬諸具，茫然無以措辦云矣。訃書遣去，在京從弟輩必爲之，而哀遽想不及他語。且此去鄭生家奴，卽是信便，故詳細報知，不憚煩絮耳。

自失此君，門戶枵然一空，吾輩將誰所倚仗耶？病裏所懸懸者，惟君一人，以是益願其謚蒙恩宥矣。明年邦慶，必有相見之期，而生者雖相見，其於死者何？無由相對一慟，惟臨書垂涕而已。

答閔士會

意外咸平人來，得初三手帖。喜聞宿病少減，而院便書姑不至矣。羅君心甫承有過從之樂，可知其人前患已差也。所謂院便，卽指景賢耶？此院以金鶴峰誠一躋配久矣。金公固名士，而號稱東人者，不無持疑於院長之請矣，似聞尤翁曾亦爲山長，故不疑而許之矣。傳聞未必可信，欲取考先生案，而怕煩不欲爲。須從容語及羅君，使之探報也。旬呈事，古人蓋多有行之者，而所示還發一笑。君雖生出陸地，而與誼、志輩齊名接武，還不若枯死空山之爲淸快耶？

答閔士會【癸亥】

昨者大紀致去望手問，極慰阻戀。歲新矣，客土情事如可見，眠食一向安福否？春宮患斑疹，藥院至於移直，勢必稱慶。況又三加在邇，嘉慶相續，君亦必蒙宥還，欣企欣企。吾病漸向勝，凡百幾如常。兒子得衿川縣，少寬晝地之憂，而種種有難便，姑遲肅命。設令赴官而爲一日之養，終不若無官相守之爲得計也。　日昨有人來傳祥姪與金家子弟相交如舊日，吾應之曰：“作法於凉，其弊猶貪；作法於貪，其弊如何？”渠之父兄曾與柳儼輩不絶，百事皆下於父兄者，安得不如此也？來示無父之語，恐亦非過。渠旣無問，吾則何言？欲以此紙示士元，使出示於相見時，仍痛責之。雖小事，旣知其非，何可因循不改？雖晩亦可以自靖，莫曰無奈何也。洪純甫自明之疏，渠言旣如此，筵話未必皆眞。然此疏出後，又聞少年輩與純之諸兒如舊交歡，設令不絶，一何忙急至此？令子曾亦經吾一番呵責矣，或以告知否？兒輩事，大都一般，義理姑無論，血氣之憤，亦全然無之，此世界將成何等世界？痛歎痛歎。

答閔士會

儒賢出處多議之者，動吉一也之訓，信不虛矣。臨歸八條之疏纔見之，而袖箚未有聞也，或有之而不知耶？前月廿二有書問去就，而廿四五間造朝，書到則在於告歸後數日，而陳對時義理，其書元無所及矣。似聞儒疏稱爲道義之交，而來諭亦然，好笑。古人所謂道義之交，似不若此也。尙記乙巳、丙午間先舅主勸起不肯而曰：“不起則召還疏可畏也。”當時視若戲劇之語， 今則不幸而中， 世間豈有如許奇怪事耶？ 當歸菜到卽上盤，而無齒何得咬齕？ 人生到此，百事都無味，然而荷情則深矣。

答閔士會

士衛在時相見，便豁懷，書至亦然。自其亡後，耿耿懸念，惟在於君。會面姑無期，書亦不及於在遠時，一旬相阻，惄然如飢。此際耑問忽至，心聲相應，豈虛語也哉？老炎愈酷，調履增護，益可慰也。此間喪餘又迫，痛慕如新，士元勸以勿終日行素，君又以攝祀爲可，俱出憂念之切，量力而處，勢將如此，而尙可謂生人事耶？

士元向日書云，“聞君當暑不扇，正衣冠危坐，欲學之，未數日而旋止，眞所謂賢者兄而愚者弟也。”吾心內自笑曰：“元也退讓甚，得此君爲弟，吾輩何恨其不賢也？”今便《肉談和章》，輒先於士元，豈所謂弱者先手耶？於此亦可見兄賢之一端，已於答渠書，及此意耳。所作雖自謂肉談，而意則甚佳。惟推獎此身太過，殆乎聖矣，使令季在者，又將博得鄕閭之目，恨不及渠未死，相對一大笑也。瀛海之水，非不深矣，猶不能洗滌胸中悔吝之心而來耶？然其良心眞切，亦可貴也。

別紙

近方求得辛、壬間日記數件，抄出謄書，姑未訖役矣。乙巳後孫宦荊佐之招，必錄載於末段，而後尙儉輩實狀，方綻露無餘矣。欲得見而無其路，不知君曾有所謄留者否？又或禍家如夢窩宅有之，幸聞見搜訪以示之也。

答閔士會

皇恩罔極之說聞之否？駿馬金鞍得得而來，非君誰爲此憤惋之辭耶？柳令陽輝爲燕行乞言，纔書送數句曰："含寃忍痛，迫不得已。銘在心內，惟此八字。瀋使之還，迎以鼓吹。謦欬君側，誰以此義？"胸中不平之氣，自然發露如此。職則可言，而猶不能謦欬，此何事也？痛歎痛歎。

答閔士會

士元職雖可言，目下時勢，自家力量，終未可言。藉令因此病而取都憲、祭酒之職，當其時也，學益進德益卲，可言而言，以爲扶樹世道之圖，則吾輩雖未及見，豈不爲吾道之幸耶？願勿着急，容渠作養病之地也。趙臺益章事，已承聞否？聞渠當烹死則死矣，亦可以雪吾恥而關君口否？與士元相對一笑，恨不得君在傍耳。

答閔士會【甲子】

早知昨雨終夕，則豈不用投轄故事，以添數日之穩耶？獨臥山齋，士衛陳迹，罔非傷心慘目，其何以堪之？此間調息如昨，連日所與相見者，卽是親愛，而皆萬死一生之人。聖朝曠蕩之德，與天無極，而病懷賴此頗覺開豁，何莫非感祝之端也？益章口傳筵說，而上敎大意以爲"百祥疏，宜若爲伯父訟冤而闕之"云。仰惟聖明在上，無幽不燭，恐無人相報，不得聞知，故略及之。

答閔士會

耑札忽至，披慰何已？但聞孤坐江亭，寂中看書，必勝於前日也。此身諸節，有退無進。不無妄動底意，而更思之，前疏可以二字，今猶未也。未可之前，似不至欺君，以此自恕，不免廢。然數昨已上欲進未能之章，仰請威譴矣。別紙詳諭，多荷至情，顧此去就，不論義理，惟以疾勢加減爲節，時則不論消長治否，只取不寒不熱之候。古之賢者，亦會有如許行藏否？君須勿爲高論也。

答閔士長【亨洙○己酉】

盛疏覽還，大意務欲宛轉兩全於臣分私義之間，故歸宿在於自引，不能痛快說去，古人論事之體則不如是也。然以如許情地，開此一線路，使今日知有這箇道理，非君力量不能，亦知孟子人樂有之訓，眞不我欺也。惟言出於君，故感格尤不易，此爲慨然耳。立朝行事，一以是爲準，庶幾不隨人滾入功利中去，愚者之望也。幼安讀之，歎曰："伯玉萬語，安敢望士長數行文章？吾不知義理當如此。"此語可令士元聞之否？作字不必好，貴端正，君心畫甚不正，未可痛革耶？偶及之。

與閔士長

僻居寡便，君行後數日，始聞嚴譴消息矣。至驪鄉，令季示以筵話疏箚，方得其詳，惶駴何極？秋日頻雨，行李萬護，已抵何地？今之人都厭厭泉下氣，而君獨不死，炎道險棧，雖倍于此以萬，顧何足道哉？

盛疏終是引免文字，體段差輕，然猶足以示大義於來後矣。但緣君一言，上貽聖上無限過擧，下致老親非常境界，君則只當以誠信未孚，自罪之深。平日每勸君讀書，而不免爲藐藐之聽矣。動忍增益，惟此時爲然，千萬勤勉，以長其見識，以爲他日息補之道，如何如何？松江公江界籬中，白木書《大學》故事，曾亦聞之否？

答閔士淵【通洙○甲寅】

承有新除，令仲在圍籬時，已就禁職，況於今乎？試士之役，亦且趨命，則去就似已有定計，何至更詢？大紀則出六後，無論冗職，言職一例不就，自以爲快足。而吾意不如此，每謂盡職盡言，是爲第一義。渠自懦弱不能耳，當初豈有講定之事？君之處地，視他人有別，雖是冗職，一投足，則易乎瀾漫同歸，固已可羞。前頭言職，私義亦未敢言，則其一就一避之間，崎嶇苟且，誠有如來示者矣。今番如不能不一肅，則一肅後旋卽呈遞，還鄕讀書。此後大小除命，牢辭不出，分義廉隅，或可以兩得。而觀此頭緖，終恐住不得，奈何？惟辭受語默之節，一稟親旨而爲之也。此時冰雪嵯峨，而枉費僮脚於數舍之遠，尊甫之誤人甚矣，好笑好笑。

陶菴集

卷十六

書

書

與閔士衛【翼洙○乙巳】

去就已悉於面晤時。大略退則括囊，進思獻忠，成一矩律。今亦欲趁祥時入往，一暴憂愛，定計如此。故日前草短籲欲付，而有所滮然，姑徐之矣。上心旣偏着，百事無可爲，不知何說可以感回，而及此時少效格非之義，未知如何。感回固不易，觸激又未可知，而要以盡吾心而已。前批補不逮云云，引昔事責勵，異於直爲求助，然而猶可引重而陳忠耶？無寧依拙法姑泯默耶？ 幸審量時義， 從容仰質於退朝時，參以己見而回復之也。千萬惟默會。

答閔士衛【戊申】

此身受恩罔極，席藁之中，猥被引對慰諭。初吉始陳懇，有依疏辭往護之批，闔門感祝，如何勝言？時賊卽麟佐血黨，同起於淸州而追後見捕者， 金丈、張將果同被誣引。 而賊招中所云私嫌，卽甲午會試試官時，其文以次下入格，爲吾所拔，含寃次骨。而其歲元無是事，金、張事亦皆虛謊，誠莫測其端倪也，前席已略陳實狀矣。顧瞻四方，蹙蹙靡騁，不知將如何置身。

新池則平時輔車之勢固好，而目下時義極䫉㼐，既非走入高深，亦恐累及親友。原州少勝而元屋終苟簡矣，堤峽則鄭從月林、士長新屋，似可推移，而不徒無糧，賊徒散入之說，傳播紛然，利害亦難懸度。卽今處義，或云深入爲可，或云此尤惶兢，兩言如何？未移屋之前，惟深蟄謝客，以爲自靖之計耳。朱子云："非閉門塞竇所可免。" 本知義理如此，而今則不得不竊附龍門遺矩。此言其亦僭猥之甚也，好笑。

答閔士衛【甲寅】

至日忽迫，諱祀又近，痛慕如何？痁疾終是氣敗所生，哀豈不知而不思所以扶接之道耶？有疾暫須食飮，疾止復初，已載於《小學》書中。蓋飮食禮之小節，滅性則傷孝之大者，吾於君輩固愛之深矣，愛禮亦豈不若君輩耶？千萬勿疑。

答閔士衛【乙卯】

趙二憂遷厝引行過振威，强起一哭而歸。後死閱歷萬變，益知此老能卓然於死生取舍之際，非今人所可及，人之晩節，不可不愼也。黑山、碧波二逐客消息，憂惋何言？

答閔士衛問目【丙辰】

仲父篋笥中有所謂《獻芹錄》一冊，蓋再昨年間欲上而不果者。子弟之心，不忍埋沒，陳疏而欲上之，未知如何。但此書爲建儲一事而成，而其不果上，由於元良之誕降，則或以爲今宜拔去建儲一段，此說亦如何？

今日國家所以崇終隱卒者出常，而備忘及筵話，乃以所執云云，有追咎之意。若於疏末略陳數語，以明平日本意則如何？陳疏則主喪者爲之耶？曾經侍從者爲之耶？仲父癸丑入城，出於黽勉，無日不思歸。元良誕降，國憂少紓，始乃決歸，擬待冊禮後奉老東歸，疾患遽作，不果如志矣。伯從欲於葬後不復返魂於京裏，仍留丹巖，而或以爲"老親在京，神主旣成之後，將無以伸哀，則情理難忍"云，此言亦如何？

《獻芹錄》年前已蒙下示矣。日來默念，此書裒集，一心炳然，誠不可泯沒，不知諸孤將何以爲計，今玆所詢果如此矣。但書末一段，此在昨年以前事，雖於今日，亦無可嫌。然以目下時勢樣子觀之，聖意亦或有惡聞礙見之端，不可不細加商量。若如或人之說而沒之，則許多格言，固是對證之良藥，而去此一段，便索然無精神矣。大抵此書體貌，與遺疏有異，雖遲以時月，亦無不可。平日衷赤，旣不見孚於上，觀於悼亡之敎可知。莫如抱此抑塞，藏諸篋笥，以俟聖心一分開悟之日，而此固未敢望。又或不無可乘之機，姑徐而更議之未晩也。

若陳疏則主喪者當爲之，而欲屬之仲哀，則以“臣兄某以臣曾忝法從，使之陳聞”爲辭似宜。痛寃二字，誠不爲過，然上敎所以追咎者，本非新般事件，今日辨暴，恐涉非時。此則士長輩他日之責耳，此豈疏末草草數語，可得以明之者哉？至於筵敎，尤可爲子弟懲前毖後之端，千萬各自痛省，無令我舅主本心黖昧於來許，此爲孝之大者矣，如何如何？無日不思歸之遺志，此豈待所示而後知哉？愚意則成服後，奉柩卽還驪上，以體雅意爲得之。而時當酷沍，事勢又多牽掣，旣未可爲，則葬日涓吉之後，先期引還，奉住江榭，以待窆事，仍爲反虞於其處，以畢三年，恐無可疑。情理雖有所未忍者，旣非宗子，又嘗異宮，或人之言，不須論也。

答閔士衛

所示備悉。興君婦几筵上食旣不廢，則朔望奠似無不可行之義。惟主喪者是斬衰，則以期、大功葬前略設之文推之，一般字恐未安也。墓祭之可廢，尤無可疑。至於仲哀夫人茶禮，雖是異宮，異於三年內祭奠，斬衰葬前，使人代行，亦似不敢矣。如何如何？

答閔士衛【丁巳】

所詢領悉。孝子爲親之意，但求其自慊於心而已，豈有强其所不欲而爲之者？若於此見得，可以知所處矣。然力量不足，則無寧用甲戌故事之爲無跡也？下款來示誠得之，大抵此時節，眞是無限變怪，固未易充類至義之至。然事無大小，一或蹉過，竊恐益傷平昔雅志，此當兢兢致愼處也。如何如何？致祭早晚，一任儀曹固無妨，而至如文字分排，或屬於不好之人，則豈非難處之甚者耶？自上點化，誠無如何，而該館如有問，擇稍可意者而答去爲得耶！更存商量也。

答閔士衛

頃日大心還，細聞消息，仍獲書問，慰豁如何？迷兒去就，國友之言，豈不淸快？而渠旣無志節，奔走場屋，則猝難責以高蹈，惟有隨事盡職，以圖報國恩之萬一而已。此若不能，而徒與人瀾漫同歸，則便無話可說，不知渠將何以爲計也。凡百使一一奉質於左右，吾則旣在遠矣，左右豈不視之如子耶？須善爲之指揮。渠或不及問，而有思則相報，有過差則責之，無令重得罪於士論也。

答閔士衛

迷兒苟能進而盡職，則未必不爲好道理，旣決科，旋不仕，不過爲藏拙之策，何必乃爾？以此責勉之，但恐盡職二字極難，朋儕中實無可以相託者。前書所云，意則深矣。且渠平日尊信左右，切勿泛視而善指敎也。小紙所示領悉。吾則雖不仕，長帶軍銜，冠服固可，而左右則恐不必然，深衣是華盛之服，然禮許借吉，則服中似亦無妨。如何如何？

與閔士衛

聲台榮擢，克繼前躅，年歲又適與之符，此實稀有之事，奇喜可言？惟超躐太速，責任至重，情愛之深，憂甚於喜耳。吾意則去就不難決，人臣身非己有，況當此危世，擔此重負，如非才力之大不可堪者，只當向前盡死，以圖報國恩之萬一而已。雖有難進之端，輕重固自別矣。西銓異於東席，無是非爭奪之決於目前者，且武人用舍，似不當拘於色目，然賊邊人終難崇用，癸卯科尤宜區別。惟以去私恢公收拾人才爲務，則豈不大慰人心耶？苟不能然，而一如前令尹之政，則固恰副當路汲引之心，而其失望於士類，貽羞於門戶，爲如何哉？自量於上所云者，力不能辦，則無寧引微嫌，限以威譴，必解乃已？來示中兩款，亦足成說矣。君之識慮，豈不能及此？是必於欲進未進之間，欲爲毋高毋卑之策耳。來頭指揮吾兒，則切勿如是依違也，好笑好笑。吾言如不以爲非，則早晚或復相見，以君意及之，以聽其裁量也。偶見所示，不覺發露至此，而非有問不參涉，是拙法然也，勿以煩人。

答閔士衛

遇涼益悄然，書來良是一般懷思。兒子行己之至難，誠如來示，渠赴科之日，已料其如此，今亦不知悔否？還可笑也。向來筵敎，豈不萬萬惶恐？其中數字非常，關係實大，如或專指賤臣，則猶幸也。賤臣本是常調文宰，未曾以學問自處，何敢遽論其流弊之有無？至於不能善讀書、不能善敎子，則聖敎實至當。吾在矣，安敢令渠深引一籲旋出？知之者或恕之，不知則謗之固宜。然此亦乃父之過也，君親之間，處義諒不易。渠雖痛陳而自靖，只是揚君之過、益父之罪，無寧姑此任謗於其身，去則以他罪去耳？但念聖心旣如此，則終必暴發於外，不可但已，亦復奈何？中夜憂歎，非敢爲一己之私也。

與閔士衛

伏聞聖上有却膳之擧，而不得同諸臣齊籲，分義固萬萬惶悚。而今番處分，直欲痛哭而不可得也，君德世道，其將奈何？ 兒書要我移次陳章，李生宜哲馳書勸一造城外，而吾則頑然不知變，不知君意以爲如何？願聞之。某人爲相，吾兒決不可伈伈仍冒， 未知已爲渠畫策否？ 於此斂手坐視，則恐非相託之意也。據實直陳爲快，而渠力量，恐不能辦，吾病又如此，陳情迸出，從後更商量，猶愈於仍在耶？未復膳之前，姑不暇他，而復膳之後，則不當遲淹，善爲指教也。

答閔士衛

所報兪友云云，以常分言之，亦似然矣。輟膳豈不萬萬焦迫？而猶不若過擧之爲大。養親者亦有養志、養口腹之殊，此義固較然，而旣不能痛陳義理，以納君於無過，大者無可言矣。又不能奔走於區區末節，罪合萬殞，而迷見終不知變，奈何？ 此身從前去就，不欲苟然，而終恐傷却分義處多，每自循省，一心惶懍。兒子出身之後，妄欲令渠自效，以見夫未忍忘本朝之意矣。今則時事益無可爲，自靖之外，更有何策？據實直陳，以渠力量，恐未易辦得也，聲台旣出之後，此一着亦可謂善敗矣。望復位眼穿一語，猶有急流勇退之人，況於今日擧措，非直奴詬豕叱而已，士大夫處身誠亦難矣，不知國事將稅駕於何地也。

答閔士衛

兒子事來示亦如此，可知洛中景色，豈目見甚於耳聞而然耶！據義直陳，或由此而死，則誠有如所示者。而但削黜異於削職，便是罪人，罪人之子，安敢晏然於淸切之地？雖直以此陳籲，恐無不可，此若惶恐不敢，則陳病而出，原情以此爲辭，雖被鞫亦以此爲辭，何至於死耶？雖死亦非過分而取之者，不必過慟也。遲待過陵幸，無甚得失，而惟此一節，可容商量。渠必以此問之，熟量而善敎之也。

與閔士衛

明日之會，雖無此疾，一脚何能出門？傳者誤矣。如蒙重譴，可以安此惶蹙之情耳。別紙所詢，曾因會哀書聞其委折矣。鄙家亦於庶孫長房改題時，不書某字者兩世矣，吾庶從大父於祝文，自稱則必曰庶，其意良好，令士會報與竹舅知矣。見婦時稱號，又何疑乎？

答閔士衛【戊午】

前書所示甚的確，而終不能不藉手於其人耶？此事甚難甚難，奈何？箕書覽還。此台猶知此翁之可尊，世所謂後身人不識前生事者非耶？　然而今日世界中人亦曰“吾師亦嘗云爾”，此亦當從後身看耶？好呵好呵。續集答牛溪書“天地間正氣消云云”者，曾亦一讀否？此翁心事如此，而朝家旣特祭其祠矣，又屢錄其子孫矣，又重刊其文集矣，此翁之得此於今日者，爲榮耶否耶？如是而吾輩又復改編其緖言，以屬入梓於今之箕伯者，實恐益此翁之羞，前書所持疑者此也。他賢猶可，此翁與重峰則不可耳。至於改編，則區區深欲效其賤誠，惟不堪是懼，而亦不敢辭，藏之巾衍，以竢後日，誠爲得計。而某人一來見我，猶不能，況與終始此事耶？置之勿復道也。然而以箕營往復辭意觀之，此事似發自左右。是則左右以愚之前書爲過也，今則畢露悃臆，比前書差詳，願更以此深量。或與有識知友就事理上確論，如復以愚言爲過而終不可行，則又詳示之也。愚亦何敢自信？

答閔士衛【己未】

二從疏，讀之深喜，吾舅主心事，自此大明，君誣痛雪，亦在其中。人謂忠孝俱全，此非過語也。然此事終若有所恃而敢言者，宜深存惶懼之意，切勿自多。且聞大官筵中救之甚力，此非好消息，無論被罪與不被罪，此後攟摭可畏。透了此一關，方可謂克家而忠國。如何如何？

答閔士衛

溫陵之復，累百年幽鬱，獲伸於一日，豈不悲幸萬萬？但此係君臣父子間大變故，必須秤量義理，到十分盡頭，尤不容毫髮私意於其間。而聖情先有所向，群下莫不靡然，雖曰謀及衆庶，亦不過爲一場虛文耳。安能參酌經變，折衷今古，以歸至當之地哉？已成之後，固不敢不稱慶，而國家大事，了當於倉卒苟且之間，思之寧不懍然？訥齋、冲菴之論固正矣，而在中廟之世則可，在中廟之後則不可。人家有非罪出母，而旣無所受命，則爲子孫者不敢以己見，强爲躋祔於其廟，此其理甚明，故道中士友有問者，輒以此應之矣。今蒙示及家庭舊聞，而此兩段正相符合，深幸淺見之不甚悖於義理也。日後慮三字，在道亦聞之，答以"恐是臆料，焉有是理?"，問者或信或不信矣。妃位旣復之後，庭請諸臣，固難一一追罪，而至於從享三人，則當黜無疑，可代之人，徐議何妨？肅廟之庭三臣無恙，思之痛心，此雖百世之久，終不可不一正也。

答閔士衛

所示處分未下之前，固爲惶蹙，而旣蒙聖朝及老之惠，亦安敢虛其賜也？不必添以家力，過爲張大。就此營辦，若常時晬辰設饌者然，勿用樂勿請外賓，子孫上壽而罷，以奉承老親不喜宴樂之本意，且無孤聖君寵錫而已。至於士長所云邀朝廷一段，向日聞之發笑，此君之闊如此矣。其間處分，雖或已下，此則當觀其罪罰重輕與譴責辭旨之如何而處之耳。

答閔士衛

士淵相見時，力言出郊屛蟄，爲自處之義，渠亦謂數日內當出去矣。今聞乃兄之言，則家居自如，又或往來朋儕之間云，是必開門逢迎，爲人干請，一如前日之爲也。向來住京甚非，時厚招人言，況今兄竄已否？實古今所未有之境界，其所自處，當倍於血泣追慼之身，而猶復揚揚自同平人，此何人哉？朋友家，不待招邀而往，則渠固無據，而苟有招邀，其人甚不好。君在近，何不痛責而使絶之耶？切願卽日捲出廣門，除省覲與參祀外，無得近城裏。此若非一兩日可辦，則亦宜於其間，杜門深居，雖近日所與往來者，諱而不見也。渠於吾嘗疏阻，所以來向來唇舌者，而聞此不勝惋歎，未忍自隱。須從容示及，勿煩諸他眼也。

答閔士衛

士淵事聞之，惝怳驚惑，此於國家刑賞，何所當也？一事可知其餘。憂惋之極，寧欲無言。疏本計已呈徹，不知處分又如何也。示意極好笑，以君委曲方便之術，猶恐其生厭，渠何能堪此苦口？自知迂愚之性，老而益甚也，從今以後，一準不勸君讀書例止了， 君亦無以保伍之法爲憂也。 然君雖自謂不讀書， 而近聞後生有稍益進者， 豈非未學而吾必謂之學者耶？ 喜甚喜甚。

答閔士衛

光疏未及見矣，其意蓋欲一快忿口，而徒見其窘遁，於渠未知爲得計也。設酌固似非時，然兄則竄，弟則登擢，此世界極令人惝怳。彼人惡言，亦非別事新語，只得黽勉行之。雖欲等待圓滿時節， 其可易耶？ 惟事事從略，以見其不安之意，恐得之，如何如何？淵疏如戒細檢，措語或汎緩，次序欠齊整。故略有轉換添刪處，而晝嫌煩夜偸暇，仵留數日，而終不免忙遽矣。幸參互而盡意點化之也。

答閔士衛【庚申】

前書不幸云云，晩始覺得矣。吾輩淸官美職，都藉世蔭，已是過分，而左右之尤恧蹙不敢安者，直以無一張紅紙矣。如吾與長、淵輩，其將若固有之耶？ 一笑一愧。 左右常喜以流俗自居，而人不以常調待之，豈非日中避影之類耶？ 近世學行經濟，分爲兩歧，朝家所以處左右者，意東而言西，當之者前頭自處之義甚難。然天下之事同歸而殊塗，錢穀甲兵，何莫非儒者己分中事？今計惟有卓然自立於義理之途，出處得宜，體用具備，使世人知有此道理可也。然此固未易遽論，願自今毋避讀書之名，益長見識，以需世用，實千萬之幸。上敎令人感泣，有非常之恩，必有非常之報，不知何以爲計也。

答閔士衛

卄五書報，晦日始承領，而其間又是無限事變，只有仰屋而已。來示好笑。智之爲體本圓，而特用之者不善耳，無怪乎救得一邊，倒了一邊也。此段固可見守正不撓之意，而係是私義，不若就君德上勤懇說得，以冀其萬一開悟。雖似迂愚，而臣職則當然，深願以前所託者留意。草成一本，令渠轉示此間，得以添潤之，急則雖直用之亦可，毋泛毋泛。餘事無小大，善指揮也。匡救當在館職後，而目下史任甚窄急，此時汲汲出脚覺重難，而亦非一二違慢所可解脫，奈何？淵事亦發一笑。今番合啓，使光得見於未死之前者，實渠之力也。世界雖如此，淵豈不仕者？但勿遽出於先志未暴之前，而又須嚴明義理界分，無更入吾兒袖中之草爲幸。

答閔士衛

兒子當初陳忠之計，若不緯繡，則可無今番撕捱，而勢旣有所不及矣。無義力避，終恐難成，此後行止，只當迫而後出，出則不撓所守，隨事塞職而已。渠非高志之士，旣占取近歲科名矣，安得逃免此規模？惟塞職二字，說易而做難，惟望隨事而策勵之也。早晚一言，猶當以感悟聖聽爲期，前後所求於左右，蓋亦集衆思廣忠益之義，痛寫出一通文字好矣。何苦澀至此？此非目前事，徐圖之亦不妨也。竊想加謚日吉禮成，曷勝抃祝？吾輩所以爲人者，惟聖祖志業是賴，而今日鋪張宏烈，未能純乎天理之正，都爲一場彌文之歸，於世道何益？悲歎奈何？兒子得脫炎狴，亦是遺澤所及也。

別紙

長令初意儘好，前疏固非專討光之罪者，而生前欲殺，死後都忘，終有乖於爲世道爲君父之本志，疇不以黨伐視之也？光啓當變爲追奪，此不可已者，須以此提警淵輩，無令撓奪於亟停之議也。兄弟聯翩肅恩，似若時淸，而終非其時，不知來頭去就又如何，而此亦恐不外於原幅中爲吾兒計者矣。此何世界耶？痛慨奈何？長令兄弟近欲引前湖伯以來矣，時勢如此，今無可言。願語渠輩以無爲其人所引去也。恨不相對發一笑也。三字之議，如有廷請，何以爲計云耶？誣獄徐待其讞奏，痛說此義理，非長輩，恐不能，可從容商量也。

答閔士衛

長令疎闊，相見時已有所砭矣。今果生得大事，不知此事將如何收殺否？爲君德世運，憂厲萬萬。科慶疊出，豈不爲喜？而盛滿之憂，甚於集木，不知當之者能識此否也。

答閔士衛問目【辛酉】

> 從弟新資，當告祠堂矣，几筵亦當告之否？告則當衣緋懸玉行拜，而情理不可不哭，告文所謂“奉承先訓，餘慶所及”云云，似當改下。子姪輩或有參科者，且如從妹婚禮時，告與不告，當權輿於此，故尤欲稟講耳。

新資之告於几筵，不必一如祠堂，告辭渠出直參祭時，只告某以某月日擢某資而已。雖不具章服，亦何妨？至如子姪輩參科者，則恐不可不以新恩服色見也。妹婚亦當有告，是皆象生之意也。如何如何？

> 有將行吉祭，而遭異宮期服者，待葬後過行耶？吉祭甚急，與平時時享有異，雖葬前，亦可行否？

吉祭，先儒以爲“雖行於孟月，亦無嫌。又或禫月是當祭之仲月，則不待踰月，蓋以奉先爲急也”。況此是喪餘之薦，與常時時祀有間，雖期服未葬之前，苟其異宮，則未見其不可行也。

有父在母喪未葬而死者，其子當代服否？亡者生時以父在之故，雖是長子，不敢主喪，則其子亦不當代服耶？杖期條曰"嫡孫父卒祖在爲祖母"，是則承重也。苟非承重，則當入於不杖期條矣，以此推之，恐亦不可不代服也。成令子長往年以其族孫之遭祖在祖母喪而承重者，爲大害義理，使之改服不杖，遂爲湖中一場大是非，卒則還其初服矣。來示豈亦與成令之意同耶？幸更詳之。

答閔士衛

"適孫父卒祖在爲祖母"，旣入於杖期條，則其爲承重無疑，是亦祖未嘗不爲之主也。代服固與承重少異，而猶可以此意推而用之。至如父在母喪未葬而死者，則不爲代服云云，於禮無見出處，愚意之於此持難蓋此也。此是大節目，願更爲博攷，使得歸一，如何？

答閔士衛

近歲時運極不好，故以士長疏事言之，其不好者，雖以哀輩環視，而莫之止，其好者，以士會血誠而終不能上，莫非時運使然矣。此事以義理則無疑，而亦恐不易成。然而果能如此，猶可以暴其本心，豈非幸耶？

答閔士衛【壬戌】

所謂備局酬酢一段，非外人所知，吾輩則惟一信士長之言而已。他餘事則都是窘迫躲避形象，以光運而亦如此，還可一笑。是則士會之志雖見屈，而士長之言則得伸也；士長之本情雖見暴，而士會之本情還復黮昧，所恨無士會之兄也。

答閔士衛

吾之愛淵令，何遽不若德章？又何間於君與士會哉？顧其相從有深淺，事勢多拘掣耳。與令季云云，早晚必聞之，而今承君示，吾亦不仁，前之以此責君輩者妄耳，豈亦所求未能之一端耶！頃來小紙，子與婿適在座，故出示之，則婿曰"此丈之言似然"，子則以爲"決知其不可"，吾曰"兩言皆有理矣"。今日又招子而細問之，則以爲"趙碿固亦不可不痛辨，而此猶是第二件事，要當以明伯氏之本心爲主"，此見則吾所不及也。

頃者李兄德孚之胤過訪曰："順之當絶某相乎？"曰："無疑，何問？"又曰："其查頓則如何？"吾曰："兄弟姻婭之間處義在渠，吾何能知之也？"昨有人以淵令呈狀，備局大加非斥，公議之嚴可知。君若爲渠計，則但當以明本心三字爲陳疏之第一義，觀渠所圖而善導之也。初頭旣與洪、鄭輩同力止之，今疏渠當爲而不能爲，使老兄出位而陷於不測，今又不能明其本心，則將爲何許人？而於渠心安乎？頃日士會所報，則以爲常時置之度外，而或傳有悖子之語，不知果如何也。

別紙

前後別紙俱領悉。吾兒之意，本以鞫日或其翌日，淵當爲伯辨訟，其言累稱“匡德難哉難哉”，匡德之事極無嚴，而此言則有激而然也。所謂明本心者，以爲“臣伯之出位，都出於追先臣遺志，明亡兄本情，冀幸君心之一悟。而畢竟遲晚出於刑威迫急之際，其疏草旣兄弟商確而成者，則其間豈有別見？而不能不失對於殿下之前，於此益可見某人輩威勢之可畏”云云，吾前書所謂吾所不及者，則此也。

其自罪之語，與哀示皆同矣。大抵辭位釋負之聖教，實爲萬萬惶懍，此教固已爲某人輩躍出之幾會，而又將爲淵、祥輩不敢言之資斧耶？哀示所謂淵必自當事理較長者，誠然矣。然淵若不爲，則祥亦不可不爲也。待淵內職後可爲之說，私計爲穩，而見職旣不易遞，內任又不知的在何時，其間公私事故，有不可料。如是因循而終致闕然，則此將爲何狀人耶？初頭致人疑惑，亦如來示矣。葬後若爲之，則但以哀書所命意諸條爲辭，以暴兩兄心事，而至於上段兒言，則姑不可爲，此則觀前頭可爲之時爲之，亦未晚也。呈備局猶不爲無據，而處昏家一段，游辭二字，可謂自知明矣，可呵。君輩處事，每失之疏脫。日來諸紙還投之示，甚可喜也，依示悉爲搜送，吾之前後所報，雖不搜還，亦勿說與淵也。其中不至全棄之言，以哀意善導之，至可至可。壻郎周詳縝密，可與議事者，自前大小，無一相隱之事，今番來紙又已出示之，可發一笑。

答閔士衛

小紙領悉，往往獨自發笑，其爲笑也，或近於甚哭之歌耶！末段併力云云，不知措語如何善成，而重譴濱死之日，奚暇明其本意耶？此則留俟後日，恐亦無妨，更存商量也。近來筵說之不足信，觀於頃日趙明鼎之疏，亦可知。只當以始初入耳登眼者爲準，後日從容修整之本，何足論也？若以得於傳聞爲言，則畢竟虛實間都無所妨。苟以彼之一時悶苦爲難，而置此言於有無之際，則我之一身，已外於倫理矣，此豈不重難耶？須從容善爲開曉也。

答閔士衛問目

闈內祔祭，當行於祖母几筵，而弟主其祭矣，祭時當服本服否？爲新喪設，則服新喪緦服否？若此祭之行在上年七八月，則凡在位之人皆服舊喪本服否？抑皆服新喪之服否？

祔是爲新喪而設者，雖使此祭在於昨年七八月間，新喪五服之人皆當各服其服。然以哀言之，緦服至輕，且是國制，無論昨今年，恐當服本服而行之也。如何如何？

答閔士衛問目

內喪未成殯而外喪出，入棺則先內喪，成服則先外喪，內喪上食不用素食，未知如何。

入棺、成服之先後，似如來示，而至如內喪上食之用肉，恐涉未安。雖有齊體之義，自是所天之重，先儒定論，如有酌量者則已，不然不妨從厚，如何如何？金生亮行頃於見書時在座，問之則亦云"使亡人在者，必食素，其在象生之道，無可疑者"，此言亦有理。以此回示于令季而確定，如何？欲留幾日而始還京耶？相會校書之約，願勿失也。

與閔士衛

自聞歸廬，稍紓憂念。但不知驪上諸眷，各各安頓得好，姑無他擾否？此間承除旨已月餘，而病不能草疏，今始成出。此是向來懸註衡圈後初疏，不可全然埋沒，而措辭亦難矣。幸隨意痛加添潤以還之也。"妄謂有所商量"一句語，雖包得多少，而終欠分明，如以略及其主意爲可，則亦望從略說出，以代此一句，如何如何？何日欲來？預示之也。

與閔士衛

雞未鳴而人至，承聞所苦一樣，馳念何已？素知自奉之薄，而中冬尙未授衣，此豈始慮之所及？蔽體充腹，自是天職，特不以此累其心爾。雖聖人蓋莫不如此，何嘗過薄而致疾也哉？此則君疏闊之致，不可徒歸咎於內政也，自今切宜知戒。秉也計必陪護還歸矣，千萬善攝遄可爲望。

答閔士元【遇洙○庚戌】

一旬再獲書，此是新年一喜，況聞侍奉安福？國洞病憂無減意，慮念何已？知雅志不喜喧囂，鄕里雖可戀，惡可作於陵仲子？打乖固不可，吾人旣着道理二字，自是隨俗不得，惟賢者裁度得中而已。朱門學者以家務叢集妨於學問爲憂，則夫子敎以"只此便是用功實地，每事看得道理，不容易放過。若起一脫去排遣之念，則理事却成兩截，讀書亦無用矣"。聊誦舊聞，以資參究，如何如何？

答閔士元

近日造德淺深不敢知，而愚兄坐獲導迪之譽，士元之賜多矣。此身一生虛名皆類此，自笑自笑。

答閔士元【壬子】

所示古人詩句，良足喟然。士元已作此語耶？孔子自言不知老之將至，聖人何故若此？吾輩何故不能若此？於此深體驗之，或可爲奮發俛孳之端耶？久疾去根固未易，千萬平心善攝，無忘別時語也。○“相逢猶故我，乍別遽新春。《中庸》五不措，願子且書紳。”昨年元朝，忽念君別時乞言甚懇，偶成此句，臨書輒忘之。一歲之間，又是故我矣，良可慨然。

答閔士元

近觀左右頗奮勵用力，非復前日苟安底氣象，中心喜幸，誠不可言。然此事至大，未可以時月責效。苟或毫忽放過，則此心已散漫無力矣，是不幾於撒手向前，行得數步而已者耶？甚可懼也。所示諸病，都是未熟之致，惟就此接續將去，熟後自然無此患耳。涉獵宿習已痼，非大段剗除，恐復如初矣。此間譜役纔完，時對書冊，稍有意味耳。《中庸》正文雖誦過，章句多遺忘，方欲收拾迤到，《或問》不知何日可能反復講確否？《四書解》，倩一二朋友檢過，多有警發處，果是石潭遺本否？

答閔士元【甲寅】

未見蘊積在中，旣見則不能宣其萬一。歸輒耿耿，益不可忘，書至眞是一般意思矣。自疚之言，哀懷安得不然？而亦不必乃爾。此事亦有天理、人欲之分，只當就幾微上猛省，斷斷以父母之心爲心，又深知聖人之言爲可畏而已。孟子論口腹心志大小處最痛切，亦可證嚮。如何如何？此身衰懦莫振，別來已兩月，而內顧殊無銖寸之得。向日相對云云，都是揀得好言語，如是而尙可謂志學乎？惶懼殆無以自容也。

答閔士元

昏議昨日大心自京還，已略聞之矣。愚於禮書，不曾深究細研，只是麤看得大體，此一事亦然，然蓋亦終始以爲不可行者。近得尤翁禮疑書讀之，益信其不悖於義理矣。今玆示諭，非不委曲詳悉，而猶不能渙然無疑，犁然有合，豈亦先入爲主而然耶！來示雖多端，而所引重不過《家禮》《冠》、《昏》異文及朱子答李繼善二條耳。《冠》、《昏》之可以通看，曾亦面論，而繼善事固可爲主昏者無服之證矣。至於母有服而行昏禮，則以母在未安、本領未正之語觀之，可知其不許矣。朱子旣言其未安未正矣，則《家禮》亦朱子自著，又何故故着主昏者三字，而沒却父母，以啓後人苟且用禮之弊耶？以此見之，父母之包在主昏中者可知矣。

左右於下段兩語，不曾着眼，只看得無嫌二字甚重，乃於禮律上演出註釋，極費說話。甚至區別於未與不之間，未與不字義固略殊，而言其違禮則一也，而扭捏傅會，有若眞見許於朱子者然。使朱子之意，眞箇如此，以孝子至哀之心處之，猶有所不忍，遲待服盡，終不落在第二義，况朱子之意未必然者耶？

凡人讀書，雖平心易氣，猶患義理之難見。今以有我之私，先着於胸中，而驅聖賢之言以從之，不惟誤却文義，其爲害可勝道哉？至如見婦一節，雖以來諭之詳，而卒不得其可通之說。夫禮者，理也，天理流行，無所括礙，有些不通，卽是非禮，非禮則苟而已矣，左右無苟求其必通也。尤翁之言固可信，而至於同春先生初喪行昏之憂，其爲後世慮患益深，玄石之論則蓋以人情事勢言之耳。方今世道日敗，喪紀大壞，以識者而處此之世，其將從彼乎？從此乎？愚者之惑，終不能自解。然亦恐有所偏着，第以籤紙留之。從容玩繹，或可以有得否？

答閔士元【乙卯】

示意縷縷備悉。向書至哀二字，誠恐傷孝子之心，而筆端不免突兀出來，思之悚然。哀示所謂外來意思者，其於朱書、《家禮正義》則固如此矣，而拙者之論，則終是此意思爲主耳。哀之必反求義理於朱書、《家禮》之間者，其意蓋亦有所不安矣。而旣於此見得變通之意愈益明白，則於心已無歉矣。以孝子之心而如此，則愚者之惑宜若可解，而猶不能焉，甚矣先入之難改也。仁知之見，旣各不同，字句之間，看得有淺深，無怪其愈多而愈不合也。然此事已有定筭，不若姑置之，以俟他日，窮格之端，亦豈但此事而已耶？何叔京書，前日所論不過卒乍見得如此，而其後更不曾入思。古人窮格之工，必不若是其疏闊，甚覺瞿然。此事終似暗中摸索，未易眞的，不知哀見得果如何。後便示及，使得以參互思量也。尹徵士瑞膺書中所問心說，亦願一聞高見。便人朝至立促，不能盡布。

答閔士元

一日見兩佳婦，此爲何等福力？大心還，細聞消息，何異身親見之？喜極而愴亦隨之，此際忽獲手問，慰釋如何？雨餘學履萬珍？此身纔過重九，悄悄坐對黃花，益覺有徂歲之感耳。大心誦傳兩句壁銘，而謂有偏於靜之病，其言良是。左右所砭警於賤軀者亦甚切，相勉而痛改之爲宜，如何如何？聞伯繩、君會諸人適來近地，而不赴見婦之會，順也先數日徑還，吾外氏敦睦之風衰矣，傷歎傷歎。賢輩亦宜自反而無相猶也。

答閔士元問目【丁巳】

牛溪先生壬辰不奔問，豈自以罪戾之蹤，不敢遽詣輦下耶？抑倉卒未發，而已値去邠，故遂不爲耶？其追及行在者，以梧陰作相，松江蒙宥，國論亦少變故耶？抑以寇已深而國將亡，有不可顧他耶？牛溪嘗以草野之臣自處，故其自重於進退者如此。而若退溪、栗谷諸賢進以科目間，隨例供職者，則雖有難進之端，於寇亂蒼黃之中則義當奔問耶？奔問而以職名相加，則亦不敢復引私義而受之不辭耶？抑有因難媒進之嫌而不可受耶？且沙溪先生於壬辰亂時，已有職名，而未嘗奔問耶？似記亂中出宰，而未詳矣。

愼齋當丙子之難，方爲何官，而亦不奔問耶？尤菴之從入南漢，以方爲大君師傅在京故耶？若無職名，則與士民同避難，亦無不可耶？春堂則其時避亂于安陰矣，如春堂之纔筮仕而不立朝者，則只避亂入峽，義無未安耶？程子以爲"呂公世臣也，不得不歸見上"，蓋呂氏於宋，世爲卿相，故程子之言如此也。世臣之義則又當別論，而春堂之於我朝，亦如呂公之於宋，則雖在微官，又當有別般道理耶？若於其時以春堂作宰於寇盜充斥之地，則雖直拜守令，在平時當力辭者，而際此則只得承命耶？士有所守，於國之存亡、身之死生，俱有不暇顧，而只當固守無變而已耶？平日寡陋，於前賢事蹟，多所未詳，而偶然有感於中，考書籍而又不備，不免覼縷仰稟。

牛溪先生壬辰去就之節，有不敢知者，然其時去邠倉卒，勢必不及聞而未及隨矣。始初不奔問，蓋以罪戾之蹤，未敢遽進，而其追及行在，則未必爲國論小變而然。雖是草野之臣，亦旣出而仕矣，官秩亦高矣，寇已深而國將亡，則其可逋伏山谷，不以自效於臣子之義耶？假令梧陰不作相，松江未蒙宥，其自處之義，恐不但已也。草野而猶如此，况如退、栗諸賢以科目進者耶？然此是臆料，大賢所爲，衆人固不能知也。

沙溪先生本由蔭仕，以常調自居。春、尤兩賢則丙、丁之間，只是一命之士，在朝則隨駕，在野則避亂，各自有義，非可與牛溪一律論也。至如愼齋，職是執義、監正，俶裝奔問，路阻而不得進，蓋其責少遜於牛溪，而視春、尤則有別矣。無論草野與科目進者，變亂之際，如以職名相加，則亦當量其力可堪而後受之，何暇論私義與微嫌也？使春堂在安陰山裏，直拜守宰，而所被命在於寇盜充斥之地，則將無可辭之義也。士有所守，固當固守無變云云，恐非知道之言。事變固難料，而君子出處，亦何常之有？只可隨時處義，卽其心之所安而已。知左右此言出於設難，然平日喜靜惡動，偏處未必不做病，吾言不得不如此也。牽率奉報，未暇細考書籍。如未當，更示之。

答閔士元【戊午】

書末更詢領悉。 閒職固與侍從有間， 而亦不可比於無官。平時雖有難進之義， 奔問是臣子常分， 亦何嫌乎弁髦素守耶？ 但恐路阻而不能進，如愼齋所遇也。

答閔士元

愼齋去朝丁丑，歷數縣，而臺職則不應命矣。然媾成後猶入都進慰，苟令無路阻之患，而臺除在奔問之際，則未必不隨分供職。時勢與處義，相隨而變，恐不可泥滯於一邊。君於此事，每若有懦縮之意，豈亦坐於偏處之未盡克耶？

答閔士元

此身忍見大心入地？ 又旋別其靈几，死生去留之際，其可忍耶？ 然而徒悲無益，不得不與一二同志相守者，重理舊業，秪覺死者之爲可哀耳。觀書養痾，要欲幷行，而終則養痾爲主，想左右亦不免此。吾輩各已衰晩，而做工夫若此，其有長進之望耶？ 極用憂懼。尊、心輩次第淪亡，運氣固亦不好，而爲善之心，決不可因此自沮，只當以一息未泯，不容少怠爲志。如何如何？病者情弱，念及死生，其能無絲毫動心否？ 於此亦可自試而知所用力耶？ 意有所觸，自不免覼縷，可相諒也。

答閔士元

大心病時言:“在山中一日涕泣終夕矣。”問何故, 對曰:“年來無他願, 但爲吾親得福地可葬, 爲吾兄得巖泉可居矣。今則巖泉幸叶心, 而福地茫然難期, 是殆吾誠孝素淺而然, 以是泣也。”又曰:“吾雖死, 願無廢玆亭也。”其言絶可悲, 其忍負諸? 方令兒子續成其志, 設令他日屋就, 老子婆娑其間, 亦有何樂耶? 兒子搜集其開創始末, 草出一冊子, 且意渠在山時, 必有與人酬唱者, 隨得添錄, 仍藏之新屋, 吾輩往來, 或有詩文之可傳者, 亦謄附其後, 足成山裏一故事。左右自往年已有偕隱之約, 今春有意一訪而不果矣, 於此可無一言以哀其志耶? 草本呈去, 幸從容覽過, 題其尾而還之也。似聞建亭時所役人丁頗衆, 而無一人怨者, 渠訃至之日, 村氓、寺僧莫不噓唏傷惜, 不知何以得此於人耶? 尤可悲也。

答閔士元【己未】

此行留仙峽數十日, 歸路迤過湖右, 初旬已還寓矣。山水果愜所聞, 上下數十里, 上則幽窅奇絶, 下則雄偉展拓, 中開一小野若雞子黃。大心置屋於其間, 又上而就龍湫傍作小亭, 占地高而衆妙具焉, 非大心力量, 誠未易辦此。然造物慳祕, 似若待大心而顯者, 此不偶然, 而又不肯與之以一二年清福，此何爲哉？日日疲於水石，湖、嶺若而士友有來者，而未有講誦之益。晦可亦有故晚至，留一日，相隨到松面而別。暇日一過陽山、法興兩寺，此外無歷覽處矣。

大心祥日奄近，歸哭其墓，慟盡如新。他日入山，章兄陳跡，又添一悲緒，奈何？今行不得與同雖可恨，而愼疾之道則得矣，秋後可能償此宿債否？爲君相宅，不無一二佳處，而終不若躬見。雖或得之，盡室之隱，豈易易耶？筋力未衰之前，欲逐歲往來，與我同此亦好矣，何必別營一區耶？

答閔士元【庚申】

老彭文字，常恐未出君手，今則好成一通矣。幽明兩幸，無論表誌，吾豈敢辭？惟見識不長，筆力益退，雖欲一償宿昔之志，而恐亦不易，奈何？第語其遺孤無相促迫也。時事憂惋何極？兒子得館職四日，有旨纔到，而已入於在外諸臣特遞之中，雖欲獻忠，勢固莫之及矣。然庭訓之嚴，不若朋友之善誘，此言良荷警策。但天下萬事，說時易做時難，所求於友、所求於子者，設以身處其地，終恐未能，此區區所深懼者耳。如何如何？江遊已約以一年一遭，再其易耶？

答閔士元問目【辛酉】

祖母大耋奄臨，子孫衆多，而其中外孫已多有服窮者。或以爲"古人於弔喪，用弔服加麻。今於祖先之喪，只用玄冠素帶，太無情意，宜用練布冠雙垂帶，略如緬禮時有服之親加麻之制，旣葬而除之。"又有難者曰"如此則子孫爲祖先便用加麻之制，是欲重而反輕，欲親而反疏，爲未安"云。此兩說何者爲得耶?

弔服加麻，本是朋友之服，非可施於祖先。其用於緬禮者，出於王、丘之論，亦非古也。今欲牽引，則近於役文，苟曰創行，則嫌於義起，俱未見其可也。

答閔士元

季父改葬，有故進定於明日，而時刻甚早，今方發往矣，所戒縷縷，良出憂念，豈不欲勉承?而旣已生在，何可廢人理耶?風日甚不佳，而毛帳諸具皆備，勿慮勿慮。以吾而畏風止此行，則其爲可憂，豈不倍於病耶?

答閔士元

所示樂正子春之戒，豈亦感於李敬菴之事耶!因一墜傷而欲廢跨馬，終恐行不得，況樂正之憂，生於下堂，而不生於跨馬者耶？ 人生不能無行動，無論大小遠近，出入惟存得一箇敬愼之心可也，如何如何？

答閔士元【壬戌】

淵令奄作土中人，閭內之葬又隔日，而都不得往見，人事可歎。所示孺子高風，爲之興慨，今人不及古人，何獨此一事耶？ 然此等事，只當斟量於輕重緩急之間而決之，事過無留於心裏。苟不如此，則又恐種種病痛，無益於已過，有害於方來也。如何如何？弔禮策之之義，似是扶策，此但論半拜貌樣，恐無難知者矣。以此行之於卑賤之流，豈有不可耶？ 近看何書？千萬加勉。

答閔士元

小紙領悉。人之汎看文字，非獨《史略》初卷爲然，尙相公之言儘好，而知其言之近道者，其言亦甚好。持以示此身者，亦可謂善砭矣。吾輩合幷固不易，時惠德音，豈非老年一幸耶？ 但區區未敢曉者，士元何人？ 非可用力於中、和工夫者耶？ 似此粗劣之言，且不當出於賢者之口也，切勿更爲之也。尹哀一復，向有書速其墓文矣，今則雖未暇論，而以曾前促君狀草之意推之，豈容終負勤託？ 自聞春間傳說以來，往者爲彭友之心索然欲盡，其將奈何？ 又恐添却說話，仍闕其復，見時從容爲道此意，如何？

答閔士元

夜便始聞來稅，必當門發喪矣，此何事也？ 此何理也？ 痛哭痛哭。 相望咫尺，不卽抱持大慟，此身尙可謂生在世間耶？ 卽今後死之憂，都集於君與孤兒身上，君須自寬强食而後，方可令穉弱全活，千萬深念也。 襲斂諸具，惟待京便，成服早晩，只可隨勢爲之，而客地凡百至艱，勢如可爲，則雖成服後卽發，亦可也。

擔軍一節，不可不汲汲定計，而但恐無價矣。 雖用京契，勢必前期分付，若鄕軍則尤當豫有所區畫。至於轝子服色之屬，勿論擔夫之用京用鄕，必須早爲下來，無曰此是成服後始可爲之事也。自此奉柩離發日子，度量彼此事勢，爲先擇定，【此則無拘忌，但可隨事勢。】而後方可措置也。 鄕軍不必煩乞縣府，此鄕則吾家墓奴可盡發，鄕中士友亦或家出一壯丁，而無者不必强。設令擔夫可得，其能調遣迎護者，未必有其人。

此處則吾雖不躬往，猶可臥而指揮，而彼邊則恐無可恃者矣。行喪時，勿論一日二日，路上祭具糧資，皆當預爲準備。 成服後先爲送歸兼也於本家而定計後，彼處所當行之事，詳細錄出以授之。君則成服後留此之日，從容來見我，與議凡百，兼歸時亦令過我，使知病時說話也。未病前數日，得成兩日之穩，而猶有餘懷之未攄者。坐待臘月之約，而亦嫌其遲，孰謂奄成千古長訣耶？吾之身後百事，都望於逝者，今則已矣，使我反爲此送𣩵之憂耶？君則不知家內百事，坐聽賢兄，可謂一生安閒，而卒然當此變故，此後群責，專萃一身，將何以堪之？先爲寬心耐事，無爲其所撓傷也。銘旌書以臺銜，團領既無曾着者，則不必新造也。

答閔士元

承重服，可以造成以待，而所示墓前受服，只是臆見。以禮意言之，體莫嚴於廟，而邱墓爲輕，受服爲何等大節，而其可舍重而取輕耶？愚意則如此，而士友之爲我代書者難之曰："既葬後奔喪者先之墓哭拜，禮也。以此旁照，則墓前受服，亦或可爲歟！"吾應之曰："奔喪與代服，體段自殊，不當牽合，況先之墓者，只哭拜而已。成服則在於歸家後，恐不足爲證。欲用此義，則先哭拜於墓前，歸而成服爲當矣。"試取《備要》所載奔喪條，尋觀義理，以決兩說之得失如何。至於受服之布生練與否，此既是代父而終其喪者，以並通三年之文觀之，只當一以練後之制處之。然則首絰一段，亦無可問也。到家日卽爲受服之說最是，不必待殷奠與上食，焚香口告祝，皆當爲之也。

答閔士元

昨復夜至，如更見面。生者雖別，猶得相見，奈死者何？悲哉悲哉！君歸時偶然目將，牛性之馴不可知，而坐者牽者，俱極迂闊，果然有墜傷之厄矣。君自以善墜落者爲稱，此非好事，勿論馬牛，試思其墜落時氣象意味如何。君之於學問，蓋多類此，故每出輒如此，豈天所以竦動之耶！幸因此發憤，痛埽從前退懦之習，隨地用力，使身心無頃刻不安固之時，則自然絶此患矣。此雖細事，亦可以自驗其學力，毋以爲迂也。

與閔士元

楊誠齋嘗請教於張魏公，魏公曰："元符貴人腰金拖紫者，何限？而惟鄒志完、陳瑩中姓名與日月爭光。"誠齋得此言，終身以名節自勵，出《鶴林玉露》。往日洪純甫之過我也，偶觀此書，拈出以示於臨歸之時，渠則默然矣。昨日講《近思錄》《出處》，至其論隨之六二弗兼與之象，歎曰："恨不使純甫見之。"吾之惓惓於此君猶如此，無亦所謂多事者耶？渠雖誤入，旣是至親，無相絶之義，來而與見，則有書而不答，亦恐不成道理，不可每每如此。過喪次時所留書，近欲作謝，而臨紙易攙及此語，是又不免爲失言之歸耶！旣有此意思，對則銜口而發，書則信手而書，固自知少含蓄之爲病矣，幸思其可否而回示之也。

君於百事，謙字意太過，家事、時事都欲歸之於不知，以是與令伯所嘗商量者，未必一一及於君。間間往復，只是經義之屬，而此亦是謙讓未遑底氣象，每覺少味。今則令伯亡矣，誰可與語者？此後事無巨細，當爲之質問，君亦殫慮以對，補其不逮爲望。此亦學者窮格之一端也。

與閔士元

聞孤兒神形已澌脫，病作之後，則悔亦難追，相其形勢緩急，急則雖於未葬前專用肉，亦不傷於義理也，君亦先宜自謀。來此時不能不勉聽吾言，則歸彼後繼用傍盤之規，臨葬還復伸情爲可。今日之事，無有大於此者，切願相勉也。此中調發人夫，合親舊家所起送者，可成一牌矣。君之連書提囑之語，意則美矣，而終是做事不得。若過爲軫念其病故與寒苦，則孰肯曰無病也不寒也？然則欲得一箇擔夫，恐亦不可得也。吾嘗自病其過於慈恕，而君之此事，其亦太過矣。

宋友本有迎燔之意，而慨然領諾於吾之一言，甚非易事，然此特護喪出境而已，切勿以統率責之，惟一聽其所爲也。彼或苦之，於吾不安，此意不可不知也。墜落之欲歸於運氣，豈亦自恕之過，而不免爲怨天尤人之歸耶！無甚妄動，宜更自愼，而身心安固，無頃刻之間斷，君亦可能自保否？

朱子論《中庸》首章，以戒愼恐懼，比之於平地不放轡，而愼獨則如登危涉水，把捉轡益緊。以此語驗之，可知君專不用力於中、和工夫也，是豈運氣之所使然者哉?【《朱子語類》中此語一段，後日細檢也。】察病加藥，最爲學者急務，悼前懦而就新猛，深所望於君者。日前君之弟子自湖鄉過我請言，贈以當仁二字矣。因語端轉展及此，而論學則非時，不敢畢其說也。作書事所示宛轉圓好，姑守失言之戒，而終亦不失其矜愍救拔之本意，當依此爲之也。汝剛立後，尙覬其至誠感回，而京便昨還，偏滯之見依舊，絶嗣之外，無可爲者，奈何奈何?

答閔士元問目

> 葬前如有欲致奠之人，只當如例受之耶? 今日葬前凡事，一以喪中禮處之，饌用素食，器用素件，則平日居喪，未嘗御非時別饌矣。致奠諸品，雖用素饌，亦係非時別饌，則其在象生之道，無乃未安耶?

葬前凡事，旣一以喪中禮處之，則致奠不行，恐合於象生之義也。

> 吾家舊例皆用挽章，而自經辛丑之禍，可請處旣不多，且用兵荒殺禮之義，不復請挽於人矣。今日則平生所蘊，百不一試，親戚故舊，亦有深知而痛惜之者。而苟主家不請，則未必有作，竊欲揀擇此等親舊而請之。然

> 今日此等人，又豈能多耶？且平日執謙，不敢當人盛稱，亦不敢爲此，以體遺意。敢此拜稟。

請挽，恐亦非時，且違遺意，不必趁葬前爲之。惟於親友中所欲請之處，略致此意，使之從容追挽，似爲穩當。如何如何？

答閔士元【癸亥】

愚嘗謂三年內新山墓祭之用三獻爲過重，蓋三年內惟虞、卒哭、大·小祥爲備禮之大祭，墓祀則本來體輕，宜不得比侔於虞、卒諸祭。苟以墓祭爲可備禮，必別自有祝，而從古無之，爲三獻者，似用墓祭常時之祝，而常時所用，用於喪中，豈不泛然乎？且先世則俱殺禮一獻，而此獨備禮，亦涉未安，故愚於丁憂時以一獻行之。令伯氏在時，亦嘗累論之，終則以愚言爲是，而但云此禮實從懷鄉二先生出來，有難輕改矣。偶得《栗谷別集》所載《松江日錄》，有曰栗谷則以一獻爲是，以此錄示，則云當如教。而其後所報行祀之節，略在往復書中，日久不記其語。然愚意則墓祭與几筵不同，安可無降神、辭神等節耶？只當如先墓殺禮之儀也。大祥則承重喪人脫衰而着白衣、白笠，祭畢還着衰服，諸父則依例變服，更有何疑？嫡孫旣不行禫，則諸父只當於當禫之日，設位哭除。尤菴亦云或丁或亥，愚意以吉事先近日之義推之，初丁亦無不可。

與閔士元

吾病比前姑無大段進退，而閉門深臥，一任園花之開落。向來不病之時，尋壑經邱，殆無虛日，視作尋常，而到今方知爲難得之好事也。儒賢去就，想亦入耳，不知以爲如何。臨歸八條之陳，其能善收拾否？

與閔士元

此身食則恃乳，行則仗人，所望惟全得赤子心爾。一味放惰，百事都不如前，立德言厲之節，不可得以復爲耶？

與閔士元

聖瑞詩文果紆餘，且善說情事矣。其姪應教君言事被譴，柑山草堂，士會歸後又得好主人矣。其疏固不能盡分，而亦可謂不墜乃家風，可喜可喜。其論士會事雖沒本領，乃以相國誠忠，十世可宥爲言，猶賢於年來藉重明陵之套矣。但上教每以耽、原兩謫對擧，而至謂原謫寬處之故，渠敢放恣，原謫宥還，恐不易矣。被斥之相，出東門外，纔差瀋陽問安使，非久必還入矣。

答閔士元

又逢新朔，連値喪餘，如見君情事。吾病極意調息，有退無進，而講業則全廢，愧懼亦復奈何？二十前頭童，三十後齒落，以此孱質，所得亦已過矣，何論百千？然且一聽於天，非可容喜惡之私耳。文字，從容修潤爲好。時享替行，君家已成家法，今無可疑，而吾則必欲見可據之文而後行之，用是爲悶。士會書中以君輩無不參祀之義爲言，吾則答以心所未安，亦何必强之矣。然而若因此廢祭，則亦可歎也。

令子數日在傍，頗有所裨益，與木也同事，不獨爲資其所長。戚屬寖遠寖疎，欲於吾輩在時，令渠情意相湊泊耳。但事故多端，恐不能久留，然亦豈無他日耶？士先相見，但勸以勤做科工，以前言無效故也。

答閔士元

喪餘又迫，痛慕無涯。病來忌祀，惟當日不肉矣，然縷縷憂念之言懇切至此，當食如覺有難意，敢不如示。士會又勸以攝祭，如是愼護，或可免添加，而尙謂生世人事耶？或傳聲台罷官好歸，黃驪是何等地力，而能容得辭樞密兩人耶？苟或仍作先病後瘳之人，其幸何可言也？君亦乘此好地運，自期以當仁事業，不負士友之望也。從前不肯着實用力，是亦先病者流，毋作艴然之色也。士會所謂《肉談和章》已到，是則弟未必一一愚於兄耶？然能事不須相促，意到可爲之也。

答閔士元

和章，詠歎無已。語非不好，而得無少頂鍼意思否？向熟新稻，不知爲幾頃，而似有得意氣味，書生眼孔，良堪一笑。君實兄三字，倩人讀過，有不可曉。徧念諸從中表德，終無似此者，吾固鈍甚，而君之使事亦云迂闊。君實之爲君實，豈一時辭職一事而已耶？況同鄕兩君實，俱以此爲號，則恐亦難辨。好笑好笑。

答閔士元

參苓散所用，猶是作膏之餘，瓊玉無論崔、尹，皆以爲當劑，試之亦無小害，益可信也。晦可慨恨，蓋有由焉。昔年尤翁老年，長服此膏，懷鄕後生自爾慣熟，乃以當時之待尤翁者爲此漢望之於今世，一何迂也？新稻之說，好發一笑，豈亦剖破藩籬之一端耶？君所稱君實兄者，依然是向來桎梏之身，何能擺脫得？君言恨不少訒其出也。

答閔士元

令甥家疑禮，前所告雖一日之頃，獨非父在乎一語，已盡之，更有何言？諸說繁多，未易領會，而父喪中承重之禮，非可以倫擬於此事。況此則是父在而母喪，所引父卒則爲母一節，無論其本意得失，又何曾襯貼也？五服之制雖未成，而五服之體則已立云者，義理精當。初則父在而爲主，今若以父亡而遽變其制，以直伸其私情，則惡在其事死如事生之義也？孝子仁人之處此，其必有不忍者矣，更以此語之也。

答閔士元

新除，已爲君慮之矣。兄弟南臺，世所稀有，非不榮也，而懼亦隨之。多少所示領悉，尤菴之於遂翁，行藏同道，故以其所先經歷者，指導於後進，爲之代疏，卽其一事。吾之所經歷而慣熟者，翰苑三司間章疏，使君得一第而爲是職，則不待來示而吾當爲之，何不諒此道理也？儒賢出處，雖不宜妄干，而疏成之後，如蒙投示，則隨見批論，不敢辭也。

　　士會所謂下策，吾思得以爲謙讓之辭，卽君所長，陳於上端，而引親嫌於下，不勞而遞，此爲妙計矣。君之不肯爲此者，儘有意見，非老蔭與文宰之所可及也。上策，恐不免過於分數，若欲論此事，則以言官自處而言事可也，於伯氏事，恐無事於伸辨也。中策猶可耶！病狀，堂下不得爲者例也，不疏而狀，尤於分義不安矣。松坡卽是廣地，往來何害？雖下諭到，陳疏不必汲汲，旬前後俱無不可，其間豈無往復消詳之路耶？士會書中諭旨祇受，儀注頗詳，而但欠團領一節，吾亦於火災之後不復具公服，鄉里無借處，不得已以直領代行，每覺未安。君則能不如此否？

答閔士元

向日士會所畫上策，吾意則先伯氏其時所遭雖極駭怖，既蒙聖明臨燭而覆庇之，卒得無事，在子弟似無可以伸辨之端。若欲以先兄所欲爲者，遵其意而爲之，則此爲言事而恐亦未易言，此則前書中意也。春翁已例雖如此，古今事勢與自己力量之不敢妄擬，胡不思量而有云云耶？病狀卽所謂病重上去不得事之謂，而規式蓋如循例所志矣。然自先朝已有定式，堂下官不得陳病狀，明有禁令，惟嘉善以上爲之。此則雖有尤菴已例，亦無可論。士會所謂中策，前書已云，猶可爲之。然此亦合存商量，如欲爲此，則從己意構成一通以示也。見此後方可點化，而其不當代草之實，亦悉於前幅矣。有事可議，則何嫌煩絮？吾亦隨所見答去，元非難事耳。

答閔士元

未發云云，愚云非以衆人爲元無未發時節，衆人之心，不昏昧，則必散亂，未易有此時節，而或有之，則卽此境界，便與聖人不異。左右則於與聖人不異一段，不能信得及，必欲以昏昧爲衆人之未發，此所以累言而終不合也。子思所說中、和，只是說道理名色地頭，而無聖人衆人之別，到得下面致字，方見聖人能之而衆人則不能也。若論未發境界，則豈有彼此之殊？惟聖人則湛然虛靜，光明洞澈，所以喚做得未發，衆人之無未發時節，正坐此昏昧耳。

今乃以昏昧爲未發者，何也？若以昏昧對放逸而言，則淵天淪飛之間，似略有動靜之分，而其爲本心散亂則一，宜其同歸於動，而不可謂之靜也。謂之靜，猶不可，況未發二字，十分精微處耶？所謂未發者，卽氣未用事，寂然不動時節，而昏昧則昏濁之氣紛擾發作，思無善不善，都喚不起，卽此境界而便喚做未發，則其爲汙却未發名目者，何如哉？

呂子約以未有見聞爲未發處，朱子責之曰："只是一種神識昏昧人，睡未足時，被人驚覺，頃刻之間，不識四到時節，有此氣象。"左右之論，無或近於是否？願取其全書，反復尋繹於此，而不能開惑，則亦無如之何矣。《語類》依示檢看，則此與答胡廣仲書相合，蓋南軒之意，以未發之中，固衆人之常性，而衆人則無未發，惟聖人能寂然不動。退翁《節要》註必謂云云，雖出揣度，亦不可謂不中矣。"寂然不動，衆人皆有是心"一段，正與"性靜者，須或有此時節”, 同一意脉。“惟未發時已自汨亂”云者, 極有語病。既曰汨亂, 則已是已發後病, 豈可喚做未發時耶? 恐是記錄者之誤, 毋於此泥看也。

向來一場說話, 都是公說義理, 豈有先達後進之可論? 以是自咎恐過矣。然其間辭氣或近於叫呶不平, 則此當交相爲戒。昨日偶講“君子無所爭”一章, 數三玩誦, 便覺心和氣平, 天下無忿爭事矣。大抵吾輩所論, 正是根本田地, 一於此有差, 其害至深, 不可不瀾漫消詳, 終於歸一。幸須濯舊而來新, 千萬千萬。朱書欲於春後看閱矣, 來冊特留之, 可得參攷, 其何幸也? 日書中《謝扇詩》, 好發一笑。吾近爲扇謝君曰: “敢恨微躬棄, 還憂細行疏。從今一敬字, 造次必斯於。” 如何如何?

答閔士元【甲子】

副本精當無可議。上面書以新除授, 下段只書官名似好。君雖遜而不居, 親知間書面官稱, 可能一一辭避耶? 於此既不能, 則不必獨於上前過爲外面之讓, 如何如何? 賤臣去就, 固不敢自重, 而意謂輔養官之勉承, 實爲無義, 而今番賓客, 則進而有講讀之事, 猶可以自效於一日之責。况當分外誤恩, 若又牢辭, 則恐不免坐要恩數之歸。故卽於初疏, 以前頭一進承命之意爲對, 實情蓋如此, 非姑爲慢辭也。然而疏語亦曰“行步可以升降殿陛, 言語可以參涉講說”云爾。

既以此爲期，則目下筋力，姑無可論，此豈能以時月期也哉？不獨病勢如此，朝象亦當入於商量前却之中矣。誠恐一朝溘然，不能少酬延頸之誠，以塞前愆也。來示恐亦未悉鄙意，因問而及之。

與閔士元

兩宋先生後先之論，業知高意之異於鄙見矣。今聞士行輩得君書，藉重而增氣，以致一隊士流咸懷不平。向來風瀾，幾息而復作，洛下辭說甚紛紜，水濟水而火濟火，恐非得計。君何不思之甚也？見原書而後方可細論其得失，幸於近便謄示一通，如何？

與閔士元

學宮紛紜，前書所報外更有聞否？士行見時責其所以招謗者，則以爲"盛敎旣以先後之際，有心無心，可斷其罪之有無，則姪等之有心，有罪，何由知之？"吾答以"疏事吾未知，而君輩得士元書，喜而播傳，以此未敢保其無心也"。日昨一士友過訪論此事，以爲"同春後孫之未能無私心於後先之間者，觀於士元書可知"。由是言之，君書之於晦可輩，非徒無益，而又害之。今則果知其可悔否？參差之歸於瀾漫，苟如前言則幸也。此意緣忙未悉於昨復，追及之。

與閔士元

碑文成後，雖自謂用吾誠，而技止此耳，不知使汝剛復起，以爲如何也。所幸惟君輩無異議矣。近間以草本兩件，送質於渼相及樓江鄭友，以爲一弦一韋，交相取益之地矣。渼答姑不至，而見兒子時以爲"栗翁《經筵日記》，輕易播傳於百年後者，猶爲諸老先生之所憂歎，況事關當宁？而私碑異於野史，今日遽及於顯刻，恐爲未安。"蓋以忠逆混世道喪六字爲太夬矣，然此則本色固應如此。而如聖瑞之高論，其慮患之言亦如此，不知君輩所見如何也。

鄭書呈覽。"蓋以他人之言觀之，則此文似不至骫骳，然過猶不及，聖訓誠圓好矣。近覺善惡二字之義稍分明，不偏不倚無過不及之中爲善，過與不及爲惡。此文句語之間，或有不能致愼於前今至尊之地，則便是過而爲惡。君輩須更加審察，其中大碍人眼處，改之以如此則好"云云也。上所指六字，愚見決不可改，而渼又言變亂二字當改，此又如何？改之則當用何語耶？用鄭言所改處，別紙錄去，亦望就此示可否？而此外可教者，毋泛而細示之爲望。

答閔士元【乙丑】

沂川院儒呈單，自言請都有司於君而得快諾，要成送講規，故已許副矣。但以君之平昔氣象規模，似不肯擔荷，而此事實非始望所到，豈學力有以致然耶！願堅持此心，爲一鄕倡。此後雖未易逐月長赴，無故時則勿憚來往之勞，俾克有終。如何如何？

答閔士元

似聞沂院艱辛聚會，將成講事，君書之來，一齊退步。向者願得參聞，固非君本色，已慮之，而不圖而又害之也。當此時節，旣不得毁冠裂裳，又未能叫閽獻諫，此固有識之所共憂歎者也。未知君果於前頭禁切子弟，使不廁於科儒之列耶？旣不能然，而但欲絶迹於鄕人會講之坐，誠不知爲何說也。今日士風，無論京外，大都委靡不振，講事雖或有成，難責實效，而時勢惟如此也，故尤當倡勸經學，以爲培養之圖。愚意則如是，無亦迂甚而不足信歟？旣有懷，因書漫及之。

陶菴集

卷十七

書

書

答愼可象【爾儀○乙卯】

去路迂訪，荷意殊勤，又承惠牘，喜聞歸侍之後，學履萬勝。世記衰疾侵尋，忽復歲窮，朝聞之願，非不切矣，而精力不逮，分寸無進，惟拊心嗟惋而已。今之學者多患爲事所奪，問之則曰貧窶也，曰科擧也。此非事累心，乃心累事也。貧窶則有處貧窶底道理，科擧則有應科擧底道理，事事皆求合理，卽此是學。然而其要都在窮理，而窮理之本，又在於居敬也。自念於大谷先生平昔嚮仰實深，故所望於賢子弟者甚厚，而未見有奮發淬礪之志，因循過了，居然無聞時節，豈不深可惜也？自今慨然以學問自任，毋令家庭緖業歸於墜廢，則其在親友，亦與有榮矣，如何如何？
○澹臺所以見取於偃也，以其不至其室，此亦居鄕者所當知也。

答愼可象問目

王近思問：“顏子在陋巷，顏路甘旨有闕，則人子不能無憂。” 朱子曰: “此重則彼輕, 無方法無意思。” 所謂此重者, 其樂之樂, 而所謂彼輕者, 甘旨之憂耶? 然則甘旨之憂, 其果人子可輕之物事乎? 無方法無意思云者, 無可如何之意耶?

近思之問, 蓋恐甘旨之憂, 有妨於其樂。故朱子答之以“此重則彼自輕, 所以處之者, 別無方法, 別無意思”云爾, 亦非以甘旨爲輕也。義理之心重, 則雖於憂之大者, 亦不因是而撓奪也。如此解看, 語意自明。

《大學》“人之視己, 如見其肺肝然”一句, 牛溪則看作小人之肺肝, 栗谷則看作自己之肺肝, 兩說何從?

從前讀過, 亦認爲看得小人之肺肝矣。栗谷之說嘗聞之, 未敢從。

《孟子》道性善章, 陳潛室以爲“論性不論氣, 孟子之說未備”。蓋理墮於形氣中之謂性, 孟子旣擧性字, 則恐不可謂不論氣說未備也。 且“道性善稱堯、舜”集註曰“衆人汩於私慾而失之”, 胡雲峰乃曰: “集註言物慾, 不言氣質。”所謂物慾者, 非氣質而何? 本文及集註, 雖不露出一氣字, 而實在於不言之中, 如此看破如何?

旣喚做性, 則固已墮在形氣中矣。然孟子道性善, 則直就氣質上剔出本然之善來, 故集註釋性字曰“人所稟於天以生之理也”,其義極明白。論性不論氣不備, 非潛室之言, 實程子說矣。至於“集註言物慾不言氣質”云云, 雲峰之說未可曉,來示大意似然，而猶欠詳盡。

明道云："善固性也，惡亦不可不謂之性。" 按善是未發時無不善之謂也，而惡則已發處帶氣質，宜若下情字，而曰性何耶？至於陳氏以"不然則惡從何處生"，發明惡不可不謂之性之義，而語句似太重，恐或歸於揚子善惡混之見，如何？

明道"惡亦不可不謂之性"，專就氣質說，其下面"淸濁雖不同，不可以濁者不謂水也"一段，語意自分曉。陳氏之說"不論氣質，則惡從何處"云者，未見其有病。

《孟子》"生之謂性"註，"以理言之，則仁義禮智之稟，豈物之所得以全哉"，是物不得全稟四者之謂耶？物亦稟四者而不能全之之謂耶？又曰："仁義禮智之粹然者，人與物異也" 此粹然二字，當以稟時分數看耶？抑以發處明暗看耶？

註說一句，此江門一大關棙也。鄙見則理只是一箇理，賦與之際，豈有碎作四片，各付一物之理？物之所以不能全者，特坐其氣質之昏塞耳。惟其不能全也，故粹然者，物與人異也。

《孟子》"仁天爵也"註，"仁者天地生物之心，得之最先"，蓋歷數五常，則仁固先之，而若論成形理賦之時，則五常之具於性中者，似不容言其先後之得。

天地生物之心，不過曰仁，人必得天地生物之心而乃生，故曰仁得之最先。

與愼可象【壬戌】

洪弟歸路，得與相見否？“何昔日之芳草兮，今直爲此蕭艾也”，每誦斯語，爲之傷歎。吾輩恐亦不能無罪也，奈何奈何？日昨過此，彼此俱無言，還覺省事，從今不相爲謀矣。然而救拔之力，猶不能無望於賢友也。

答愼君叙【守彛○癸亥】

夏序又將深矣，戀想如注，忽辱惠復，如奉顔範，殊不知山河之爲遙。風旱非常，日來靜履增福？服人宿病倍劇，殆類再中，床席運動，亦須人扶，雖有朝聞之願，而恐莫之遂也。然一息未泯，此志不容少懈，中途每顧問愼某來否。誠如別時所敎，不知果行得幾許里否？欲以此奉扣，而書不如面，不能細及矣。尊則不自憂，而爲朋友憂耶。世衰道微，朴實頭可能擔荷得去者，終不易多得，此則鄙人不能善導之罪也。承此俯詢，實切惶愧。兩詩詠歎，愈覺有味。便人立促，未得攀和，悵恨何已？只望以時加愛。

答申大雲【嵓】問目【甲子】

舅於婦喪，旣非異宮，則當爲主，而《喪服小記》曰："虞、卒哭則夫若子主之，祔則舅主之。"然則題主書以亡婦，而祭則祝以亡室耶？或稱舅使子某告于亡婦耶？舅若夫，於虞、卒有故不參，又無他夫族之攝祭者，而行其祀於本家，則祝以父告于亡女耶？

凡喪父在父爲主，則子婦之喪，舅當主之。《小記》所云"夫若子主之"者，非謂主喪也，祭時爲主也。題主，以主喪者屬稱稱之，當書以亡子婦。祭則夫若子恩重服重，可使伸情，故舅使子若孫以主之。然主喪者旣是舅，則祝云"舅使子某告于子婦"云云，恐無疑，其子何可遽稱以亡室而告之耶？夫黨旣有人，則雖不與祭，而行祀於本家，以父告亡女爲祝者，大不可，禮所以遠嫌也。有夫黨當主之人，以有故未參，遽以本宗親爲主人，豈有是理？父告亡女云者，可用於夫黨無依泊處，不得已而歸附本宗，然後方可議此，且子之妻，當稱以亡子婦，所示亡婦云者，恐不成說。

與羅心甫【烱奎○乙丑】

別後一未聞音信，不知幾日到家，楊友分路於何地？忽已秋屆，中間苦霖酷熱，人所不堪，深喜君行之先於此際也。歸後凡百如何？新齋亦已揭扁，而同事者幾人？所望眞實下工，毋令拙筆歸於墻壁之飾也。此間症患，視別時稍勝，《大學》已溫習一遍。朋友聚散苦無常，惟李君元甫相守不去耳。一絶別日所詠而不及相贈，草此寄情。

答羅心甫問目

“水火金木土”云云。

一行各具五行，卽康節之說也，是則有是理。然初學當就一行上各求其理，至於瀾漫通透，則一行之各具五行，自當次第了然，緩急先後之序，蓋如此矣。

“參知而後動，可驗而後言”，楊生應秀謂：“親承先生旨訣，云‘女子不可輕動，必待有人相參而知之然後動；不可輕言，必待他人同證而可驗然後言，皆所以遠嫌之道也’。”如何？

楊君所言，果鄙人之見也。

“先妣之嗣”，先妣似指子之母而言，其母雖生存，亦謂之先妣乎？

尤菴以爲“先妣通指其父之母以上諸妣而言”，故其父雖有母生存，亦可用此句矣。

“長者擧未釂，少者不敢飮”，註曰“長者飮盡而後飮”，然則長者、少者有各觶耶?

古禮長者、少者一時各擧觶，非如今世賓主酬酢之禮。

答羅心甫問目【丙寅】

《心經》首章，退溪曰:“人心、道心，皆就已發處言，故精一、執中，皆因其發處加工，未說到靜時工夫。”斯言果攧撲不破者乎? 若然則此實萬世心學之淵源，而猶有體用之未備，何也?

人心、道心之皆就發處說，實爲攧撲不破之論。苟就用上看了，體則自在其中，何謂體用之未備耶? 聖賢說話，多是動處，惟《中庸》“喜怒哀樂未發”一句，說到靜之極處。自有子思此語以來，學者於論心處，輒疑其言用而不言體，殊不知體用一源之義而然也。古人用工，亦多在用上，而語其歸宿處則體也。如《大學》正心章，但說心之用而去其四有則心體自正者，可見矣。

坤之六二章，附註首條程子之言，首尾之間，文理似不相續，何也?

程子之說，“穿鑿繫累”以下自爲一段，而讀者多附會本章而爲說，近於穿鑿，賢亦不免是病矣。大抵此書附註，非如經傳註說之逐句解釋。以此章言之，程子說固有敬直義方一段語，而他餘說則不相襯貼，而亦不删節，《易》令人眩轉，此不可不知也。

正心章附註第五條，問者之意在於誠意，而龜山以正心爲言，何也？

以工夫言，則誠意居正心之先；以收功處言，則心正而意誠自包在其中。故朱子之言，往往有"心正意誠"云云。且或人之問，專爲平天下而發，則以正心爲平天下之本，蓋取其重處而言也。

"舍去"、"達去"二去字，是何義？"達"何爲"朝聞道"；"舍"何爲"夕死"？

去字看作語助是矣。"達"謂明死生之理，故屬之"朝聞"，"舍"則直是捨命不慴之意，故屬之"夕死"矣。

"中者，不偏不倚"，尤菴先生答人問曰："夫人之心當未發也，寂然而已，及其應物，則或偏於怒，或偏於喜。"下教則以爲未發時下喜怒哀樂字不得，似與尤菴之旨，有所逕庭。

尤翁之說，蓋以或人以偏字看作偏側不正之意，故以偏者專主一事之意明之，故其說如此。愚所謂"未發時喜怒哀樂下不得"云者，卽尤菴寂然而已意思，未見逕庭也。

未發之中，似是君子之用工者，而下教以爲"此只是狀性之體，不可以用工言"，然則用工在於何處耶？

未發、已發，卽指地頭而言，其用功處則在於下文一致字。

“修道之教，亦在其中”。
上文天命之性、率性之道、修道之敎這三句，是此章綱領。而天命之性、率性之道，則於中和二字，已盡說破，修道之敎，無所着落。故註中復此提起，蓋曰“能盡中和之道，則修道之敎，又將由我而立”云矣。

答金子昂【厚顒○甲子】

別後絶不聞消息，秋事慘慄，懷戀益甚，意外得去月書，爲慰如何？但聞讀書未能着實，何爲而然也？白浦奇勝，聞來爽神，地得其人，尤可喜也。承有更來意，而窮人事，恐亦不易。不能來此，則數訪楊友，恐爲得計，如何如何？壯節之後，脫略世事，放浪物外，亦是奇事。楓嶽歸路，辛勤訪我，此亦虛名欺人而然也。豈有可以侔天下之大觀者哉？還自一笑。

答安達卿【衢○丙辰】

衡老諸人次第告歸，守歲者若而人，益思左右而不可見。所示疚歎之懷，眞是一般矣。人情不知惜日，到得歲除之時，方略知其可惜矣。此歲雖除，尙有來歲之可追，苟到得眞箇臘月三十日，雖悔何及？頃日讀《孟子集註》“人心不死”一段，相對嗟惋矣。求其所以不死者，則不外乎“憂勤惕厲”四字，苟存得此箇意思，無須臾間斷，則生而非幸免，死而可無愧。此吾輩所當交勉，斃而後已者。如何？感左右請益之勤，傾倒及此，千萬惟迓新益新也。

答安達卿問目【辛酉】

虞、卒、祥、禫，炙盤並進於設饌之時，時祭則每獻各進，其義何歟？

虞、卒、祥、禫，雖漸殺而向吉，猶有哀遽之義，不可一如純吉之祭而然耶。

《備要》云“祔葬先墓則告于祖先，合葬則又告先葬之位，新卜者在祖墓傍，當先告于祖墓”，而旣非合窆，則不必告於父墓耶？

告先塋之禮，固當用於祖墓，而於父墳亦當以“新喪某日窆於某所，合祔則姑待吉年”之意，告之爲得。

贈玄纁，《家禮》及《備要》俱無盥手之文，而世俗皆盥之，未知何據也？

贈玄纁時盥手，世俗例多行之。或云“《喪禮備要》別本有之”

云，未知信否。【是書有新舊本】

卒哭日若值祖父母忌日，則既經葬虞，似不可廢祭，使輕服者略行一獻無妨耶？

鄙人居憂時，卒哭日適與祖妣忌相値，先過卒哭而後，以一獻行事矣。未知於義果無害否。

答安遠卿

所示縷縷良荷。“《中庸》義理極精微，而其實不外乎日用彝倫”云云，可謂切至矣。至於更讀《小學》，尤得反本務實之意，以此爲根基，而又熟讀《近思》、四子，使居敬、窮理、實踐三者交相養而互相發，猛下工夫，方可以成德矣。《廣敬身》篇末，以程子“非先傳近小而後不敎以遠大”一語結之者，此意可見也。如何如何？

答安遠卿【丙寅】

相別一望，何異三春？卽承耑告，以審歸後安信，慰滿多矣。此中病狀如昨，庭梅爛開，而畏風不得出，沒興奈何？士洙之來已數日，而昨夕季達又至，方欲對商《中庸》。此間不可無君，何日能來？聞按伏得一欲字，他日可驗淸明高遠氣象，良喜。

答沈季文【重周○戊申】

承大讀《或問》，別紙累條，亦有以遠認憤悱之意，慰喜何量？病昏方劇，未能細討，早晚追報，或面悉矣。《或問》初看似浩汗，而讀漸多，段落極分明，血脉自貫通，試以章句爲綱，參互熟玩，方識此意味矣。勿忙勿慢，旋旋用工，惟以存心讀書爲一事，朱門旨訣，亦不越乎此矣。如何如何？

與沈季文【乙丑】

伏承令女壻朴君奄忽夭折，向書雖報以臥疾，意謂年少人一時所感，不足深慮，何意遽至於斯耶？遠想千里謫所，情理有不忍言者，渠數月客寓，所依恃者惟婦翁。憂疾治喪，君任其責，未知死時能臨視，而斂殯亦能成樣否？嘗聞李西河哭婿之詩，曰："若使君生吾女死，只應哀死不哀生。"此痛切之辭也。想君情境，尤難堪忍，傷虎之懷，眞是經歷而知之。然聞有一塊肉，苟令幸而生長，則死者不死矣，令女亦宜自愛其身，以撫育遺孤。願以此自慰，慰生慰死，俱無過於此矣。如何如何？伯翼死而有子，吾女決無死矣，念之益可傷也。一雙燭送之，幸置靈筵以明寸心也。

答洪大紀【昌漢○辛亥】

承以未定居爲患，當寒棲屑固可念，而此是細事。區區所恐，惟一箇身心汔無安泊處，而君則猶不自知其切己矣，或可從其明處而推認之否？向來相見，非不從容，而君無可問難，我無所勉勑，只是數日閒漫酬酢。如是而動稱師門，吾爲之代慙，臨書偶爾及之。不知何日能辦靜坐看書否？千萬自勵，毋辜負仁天玉成之意也。

答洪大紀【癸丑】

聞方出六，不比向來窄徑，何往而非難處也？每勸君及此閒暇時讀書，而聽之藐藐矣，今猶可及否？別紙所問領悉。滎公之婦，朱門之壻，事俱可徵，國俗固與中華絶異，雖不可行此，以義推之，一再轉而益疎遠，恐無所妨耳。

答洪大紀【乙卯】

所示副本覽還。嘗謂言無大小，言者勝於不言，況此事關係士論，聖朝處分倒置，卽日匡捄，迺其職耳，良用嘉歎。但說到義理好處，多不竟其說，非徒平日義理不能明暢，抑甚麽意思參錯於其間耶? 大抵官之有責, 猶人之有性。前之不言, 是喪其性者也; 今之言, 則是稍復其性者也, 切勿以此自多。此後有官, 則必思其責, 無或取舍難易, 計較利害, 必盡其職而後已。如何如何? 然而苟非明理審義, 未易語此, 其要在讀書。君旣以此告于君矣, 可恃以不憂, 老夫不復云云也。

答洪大紀【丙辰】

前書所示領悉。鄙意則不獨春坊爲可進, 雖臺省, 亦無不可進之義。如不欲仕, 盡室下鄕, 杜門讀書爲上計。此旣不能辦, 則惟當隨除盡職而已。目下春坊則無職責, 臺省則甚難處, 豈不爲計較趨避之歸耶? 似此道理, 非吾所聞也, 惟在量處。數月來看讀幾卷冊子否? 老物固無足言, 所懼上欺吾聖君耳。

答洪大紀【己未】

久阻乍見, 未足以罄其萬一矣, 忽此耑問, 深慰別思。第聞有禁推之命, 長坐內室, 詐稱在外, 其罪不輕, 今日嚴旨, 亦云晩矣。惟是斥逐相續, 爲聖朝憂惋如何? 別紙領悉。曾前撕捱, 豈曰無義? 此時不忍濡足於其中, 猶有一段可觀。而忽地恇怯於譴責，蒼黃出謝，則將作何狀人耶？所謂“一家儕友之言”，無非所以誤人者，萬一信聽，則雖或苟免於一時，何顏見士大夫耶？吾言不再，千萬牢定而勿撓也。

書末“請同被而仍勉戒”云云，誠好矣，疏語願痛陳而無苟也。群下之徒事慢蹇，固有罪，而專以爵祿、威刑，束縛而馳驟之，壞了一世人心，其將奈何？如君輩恐慠一出，雖自謂粗伸分義，而適足以增成君上之過擧，自此益輕視群下無餘地矣。雖不能進言，而無端更違，此事猶足爲報效之一道。玉江、朱瑥，豈能死人？當律亦豈至於大辟耶？無慮無慮。惟以被罪爲限，至望至望。如欲陳疏，則威刑束縛、增成過擧，此兩端，足爲雖被罪不敢進之材料，以此意爲主也。

答洪大紀

自君三司以來，一味喑默，所處非牢狴則內屋，厭厭然泉下氣象，一朝躍馬遠出，視炎潦若凉天，履絶塞如平地。使老漢聞此 亦足增氣，甚愧常日知君之淺淺也。不知方到何郡？何日當上官？目下大水彌天，行路必處處見阻，設令不及日限，投畀之令，已反汗矣，殊不爲憂也。似聞人謂君行時無幾微色，或者反是，至謂之涕泣，是則出於愛惡之私，而大都皆過也。此行吸得山川强勁之氣，一洗向來疲懦之習，使日後處事，每如今之不怵於禍福，則彼毁之者，亦豈不愧死耶? 勉之勉之。平日知君酷嗜酒矣, 嗜酒者必嗜色, 此爲可念。千萬自愛, 以節愼爲事也。此身爲哭咸昌宗兄, 晦前來花郊, 滯雨不得歸矣。行塵已渺然不可及, 日上西皐, 新庄在眼, 何嘗不馳戀也? 草草附此。權萬戶能源源相見否? 得君爲主人可喜, 此書傳之也。

答洪大紀

北去之後, 一未得聲息, 憂菀何極? 六月十九書, 日昨始承見, 細審炎路跋涉之餘, 字履安勝, 何等慰喜? 此亦再付問矣, 次第達否? 近日凉生, 馳戀益切, 官事稍久, 已有頭緒否? 吾外王考一時謫補, 留惠於北人甚遠深, 願君以此爲法也。還入無期之云, 似不免動心, 切勿生此悲辭苦語, 安坐加飯, 公暇讀書, 以待早晚恩還也。士長平信連到, 而其季特擢廣尹, 此世界百事, 令人惝怳靡定矣。各種海錯依領, 喫君官味, 正可貴也。

答洪大紀【庚申】

期逝不至, 憂念未已, 耑告忽至, 報以安稅, 數千里關嶺跋涉, 得免疾恙, 豈不爲幸? 惟還後筋骸漸解, 安逸乘之, 易致生病, 千萬自愼自愼。聞遍遊六鎭而歸, 我東幅員甚小,廿四日程，惟此地耳。少時壯遊，於心猶未忘，何當對叙歷歷山川，如在目下否？此身忽爾周甲，何故支離至此？有悲無歡，已自覺爲老人心事耳，去就勿復煩我。向來賢內之嗔如屋，入於山裏聾耳，還堪一笑。海錯黃簡依領，衣材於君豈可辭？但在官則可，何至爲行橐之累耶？

答洪大紀

日間調况增勝？謂卽返肅，而至今不出何也？一二望次之高下先後，何等細瑣？而縮首深蟄，若避死地，此而如此，他尙何論？以是觀之，日昨來過，不先不後，而巧在都錄之會，亦不是無心。吏郎出仕之後，成得何事耶？聞大論垂發，玉堂初書謹悉，而旋復悔遁。君之石交亦在其中，以君怯懦而所相輔者如此，無怪其百無一善也。往雖不諫，來猶可追，卽出參政，用意規避之人，一併斥補於遠地，以示公議，無得以平日交好而寬之也。大論已發，而或被譴逐，則此後善收拾，惟在銓地。挺身擔荷，以盡激揚之責，猶足爲桑榆之補，不能辦此，則此後不復相爲謀矣。

答洪大紀

萬里之行隔日，孤坐馳悵，殊不自已，耑告忽至，爲慰如何？曾有更來之意，而已料其難成矣。此身衰拙如昔，兒子好歸，相對感祝天恩耳。到彼之後，事變固難預度，古人所以重專對者此也。應變之道，惟見識如何，而見識未易驟長於時月之內，卽當以盡職授命爲心而已。此語不足以當仁人之贈，然亦望心佩而無失也。

答洪大紀【癸亥】

所示筵話領悉。儒者去就不輕，苟非以格君爲己任，則誠不可容易出來。君之所望於黎丈，殊非姑息之愛，而辭語之間，多不擇發。《書》不云乎？“無侮老成人”。設有不滿於心者，切勿輕加呰謷，以惹人唇舌也。儒賢有儒賢之責，三司有三司之責，君旣不能自盡其責，而責於人則甚重，古人明暗之戒，方知非虛語也。筵對中數句語，固甚失着，而或傳歸時疏有八條所陳，不知其說如何，可能善收於桑榆否？聞原疏留中，恐不易得見，君如得見，卽投示也。此身垂死之年，長爲人所薦引，時自一笑耳。兒子埋頭朱墨，識者之所笑，而君輩之所羨，其亦奇怪矣。

與洪大紀

縷縷回示領悉。景孺峻論，若一如君見，則渠亦三司，胡不以責君之言示之，使無徒責人，而知所以責己也耶？堯、舜亦與人同，儒者雖賢，何至於不可擬議，甘以衆人自待，而爲自恕之端耶？願以明於彼者，祛此之暗，相勉以盡職也。儒賢疏覽還，八條之說，綱則極好，目則頗疎。然中多格言，說繹之實，爲吾君默禱耳。

答洪大紀【甲子】

謫客留書要疾傳，而過一日後緩緩送之。使此書達於昨日，則自此當專人走問於木川宿所，而今則無可及矣。我與君，君與士洙，爲何如情義？而當此患難之際，所以見處者如此，他事尙何論也？且聞謫行借騎於果縣抵君衙，君則以官卜許借數三日云，數三日以後，則彼有何親舊，可以借乘者耶？勢必有重峰血脚之厄。雖非交情如士洙者，少有好義之心者，宜不若此，痛歎痛歎。

與洪大紀【乙丑】

此身已成病廢，坐見君輩頂玉。安得不老？惟默誦"致君堯、舜付公等"之句，其能相勉以報不報之恩耶？父子金玉，實非衰門眇福所堪，方此懍惕如集于木，書來徒有喜語，可謂無深憂遠思者也。

答洪大紀【丙寅】

濫率事，一道風憲之地，首先犯法，何以正人？不能如前官之謹愼，而徒學其非可乎？昔年兪相爲嶺伯時，其內行歷入此中，中有一子婦之行。吾爲之慨然曰："此台視他宰相，頗有可望，而亦且犯法，前頭事無可恃者"，仍思"如大紀，則吾當還送其不當行者；而如兪，則此事於本分太過，不可爲矣"，其後對兪相一笑而言之。吾意本如此，勿復問也。

答楊季達【應秀○己未】

闊然匝歲，蓋無日而不致思，忽得六月旬日惠問，驚喜之極，何異天外消息？近日凉生，仍惟學履增福。此身春間，往尋大心新構巖亭，山水儘奇勝，而一草一木，無非泫目之具，何樂之有耶？歸後又過渠亡日，痛割如新。夏來朋友來者甚少，反身省檢，祇覺嬾廢，以是益懷高明而不可得矣。所示出於衷曲，令人感歎。然朱子所謂"覿面相呈，如決江河"者，卽吾輩所當勉。不知何日復相見否？

答楊季達問目【庚申】

《奔喪》云："凡喪，父在父爲主。"以此言之，雖庶婦之喪，父當主之？《服問》云：“君所主、夫人妻、太子、適婦。”以此言之，異宮之庶子，似各主其喪。

主喪之節，家國體異；異宮之義，古今制殊，只當以父在父爲主爲經也。

《問解續》池寧海問權葬後除服之節，而愼齋所答亦有可疑。夫以拘忌而權葬，非禮也。雖曰權厝，而若未安葬，則是與未葬同。其滿月除緦而更待啓窆服緦，未知無害於禮耶？

改葬、權厝除服一段，來論甚高，其非斥拘忌之事，尤嚴正矣。然凡緬而服，爲親尸見也。雖曰權厝，旣襄奉，則所服緦滿月當除，俟後日啓墓時更服云者，愼齋說恐是。

合葬之禮，當以西爲上，而或考東妣西者多，若此者，其子孫祭時序立當如何？且雙墳之間，相去頗闊，則或從便從重幷設於考墓前者多，此亦如何？

考東妣西，旣失禮之正矣。子孫則只當以西爲上，何可順其失而亂其序耶？祭饌則各設，禮也。不必幷設於考墓前，一依墓位分西分東而祭之似宜。

答楊季達

去冬手問，如見面目，爲慰如何？忽已春中，學履增休？此身又逢新年，感念百端，反顧已往，做得甚事？極欲日夕俛孳，以爲及今塡補之圖，而知不眞行不篤，猶是磨驢故迹，其將如斯而已耶！如季達者，宜視此爲戒，無底晚暮之悔也。

答楊季達問目【辛酉】

> 三歲前養於人者，爲所養人齊衰三年，見於《家禮》及《備要》，而三歲以後，不復擧論。若五六歲或七八歲受養者，當爲何服？

幼時收養，三歲以下與以上，難易懸絶，此制服之及於以下而不及於以上者也。旣無先王定制，則五六或七八歲被養者，只當斟量其恩義，自伸心制，而恐亦不敢爲三年也。

> 《五服沿革圖》，爲人後者之妻，爲夫本生父母大功；而本生父母，爲子之爲人後者之妻無服。凡服率皆報服，而此獨不然何也？

凡服正統外，皆爲之報，婦於夫之本生父母大功，則本生舅姑，似亦當如之矣。難之者曰："衆子婦爲大功，而出繼子婦又爲大功，則恐非降等之義也。"曰："衆子是不杖期，而出繼子亦不杖期，是亦非有降等也。"出繼之子不得爲正統，故必報之，子旣如是，婦何獨不然？《家禮》降服條只云"爲人後者爲其私親皆降一等，私親之爲之也亦然"，而五服逐條下，初不分屬。《沿革圖》之無所見，或與此一意耶。

《家禮》《祭饌圖》魚肉，沙溪以爲："非生魚肉也，乃魚湯、肉湯也。栗谷之用生，雖本於《書儀》，與《儀禮》饋食禮不同。參用生熟，雖是古禮，至於《家禮》，則朱子以燕器代祭器，常饌代俎肉，則不用生明矣。"應秀曾信此語，不用生魚肉矣。間嘗竊究神道，則血祭甚有理，遂有疑於不用生之語。近看《樂記》曰"熟烹而祀，非達禮也"，註"熟烹牲體而薦，不如古者血腥之祭爲得禮意，故云非達禮也"。以此觀之，尤不可不用生也。又《雜記》曰："成廟則釁之"、"釁屋者，交神明之道也"，陳氏曰："釁者，塗釁以血，交神明之道也。"觀此數語，則腥血之有關於交神可知，栗谷之用生，實得禮意。從今決欲用生，而不敢自用，敢以仰質。

用生一節，實得古禮本意，來示甚好。然而尤菴先生以爲"《家禮》只說魚肉，則或生或熟，皆似無妨，但《要訣》俾用生魚、腥肉矣"。近世士大夫往往用生腥一二器者，是則蓋參取《要訣》、《備要》而爲之，惟在裁擇之如何耳。

權華山琎之歿也，戒其門人曰："他日南人中，必有爲張氏請復位疏者，若參其疏，則不免爲千萬古小人，汝曹識之。"趙處士世維聞之，擊節歎賞，而其哭華山詩曰："臨終一語扶倫志，正使千秋大義明。"其後辛壬間，南人果上疏，而承華山之訓者不與焉。近者安丈璛述華山言行，而刪此一節。問其故，則以爲"小事不必記，且恐華山之以此見惡於南人，故闕之也"。應秀累爲之言，而終不見聽。此果何如？

臨終一語，實爲扶倫之義，處士旣無事業之見於世，則於此猶可驗其學識之出常，記其言行者，烏可去此一端？若怕人見惡而故去之，則恐非有識者所爲，安公豈爲是哉？未敢信也。

答楊季達問目【壬戌】

嫡子廢疾，嫡孫代服，有朱子定論，似無可疑。但恐不可自爲傳重正主，其旁題及祝文，以其父名爲之，而嫡孫服斬攝行饋奠，何如？

廢疾者使嫡子代服，旣有朱子定論，更無可疑。但乙卯後尤菴爲群凶所構誣，而此事又其一端，玄石亦坐此削版。自此以後，爲世忌諱，鮮有行之者。然當此變故者，果能的知禮意之不可容已、凶論之不足撓奪，則誰禁而莫之爲乎？只當說與此道理，令其人量處而已。至於題主，玄石主此論，而尤菴是之矣。然未知其時閔家果行得否也。

夷、齊之逃去，當在何時？父死未殯而逃去，則人情之所不忍也，若旣殯而後逃去，則殯前誰爲喪主？

夷、齊逃去，若在旣殯之後，則殯前主喪之節，誠若難處。然古時喪禮頗未備，不若後世之詳密，況此事重在讓國，餘外細節，不必起疑。

答楊季達

文廟從祀之大賢，太廟配食之功臣，皆當不遷，此外則皆僭也。眉巖固是碩儒，而於斯二者，俱無所當，爲子孫者，安敢以私情而擅行耶？湖南此弊最多，不獨眉巖家而已，恐不可不盡爲釐正。然旣無釐正之朝令，則其子孫之賢者只當自爲之，而百拜告辭之前，又當先爲具由以告矣。

答李仲浩【命直○甲辰】

示意領悉。君本不嫺人情物態，末俗又不樂成人之美，固有此嘵嘵，而毋以是自沮，亦勿强辨也。但人必自侮而後人侮之，默省招謗之源，杜門讀書，飭躬砥行，則未必不爲他山之石矣。如何如何？

答李仲浩【辛亥】

聞讀書龍村，想靜寂有味，恨此身不在休亭，以便賢來往也。書至極慰憧憧，第承媮惰猶昔，是誰使然？方來三十三歲也非少，意與歲去，一歲加於一歲，其將爲悲歎窮廬之人耶！可懼可懼。《小學疑義》所謂教人之法，無非愛親敬長中出來，豈有古今之異？些少制度之差殊，恐不足論也。寢不側，不必局定看了，雖於輾轉反側之間，不失正字意思可矣。

答李仲浩問目【癸亥】

宋載和卽故執義必恒氏第二子也。其家奉三代之祀，其兄無後身死，只有冢婦，而一家姑無可立後者。今春遭內艱，題主一款極難處。婦人雖無主祀之義，而《疑禮問解》中有"顯舅姑"之文，依此書之，果合於禮經耶？或以介子某旁題，攝行祀事，以待其繼後改題，無妨否？

婦人本無主祭之義，《問解》所載，亦就萬不獲已處言之耳，豈可據爲應行之典耶？其家宗人及連姻者適在座，皆言"第二喪人有子"云，來示"一家姑無可以立後"云云，恐非其實也。其兒雖未及長成，古亦有"抱衰立主"之文矣。今計惟以其子爲兄之後，亟出禮案，仍爲題主，第二喪人以"宗孫穉弱，不能將事，姑爲權攝"之意，告于几筵。此於禮法情理，俱爲恰當，何爲舍此而爲苟之事乎？幸以此報知也。

答李汝亮【奎采○己未】

別紙所示院事領悉。春間瞻拜時，怪其位次與庭碑相左，令齋儒稟報委折矣。數月之後始來告，而無一張文籍可徵，只憑傳聞爲辭，故果以釐正之意，題還於稟目中矣。庭碑旣出尤翁之手，則謂非尤翁之意者，其果成說乎？不獨碑文爲然，癸丑重修記又以爲栗谷當專享，此則斑斑可據。君所稱“尤翁以位次之乖，說及遂、丈兩老”者，則且是傳說，今將信文字耶？信傳說耶？所示兩牘，元不緊貼於此事，愚見則斷之以改奉從舊，爲不可已者矣。始之發端，終之結梢，都出鄙人，彼齋儒何與焉？今欲以變改，歸罪於彼者，何也？大抵此事，於牧翁毫毛無所損，且當一付士林公論，非子孫所可知也。深願平心遠思，無自貳於士論也。今此縷縷，恐亦君不讀書之過，咄歎咄歎。

與李汝亮

朝因風便，聞有絶海椊棘之命。雖未詳委折，而可知其不負所職矣。嚴寒急程，豈不爲憂？而其喜可言耶？從此故家家聲，殊不寂寞，親友亦甚有榮矣。計行過莽蒼之外，而無由等候，竟失握別，悵黯何已？切願携書以往靜處，煞用功力，歸來一刮老眼也。作此走一隷，或已後於行塵否？

與李汝亮【庚申】

昨接朝紙，金吾郎纔還矣。雖不及見書，而蓋想利涉大海。春來旅况增安否？日前拜大府書問，聞一向康吉，可以慰海外《陟岵》之思也。此身衰落，逐年有加，是亦理也，奈何？松江故事，計已聞之，不知圍中白木所書者何書？千萬加勵。前輩一生得力多於此等患難處，不可不知也。胡翁黎渦之譏，固在歸路，而未歸之前，尤當銘戒，常以虎尾春冰存心而不失也。瘴氣可畏，更乞加愼。

與李汝亮【辛酉】

今年暑熱，殆若前所未有，况瘴癘窟中人耶？雖知神勞愷悌，不改紅玉之面，而一念如結，何能須臾已也？天中日出書，昨始承見，惠州猶在地上否？其爲驚喜，不可勝道。半年內無大段憂病，已是奇事，而《小學》、《中庸》之幷讀，豈非好消息耶？使君安坐洛城，未必能辦此工夫，仁天玉成之功益驗矣。炎瘴雖可畏，心君如得長時安泰，百病不能侵，千萬自勉自勉。此身固衰甚，而山居靜便，堇能支過，不足煩遠念也。世間變怪無不有，亦入棘中之耳否？月前汝溫往還黑山，恨不與今行之郎相換，令君得相見也。秋節已立，此後凉意日生，漸覺蘇快否？只望天心開悟，解澤溢降也。

答李汝亮

默坐凝念之中，手問忽墮，計已恰是六十日，此書能無恙越重溟而至矣，不知人還早晏將如何。承有一時所愼，而今則亦可謂經夏無事也。然而區區所慮，外雖支過，內實受傷，易發於日後，身安意弛之時，千萬寬心善養，無遠貽父兄朋友之憂也。恩召姑邈然無期，橘林柑園，霜色不遠，爛漫喫得而後，似可了却瀛海仙緣，歸詫塵俗矣。此間凉生姑蘇健，而兒息職名纔解旋絆，長時惱心，君輩得科何爲？還堪一笑。所報讀書遍數，實甚奇歎，使君在洛，雖不供世，豈能辦得此事？此殆天所以玉成之者，尤翁之言固可敬。然若論於君，則有故乃可讀書，謫居眞是好八字耶。謂棘籬爲八字好者，自世俗聞之，以爲何如也？

與李汝亮【癸亥】

伏聞返虞無事，霖雨之中，襄禮何以成樣？深念深念。日來屢索回復者，以文字體重，欲審其傳否耳。古來先生長者有書，則不拘葬前，輒即有復，蓋以父兄例之也。不獨書尺爲然，雖往來亦無害，哀不曾聞之耶？今必欲於葬後過虞、卒始有復，無已太過乎？所執旣如此，則令子亦可代報，可謂無變通之甚者矣。視同一家，不得不悉心以告，可諒之。

答李孝伯【河逑○癸亥】

遠勤問疏，仍審深凉侍奉哀况支福，慰喜不可言。知哀讀書之志，不以榮達而頓改。然而立志不固，動爲事故所撓奪，其視近世全不讀之文官，去不以寸，常所嗟惜。先輩立朝言論事業，多於居憂中所養者得之，豈不以哀苦無他外誘，勤篤易爲得力故耶？願哀勿以言耄而棄之，及時孜矻，俾於他日相見，刮此老眸也。

答李汝固【鉉貞○丙辰】

請益之示，此意良好。朱夫子答人書，有云：“學問則無他巧，要持守純固，講誦精熟耳。兩事皆以專一悠久爲功，二三間斷爲敗，不可不深念也。”偶讀至此，持以奉聞，願與院中諸君子共勉之也。

答李汝固【乙丑】

書來得安信，可慰。此身一如前狀，便養數日之供，已覺踰涯。何莫非國恩？而老矣無以仰酬，慚歎而已。地近故毁譽莫掩，如或得罪於百姓，則誠不敢一日自安，糴政苟愜民情，何幸何幸？此後有過失，一一提警，方是相愛也。昔宓子賤爲單父宰，所父事者二人，所兄事者五人，所友者十一人，皆教以治人之術。故仲尼稱之曰："魯無君子，斯焉取斯!"君未可居兄友之間耶?

答尹叔五【敬倫○丙辰】

似記前書有求助之言，此藹然善端也。顧玆寡陋，何足以語此?然而一得之愚，不無可擇，使賢聞之，亦惟恐有聞，而因循至此，始達之泉，或不至於閼塞耶? 此愚之罪也。嗚呼! 父母之恩，與天罔極，雖以大舜、曾子之孝，猶不敢自謂報其萬一也，況其下於此者耶? 世之人，率多養於父母，而不能養父母，父母旣沒，雖欲養何及也? 如愚者終身抱恨，中夜思之，涕泣無窮。況哀家舊有通家之好，痛癢相關，絲髮無隱。

哀平日心志之養，固未敢知，而若孟子所謂"小者"，亦恐未能自盡，栗谷先生嘗誦晉王延事，而三復流涕，以此而必知哀之心也。哀旣不能自盡於父母，則於哀之口體，安敢萌求飽求安之念耶? 哀之目下自供，猶有一道。愚嘗讀《西銘》，其不曰天地而曰乾坤者，天地形體也，乾坤性情也，於是乎益知孝子養志之爲大矣。哀苟能善繼父母之志，無辱父母之體，則雖失於前，而亦可追於來也。哀果有志於斯乎? 其果有志焉，則願以樂正子春答門人之語，服膺而終身也。

《禮》曰：“父母雖沒，將爲善，思貽父母令名，必果；將爲不善，思貽父母羞辱，必不果。”此語痛切，不可不銘諸左右也。古之稱孝子者，必曰“善事繼母”，此是恩義兼盡之地，其事爲至難矣。然孝子之事親，只是愛敬二字，而愛先於敬，此不可不知也。近世喪紀大壞，苟於生時異宮者，則父母之喪，鮮有能守其喪側者，愚嘗爲世道痛慨久矣。聞哀頃間久滯楸下，其間或往來公山否？雖是乍往來，恐不免同流合汙之歸，恨不以此早相聞也。然而亦願推類而知戒也。臨便卒遽，不盡所欲言，而言亦未盡，諒恕之。

答洪雲紀【章漢○甲子】

別思兩地一般，忽此耑問遠至，披慰何已？仍聞歸稅之安，可喜。魚酒到卽爛烹細酌，近日隋城官餉，頻頻上盤，而終不及此來情味，多荷。但幼婦當主饋而養生死，如君疎闊，必不能曲察嚬呻，勢同無麪之不托，而乃又責之以不關緊之人事，何其不諒人也？

答洪雲紀

槐忙之中，何暇作候書？此意良勤。頻雨稍寒，爲況安否？坐想今日勞碌，非如會做時煩心之比。方與達卿閒坐，頓覺此君之爲高耳。所示隋伯、都事之養果有之，殘年獲此，其亦踰分，而但其所養者，口體也，非志也，殊不知其爲喜，奈何？幼時每默筭生日而待其至矣，老後只益悲耳。近歲輒以禰祭餘饌，行酒數巡而罷，雖無張樂，心有愧於伊川之言。今此宴字之示，令人惶恐，其日與在此讀書之朋友，做得一歡而已。隋伯待候權相，何能來此窮谷？君亦欲爲隋伯者，其不來固也，但今番則能不歸於虛勞耶。好笑好笑。

答洪雲紀【乙丑】

令姪不肯見我，似恐仇仇之執，而吾則不爲照檢行止久矣。渠又有書，何用答爲？刺史固榮，而壞了此子，非細憂也，而乃父不知，君可語此否？大心舊婢歸自京下，誇道春婦方下往。方伯一道之綱，身自犯法，何能律人？須致此意於令伯，卽爲還寢，毋失望於湖民也。瓊章又不得不有木瓜之報，一笑爲好。

答李來叔【慶章】**問目**【癸亥】

舍叔父子相繼俱歿，宗姪承重。今者喪制已畢，當遞遷六代祖、五代祖兩位神主，而改題告辭，列書諸位下，若但曰"先祖考喪期已盡，禮當遷主入廟，六代祖、五代祖親盡神主當祧云”，則六代祖固於祖考喪畢後親盡矣，五代祖則不可謂之親盡。若幷言先祖考、先考喪畢，則亦有所未安。告辭何以則得宜耶？

告辭列書諸位之下，系之以“先考某官府君喪期盡於某年某月，已祔於祖龕，今者先祖考某官府君喪期又盡，禮當幷爲遷主入廟”云云，爲可。

祧遷後，最長房宜行茶禮，兼有祝辭，而《備要》、《疑解》俱闕焉，乞賜指敎。

凡祧主改題，不必於宗家爲之，長房遷奉至家而後，具酒果告由，而告辭則曰“某官府君、某封某氏之下，系之以‘宗子親盡，某以長房，禮當遷奉，今將改題，謹以酒果，用伸虔告’”云云。改題儀節見《備要》。

答盧大來【以亨○庚戌】

別紙領悉。吾人着箇道理二字，自然隨衆不得。然知賢本少涵養工夫，氣忿招拂之戒，不可不深念也。世俗固慣却求乞，而自我惟審義量力而應之，不必蓄得厭惡之意，以累我心地，如何如何？

答盧大來【乙卯】

聞勸學之政，漸有頭緖，深喜深喜。但麥凶已判，東作愆期，芻牧之憂，尤當如何？賦歸之計姑寢，此於先公後私道理則得之，然或有可去之義，如《孟子》所謂“求不得，反諸人”者，則亦不宜苟居，惟審愼而處之也。

答盧大來問目

世俗於三年內拜墓時，多用俗制喪服，似爲未安。雖路遠，持衰服往哭如何？

持衰往哭，恐無可疑，古人則雖於路上，亦不變衰服而行，今俗則以爲駭，故鮮有行之者矣。

祔祭，主人以下凶服入廟，不有壓尊之嫌，而獨於新主壓尊不哭，於心未安。且發引朝祖時，主人以下立哭盡哀，旣不壓尊，而祔祭則不哭，有何意義？

祔祭時，比朝祖，略有哀殺之意，不妨用壓尊之義。

出後者於本生親，雖服朞，而持衰居廬，朝夕哭泣，無異主喪，則葬後所後親之諸祀，亦同主喪殺禮一獻乎？

本宗諸祀，何敢以私喪擅有減殺耶？葬後期服，祭如平時，出後者雖以喪人自處，實則期服故也。

答盧大來【丙寅】

曾聞君立論以爲“貴不如賤”，恐其失之偏矣。以久留完營觀之，似方知貴之爲好，前日所慮過矣。風傳非議，未知果如何，而吾意亦云“士各守其本分，君之此事，終近於屈己徇人，不如速還本分之爲宜也”。

與李晦甫【曄○壬戌】

記哀曾言：“使我十年無故，長在師友之間，庶遂向學之誠，天其或者憐而佑之耶？”此言甚懇惻。如哀至誠向學、立志堅固者，誠不多得，而唯見坐於孤陋，長進不易，天不從願，又罹此愍凶，師友間從遊，又將闊然矣，每念傷憫。聖人不以傷生爲孝，區區所望，唯節哀善護，此身未死之前，得以相見，與之卒業。如何如何？

答南天祐【大有】問目【辛亥】

誠意爲修身之要，而愼獨又爲誠意之要，故必兩言之，上章則欲其審察於慊與不慊之際，　下章則於小人自欺之甚者，尤致其戒焉。雖兩言之，而意則各有在耳。心廣體胖，極言意誠之效，故末又以“必誠其意”結之耳。愼獨卽居敬中至精密工夫，來示似欠分曉，更存體認也。

答李起予【伏龍○甲子】

每於晨夜强起倚人之時，思君嶷然如山之勢，而何可得也？病中工夫，方以省語爲主，減却責人分數。況君於《孟子》讀不滿限之事，終不伏罪，從今不復言矣。一扇送之，秋風雖不得再熱，及春不害爲太早計，猶愈於無耶？

答申生【瀸○丙辰】

洛下一見，已是四五年前，一切不相問聞，存歿不可知，況論其他耶？忽此窮谷牢蟄之中，耑告遠至，如獲隔世消息，驚喜可言？承中間有喪耦之慼，尤恨其漠然無聞也。卽日窮沍，侍奉學履萬珍？此身衰落，殆無餘地，舊業全荒，終恐枉了一世。僕固寡陋之甚，令左右從遊如舊時，未必有益，何自疚乃爾？但不知爲己向道之意，視十年前何如，得無隕穫於貧困，撓奪於科累否？苟非然者，人之爲學，貴在自做工夫，不可專靠師友。果能深究實踐，日積月益，則雖千里之遠，自當默契於心，何異於同堂而合席也？千萬加勵，至望至望。

答申生問目

《大學》治平章言用財之道者，反復切至，而《中庸》九經章，則言賤貨貴德云云。

《大學》卒章言用財之道者，蓋以人情之所同欲，莫甚於財，苟於此不能同其好惡，則民雖有興孝興弟不倍者，而無以遂其心矣。故就用財上申複切至，而要其指歸，則惟絜矩二字而已，於禮樂刑政，都不暇及。至於《中庸》九經，則是治天下之大經大法，固不止於用財一段，而用財之道自具於其中，細繹諸條可見，況賤貨貴德，與德本財末一也，不必疑其逕庭，又何爲必其一一相合也?

《洪範》乃聖人傳道之旨訣，而不及仁義禮智信五者，何也?

《洪範》首言彝倫，次列五行、五事，則五性自寓於其間，恐不必生疑。

八政第三言祀，而先言於司徒敷教之前，何也?

八政貨居二祀居三，養生與報本正相對，就民之所重而言耳。司徒之教非不重，而自當居其下矣。聖人說義理處，互相輕重，各有所指，不必泥於一而疑其異也。

稽疑，似非治天下大節目，而必叙九疇之七，何也?

古人重卜筮，稽疑而叙於九疇之七者，恐無可疑。通天下之志，斷天下之疑，此豈小事耶? 傅會穿鑿，是漢儒之失，非

《洪範》之過。然程、朱諸賢不專尙《範》學，似有微意，此則不可不知也。

答李生【徹夏】

舅服緦也，師喪三年也。雖若有輕重，而緦則正服也，三年則心喪也。正服則先王所制，宜不敢以私恩私義有所通變。愚意則服正服以終其月， 其後則素服素帶， 以自伸其情義似宜。然勉齋，朱門嫡傳也，不服以舅，服以師，見於丘氏說矣。惟就此兩段而裁擇之。

答李子厚【德垕○丁未】

秋來一切阻闊，耿然馳念，卽獲專告，慰如之何？ 所問疑義， 非編次錯亂， 特見得不分明耳。《嘉言篇》中"夫有人民"、"柳開仲塗"兩章， 兼說夫婦兄弟， 是在夫婦長幼之間故也。 其下伊川、橫渠兩說，專屬長幼，又其下伊川、橫渠、《童蒙訓》，則屬朋友，其下范文正、溫公語，爲通論《明倫》矣。如何如何？ 千萬勉學。

《詩》云"無念爾祖？ 聿修厥德" ○栗谷先生嘗言"趙靜菴有畏友，曰嵩善副正"，正之賢可知。其後孫德垕從余

遊，臨歸書 此以勉之，所謂厥德，卽先生所撰銘中"親賢篤學，敬義夾持"八字云爾。【此先生書贈李生者，今附見于書末。】

陶菴集

卷十八

書

書

答朴士洙【聖源○乙卯】

雨中耑告，喜甚空谷之跫然也。稍凉侍學萬勝？此間遇秋稍健，而朋友次第散去，講誦之聲，幾乎寂然。申君光斗、李汝固纔來會，而大心又向洛下。聚散無常，工夫極疏闊，此非細憂也。左右歸時所言，其能實踐否？西行擬於秋夕後卽發矣，意外叨冒輔養之任，連章控扣，未易卸免，此事未收殺，未可遠遊。世間事，極難如人意，而畢竟必蒙被重譴而後已，惶憫如何？逸雲嘗一見，而愛其靜寂，蘗溪、小雪又是咫尺。江山之勝，亦不易多得，今玆委示，深認遠意。但所乏者買山之資，將如之何？

答朴士洙

《論語》畢讀後，更爲溫誦正文，方至《冶長》篇末。講規略爲變通，三日一講並旬講，一旬爲四次，務欲沈潛玩繹，不至有向來悤悤促迫之患，可能得力否？達卿昨始歸去，衡老十月來，月餘方還，渠亦深以不見賢爲恨耳。諸友往往有長進者，不知左右能長得幾分否。異日相見，可以得之於眉睫間也。講說之外，更無別法。惟每日以無身過乎、無口過乎、無心過乎三者自省。大抵萬般罪過，不出此三件，似爲要切，試此奉聞也。

答朴士洙問目

> 子路之仕於衛，朱子曰："誤處，不在致死之時，乃在委質之初。"使子路早知事輒之非，則必不委質矣；若晚覺，則雖旣仕之後，亦必去之。然當其有孔悝之難，忽然始覺其非，則亦將如之何？以子拒父，天下之大逆，旣知其爲逆，則必不頃刻立於朝，況爲之致死乎？然常時不知其非，食其祿而不去，到今急難之時，以爲"吾今始覺委質之非，今無可死之義"而逃去，則人必以爲詐矣。若曰"旣失於始，今雖覺悟，不可變改也"，則人於大義，固有始迷而終覺者，旣覺之後，亦不可因循而遂其非也。若曰"在義則無可死，而只以臨急變改，有託辭偸生之嫌，不可不死也"，則死生亦大矣。豈有本無可死而避嫌而死者乎？

仕危邦者無可去之義，食祿而避其難，君子不爲也。然子路臨死結纓，其意蓋不欲爲苟然者。果能明知其非義，則死生固大矣，亦豈肯苟死耶？況事無大小，只當於吾心無愧，外人之疑不疑，非可論也。然子路病處，實在於以不知爲知。

故夫子正名之訓，非不明切，而不惟不悟，反以爲迂。是將之死迷復而已，恐無如來示者耳。設有之，程、朱論衛輒事詳矣，苟以此義揆之，不逃不死之間，亦或有可以善處之矣。然非可與權者，未易語。如何如何？

答朴士洙【戊午】

秋日別意，甚覺悄然，一書自葛川褫至，如更相見也。今日果陛辭而歸侍否？千里曠違，情事可知也。李童大德送去，須善護以往，留時不廢書課亦幸。惟十一歲楓岳之行，可謂發得太早，在渠殊非惜福之義，可懼也。無別語可贈，惟一愼字而已，如何？

答朴士洙問目【庚申】

子罕言命，命固是一箇命，然有以理言者，有以氣言者。程子曰“命之理微”，此則主理而言，《或問》、《語類》諸說，則又多主氣而言。若主氣數，則其所以罕言者，於教學者修身以俟之義尤切。然此命字，恐不可捨天命賦予之理，而專以壽夭窮通言也。朱子於集註，終取程子說，則可見其主理而氣數亦包在其中也。如是看如何？

來說似是。

"學問之道無他，求其放心而已矣"，朱子云："如《中庸》學問思辨四者甚切，然使放心不收，則何者爲學問思辨哉？"又云："學者須先收拾這放心，不然此心放了，博學也是閒，審問也是閒，如何而明辨？如何而篤行？"此言求放心，然後學問思辨，方有安頓處。勉齋云："學問之道，非止一端，如講習、討論、玩索、涵養、持守、踐履、擴充、克治皆是。其所以如此者，非有他也，不過求吾所失之心而已。"此言求放心在於講習以下許多用工。兩說不同。竊謂自始學而言，則先收放心，立箇基本而後，可做學問思辨之工，如朱子說是也。以學者終身用工而言，則講習以下，無非求放心，如勉齋說是也。二者固相須，而然以《孟子》本文"而已矣"者觀之，則勉齋說意味尤長。竊恐本註及所引程子說，皆兼此兩義。如是看不悖否？

愚意以朱子說爲本章正義。

答朴士洙【辛酉】

自南還，得所留書，繼因朝紙，知已辭朝矣。其後聲信闊然，但用戀鬱，便至問字深慰。漸熱侍奉政況萬祉？親廚得具甘旨，渾家俱免顣頷，國恩如此，何以爲報也？官事曠廢之餘，無怪其多事。況當歉歲，赤子顚連，其憂尤切已，然猶不至設賑否？治民本非易事，以迂儒而猝應吏役，必多生疎。然賢既爛讀《大學》矣，“心誠求之”一條，足以用之有裕，如何如何？西土視他道，最稱官閒，何至於廢讀書耶？無徒汨於朱墨，收拾舊學而後，方可勸起邑子，事之次序如此矣。千萬加愼。

答朴士洙

所示領悉。謂官閒可以安坐讀書矣，豈知絮亂蝟集之至此耶？然不欲循常掩置，有振厲做去之意，此甚可喜。百事無難易，惟一誠字可了。况聞學政已略有頭緖，千萬勉旃。留穀，初旣錯報，則勢當於監色處推徵充數，而至於自首，則姑徐之。未報之前，如或有營門詰責，則惟從實直對而已。如何如何？

答朴士洙

所示，良荷遠意。玆世不出則已，出則動必罣碍。賢已爲親而屈，則恐不必乃爾，只當盡心職事，以爲活民報國之計。有難冒情勢而後，始卽決歸爲得之。迷見則如此，更存熟量而善處之也。

答朴士洙

稼隱之喪，慟惜何言？今日世界，終是躁競者騫騰，恬靜者窮餓，奚獨此友而已也？孫兒旣冠，而娶婦亦不遠，非不嘉悅，而癡騃如一，深有愧於溫公"十五以上"之訓矣。

答朴士洙

承牒訴之煩少殺，永夜親燈，松桂讀書之詩，於君見之矣，何等慰喜？此身深居靜養，昔疾無加。時與士友點檢舊業，覺有意味，獨恨士洙在遠，無以資相長之益耳。

答朴士洙問目【癸亥】

> 晨謁，《家禮》只言主人，《要訣》言雖非主人，隨主人同謁無妨，而《問解》亦然，然獨行則以爲不可。尤菴則曰："揆以生時，諸子晨謁，各自如儀。且《家禮》'出入時，入大門告廟，一如長子'，獨於晨謁，有所不敢者，未知其義也。"又曰："晨謁之禮，亦不係主人之有無矣。"《問解》之不許獨謁，是固嚴宗法之意，而尤菴之言，亦有可據，未知將何的從。

以尤菴說觀之，則雖非主人，而亦可行晨謁，終恐《問解》所載義理爲長。

> 頃日下敎以爲“父喪中祖死者，無論殯與未殯，皆服三年，爲正當底道理”。以此例之，則祖喪中父死者，亦當無論練前、練後而皆爲三年之服矣。第祖喪三年幾盡而遭父喪，則大祥前餘日雖至少，而亦可代服以盡其日數耶？

向日鄙說，蓋以尤翁已定論，故欲遵用耳。大祥前餘日無論多少，皆當追服以盡其數也。

答朴士洙【甲子】

署期尙遙，等待爲悶。先聲無怪其有之，終副大名之下，則其何幸也？利害成敗，未可豫料，但當殫吾誠意、盡吾職責以待之而已。啓草不至，故就疏本略論其當否，以資財擇。三勳事固可論，而此非時急，又是旣往，姑留置，差待日後無事時，並與肅廟庭享數相而論之，期於黜去而後已，恐爲得計也。

與朴士洙

風聞君有謫行，然而路過水原，必有書，而日久無至者，以此或意其訛傳矣。 初三日朝，大紀始送致君所留書矣。 使於其前一日得此， 則庶可走人書問於木川宿所， 而已無及矣。嶺海之別，相見固不易，而書亦闕然，悵恨曷喩？行李之艱辛，不問可知。見借大紀馬過限後，似無他親舊，西山血脚之勞，勢必不免。不知何日能抵謫所耶？

朝紙所出關係君事，自島配傳旨以後，並錄出以送。益章時有趙台祥，君又得權賢矣。此亦有陰有陽，不可無對待之理耶！第一件事，頭勢甚突兀，不如疏云云亦有理，然何不可之有？ 所恨措語頗有可議， 且不能痛陳義理， 以開聖聽耳。在君禍福毁譽，不足爲言，惟聖上過擧每如此，區區憂迫，何可狀喩？

與朴士洙

日昨作書，欲付禁都便，而巧致緯繣。兒子以畿幕入肅，故使之討便傳去矣，能免濡滯否？日候晩猶不寒，南土可知，行子授衣， 其無時急之憂否？ 風土與謫居凡百， 有書則細報也。此間病劣如昨。昨者有“老槐陰下亦登高”之句，意象可見。兩詩草呈，望須和送，俾替千里面目也。竊想昨已行靈壽題名之盛典，孤臣華祝之誠，必不自已也。似聞朴臺致隆疏救君而斥權賢，聖批至嚴，投畀甲山，而忙未詳報矣。

與朴士洙

前後累書俱達否？ 行後一不聞聲息，不知何日抵謫，而其處風土飮食凡百之節如何。似聞新倅纔下往，而其言曰"我雖武人，豈是餓死朴某者"，如此則無食不足慮。今日風寒若此，而令子自謂"造冬具以往"，無衣又不足慮。松江相國圍籬，白木書《大學》故事，君素知者，讀書之外，更以何事相勉耶？ 或言"西浦、踈齋諸公遺澤未沫，近處學子從君遊者必多"云，然則不患孤寂難遣否？

答朴士洙

令宗人家人馬之還，獲承安問。此是別後第一音信，傾慰可言？ 前此屢寄書，能一一達照否？ 路中血脚之說，盛行於京裏，而不謂徐君能作借驢之景建矣。名浮於實，世事類如此，還可笑也。或傳君卸鞍之明朝，已大讀書，愚喜謂傍人曰："此公又將入吳光運褒啓中耶！" 爲之一笑。吳踈聲息，或已聞之否？ 聖批於此不加峻，故人謂匪久宥還，而此豈可易耶？ 惟望於榮辱毁譽之際，不少動心，專力於涵養省察之功，勿徒以多讀爲事，使於歸後得以刮目相視也。七枚柚子，眞所謂"匪女爲美，美人之貽"者。曾見《楚騷》有"嘉橘"二字，方欲取讀而想像其風味也。

與朴士洙

邑吏歸便付書已達否？寒暖無常，近日旅況何似？客土凡百，已慣熟有頭緖否？令子歸侍已有日，則無衣非可憂矣，亦無絶糧之患否？此間調息粗安，而講事不實。達卿還家，安陰愼君叙來留十數日將還，康仲鴻春去秋來耳。聖朝過擧頻仍，尹掌令光天啓請收還李彦世投畀之命，因入對有不辨淑慝徑作《大訓》之奏。自上震怒親鞫，命結案，終不肯，刑到二十七度。願一撫父肌而死，自上惻然，以爲秉彝之天猶不泯，特貸其死，栫棘黑山島，而去時許令見老父。李臺又仍其謫所栫棘。論者謂"近日三言官，李不及君，君不及尹"云爾。

別紙

學道眞實意○昔蘇子由謫南海，其兄子瞻寄詩有此語。兩蘇本非知道者，徒言而行不得。然此五字，在學者，實爲立心之始、力行之本，故書此用備座右觀省之資。

與朴士洙

前後付書，長弟關聽否？寒燠乖常，日來謫況安護否？此間調息粗安，而朝夕講誦之際，未嘗不思君。孫兒云夢見君忽來同座，匪久似宥還。然近日朝廷風浪相接，觀此頭勢，豈有還期之可論耶？尹臺筵奏之關係《大訓》者，朝報所出外，未能詳知，而以其刑禍特重故，其名最高，然未論其他。吳光運之疏，於君極意褒揚，指論尹臺，以爲不齒人類。君於此一着，當遜與尹一頭矣，好笑好笑。

答朴士洙

意外便至，得累幅手札幷詩篇，怳然相對叙懷，殊不知海嶠之爲遙也。聞誦讀之聲，盈於棘屋，在南土不可謂非幸。吾亦勸送泗川新倅之子，曾與君同業者矣，未及達否？今世因讁致富之毁，於君非所慮，但當看作訓長糊口者流而已。屋下合說底言，朱子亦嘗以爲不妨矣，又何疑焉？承讀《易》已過半，此中相守朋友所業，未有能似此之多者，宜其爲感君恩之一端也。然"似磨驢"三字，庭行則可，而爲學則不可，故和章已寓此戒。願痛改前習，實下新工，無徒爲此自疚之辭也。辱屬墓文，謹當偸暇留意，而文成後當留待面商也。

與朴士洙【乙丑】

潦熱尙爾支離，瘴土凡百，何嘗不懸念也？不知方讀何書？許多《與竹問答》詩覽悉，病未和送。君之交情，非他人所可測，而妄以一言判之曰："有心不似無心者，又胡問答苦云云？君歸或有可忘日，此君終不負吾君。"未知以爲如何？

答朴士洙問目

《備要》題主祝辭，言"兄告于弟某"、"父告于子某"，而不言稱號。某之一字，并包稱號及名耶？

某字實包稱號及名。

《家禮》祔祭祝，云"躋祔孫某官"，而不書名。若以卑幼而祔，則當書其名耶？

書其名，似無不可。

再昨年仲父喪在臘月，而聞訃則在翌年正月。《備要》小祥條，只有"親喪先滿先除，後滿後除"之語，而期服追服則不論。然竊以爲聞訃若在喪出之月，則雖是追服，而可除於小祥日，若在踰月後，則宜滿月數。蓋以功緦追服，亦必滿月，不可以期服而徑除。如何？

服制，事理應如此。

與朴士洙【丙寅】

去臘十四書，稍慰阻思，吾亦歲前再付問札於邸便。又欲作復之際，朝紙忽至，昨日大臣、金吾堂上入對時，有特放之命。雖未聞筵語，而感祝聖恩，河海可量？令伯走書相報，因令去奴討書。人馬雖去，自巡營頒赦書而後，方可出謫。幸勿徑離棘中，待營縣赦書，方首歸路。歸時糧資，亦或有助之者否？

答南宮道由【櫶】問目【甲寅】

《中庸章句》曰："天以陰陽五行，化生萬物，氣以成形，理亦賦焉。"夫理與氣不可分而言之，而理則無迹，氣則有形。以其有形者言之，則人身之五臟，乃是五行之氣也；以其無迹者言之，則人性之五常，乃是五行之理也。肝爲木、心爲火、脾爲土、腎爲水、肺爲金者，看作氣以成形處； 木之理爲仁、火之理爲禮、金之理爲義、水之理爲智、土之理爲信者，看作理亦賦焉處，何如？

四肢、百骸、魂魄、五臟， 莫非陰陽五行之氣， 而其理則爲健順五常。理氣之妙，固混淪無間，然欲細分而言之，則來說亦是。

知覺者，人心全體、妙用之摠名，所以通寂感而主性情者也。性中固有仁義禮智，而非知覺，則不能發而爲四端。故朱子既曰：“具此理者，知覺之體也；行此情者，知覺之用也。”此則不易之論，而其於仁說，有云“知覺，智之事”。蓋知覺，氣也，智則性也，不可以氣之發用者喚做五性中一事，而仁說揭訓，反與前說有相逕庭，此無乃初年未定之論歟？

朱子以當時學者有以知覺言仁者，故仁說所云，蓋曰“知覺乃智之事，非仁也”云爾。且智固性也，而其發處屬氣，所以是之非之者，非知覺而何？然則以知覺爲智之事者，未見其可疑也。大抵知覺亦有體用，所以能知覺者，體也；所以爲知覺者，用也。來敎所引朱子具此理、行此情之說，亦只是就知覺上論其體用耳。然終始主於用者爲多，今曰“知覺者，人心全體、妙用之摠名，所以通寂感而主性情”云者，無亦說得太過否？

栗谷《人心道心圖》，道心專屬於善一邊，人心則屬於善惡幾者，何也？人心聽命於道心，則始以人心，而終可爲道心矣。不然則必流於人欲，故屬之於善惡未分之境歟？

人心，觀“惟危”二字，其當屬於善惡幾者，無疑也。

仁義禮智信，是謂五常，而親義別序信，亦謂之五常者，何也？且親義別序信五者，亦可以分屬五性歟？

五性與五典，同謂之常者，蓋得於天者爲性，見於行者爲典，而均是常理也。以五典分屬五性，亦自成說，而鄙意則嘗謂父子屬仁，君臣以下皆屬義，禮智則行乎其中，卽《孟子》知斯節文二者之意也。如何如何？

性者，心中之理也；心者，貯性之器也。貯此性而發此情者，是心也，則可謂心先動歟？性乃心中之理，而心之能動者，實性之所以動，則可謂性先動歟？心與性，旣是一物，心統性而性爲體，則可謂偕動而不可分先後歟？朱子曰"動處是心，動底是性"，底處二字，亦無些子分殊意思歟？

先動、偕動云云，俱有病，而性先動三字，尤爲害理，不可分先後之說則是矣。而朱子所謂"動處是心，動底是性"底處二字，下得精妙，可謂同而異者矣，深味之可見。

心之靜者爲體，動者爲用，靜時無動，動時無靜，而蘭溪范氏有云"百慮紛擾，而所謂至靜者，固自若也"。以此觀之，此心動時，又有一箇心至靜自若於邪思浮念起滅紛擾之裏也。范氏所論，果爲得否？

蘭溪所論，蓋指心之本體而言。

以心觀太極，則心亦一太極也，萬理之總會於一心者，猶萬化之總會於太極。太極之上一圈，卽人性本然之體也；下一圈之陰陽動靜，卽人心未發、已發之體用也；其下圈之五行，卽人心之五常也；其下圈之乾男坤女、化生萬物者，卽人之五性感動，散爲萬事者也。而康節所謂“心爲太極”者，固指此而言歟?

心爲太極，大體似然。

《河圖》與《太極圖》合而看之，則自是一物。《河圖》之虛中五與十，卽《太極》之上圈也；《河圖》之天一、天三、天五、天七、天九爲陽，地二、地四、地六、地八、地十爲陰者，卽《太極》下圈之分陽分陰也；《河圖》之天一得五爲六而是爲老陰，地二得五爲七而是爲少陽，天三得五爲八而是爲少陰，地四得五爲九而是爲老陽者，卽《太極》之盛陽、盛陰、穉陽、穉陰分居左右者也。而《河圖》天五之土居中，故《太極》之土亦居中歟?《河圖》之八卦乾爲父、坤爲母、震·坎·艮爲長·中·少男、巽·離·兌爲長·中·少女，則《太極》之乾道成男、坤道成女者，亦爲萬物之父母，而六子包在其中歟?

《河圖》、《太極》固是一理，自然沕合。然觀《河圖》，且細窮《河圖》；觀《太極》，且細窮《太極》。今未窮其理而遽欲合而一之，假令說得盡通，無窒礙處，亦恐非循序致精之道，況未必盡通而無窒礙處者耶?願姑徐之。

答南宮道由【丁巳】

似聞勉赴場屋，可知昔疾今愈。然杜門守靜之餘，復此勞攘，得無奪志之患？而區區得失亦不足動吾一髮否？學力深淺，於此不難見矣。古人詩云“一日看除目，三年損道心”，此言可懼也。不知已有所自試而自警者否？求助之意良好，但卒卒未可及他，姑以此奉砭。千萬勤勵，以副相愛。

答南宮道由問目【己未】

從古聖賢論氣質善惡者，皆就已發時而言，則未發之前，只可着氣質二字，而不可言氣質之性歟？聖人與衆人，其本心之全體虛明一也，而衆人則未發之時，其氣質之濁駁者，非一切渾化而無也，只是氣不用事。故本分濁者駁者一邊在了，而自不敢干涉於本體之明矣。此則未發之時，舜、跖所同者也。及其外物觸形，氣乃用事，而其淸者發而爲善，濁者發而爲惡，則本性之搭掛在氣中者，亦未免和氣而隨惡，故謂之氣質之性有善有惡。而程子所謂“惡亦不可不謂之性”者，亦指此而言歟？

所論與鄙見有不同者。夫性之爲言，都是墮在氣質以後，性何曾離了氣質？惟《孟子》所言“性善”，只剔得善一邊而言者耳。然未發時，則不可着得氣質二字。雖昏愚之人，或有未發境界，則雖一霎之頃，全是湛一本然之體，有淸而無濁，有粹而無駁，但不能數有，有亦不能久矣。不如是，何以云未發時堯、舜與塗人一也？ 若曰本分駁濁一邊在了，則不幾於善惡混者耶？ 此是本領頭腦，一有差失，其害至大，千萬深念之。

答南宮道由《中庸》問目

《中庸》序文曰：“原於性命之正。”夫天之所命，是之謂性，則不曰命性，而乃曰性命者，何也？

從原頭說下，則命先於性，如《中庸》“天命之性”是也；自淺處入深，則性先於命，如《易》之“盡性至命”是也。以此推之可見。

“人心每聽命”註，朱子曰：“只是義理與人欲之辨。”此以人心屬之人欲者，何也？

小註朱子說，通首尾細看，元無可疑。試就此段改“人欲”二字爲“人心”，則其果成說乎？ 緣是而疑朱子以人心屬人欲，可乎？

末段小註云：“《大學》不出性字，《中庸》不出心字。”夫《大學》雖不言性，而明德、明命卽是性也；《中庸》雖不言心，而戒懼、謹獨亦是心也。且正心之方，在於明善復初，故《大學》序文，必提出一性字；傳心之法，在於精一執中，故《中庸》序文，必表出一心字歟？

《大學》“人之性”三字，足見性善底意，不可謂全不出性字，而《中庸》則無一心字，豈非善言易不言易之義耶？“明德、明命卽是性”云云，固是矣，而於《中庸》言心之證，則獨擧戒謹二段，不已疎乎？以愚觀之，《中庸》一部，無一字不說心，而未發已發，卽其大頭腦耳。至於論序文兩段語，似欠分曉。明德是《大學》之綱領，中和是《中庸》之體要，所以有說性說心之不同。此其義理當然，非以經文中不出心性字，而故於此致詳也。

> 戒懼謹獨章末註，雖分屬動靜，然細推之，則戒懼亦兼動靜。故其註曰“君子之心，常存敬畏”，此則通動時而言也；“雖不見聞，亦不敢忽”，此則以靜時而言也。小註朱子又曰：“戒愼恐懼，是未發，然只做未發也不得，便是所以養其未發。”据此以觀，則不可全屬於靜者明矣。而致中和章註，以戒懼分屬致中一邊者，何也？“自戒懼而約之”云者，亦是靜在動中，由動至靜，非如謹獨之全屬於動，而不復干涉於靜，故所以兩邊分屬歟？

戒懼亦兼動靜一句，誠是誠是。但其下所以解釋此義者，不免爽誤。朱子嘗言“戒愼恐懼四字壓得重”，是蓋就未發時言也，非如來示之分作未發與發後兩段也。章句中“雖不”二字，亦是通動靜而言，不獨“常存敬畏”一句而已。愼獨固是戒懼中一事，然以戒懼對愼獨言之，則戒懼屬靜，愼獨屬動。章末所以分屬中和者，以此也夫！

"發而皆中節，謂之和"，七情中一二事，若或不中節，則不得爲和歟？一箇"皆"字，似是包七而爲言。

"發皆中節"一"皆"字，固包七而爲言。然七者之發，又各隨其所發而皆得其中，如此看，方無滲漏。

"擇乎中庸而不能期月守"，夫擇與守，可分屬知行，而此章之以此二者全屬於知一邊者，何也？

此章居舜、回之間，兼擇守之義。章句亦云"承上章起下章"，則恐不可謂全屬知一邊也。

"君子和而不流"小註，朱子以夷、惠爲"和而不流，中立不倚"。夫隘如伯夷，不恭如柳惠者，朱子許之以中和，何也？蓋隘者，清之極；不恭者，和之極。孟子則謂之淸和，朱子則許以中和者，只取夷、惠大本處而言也。孟子復謂"君子不由"，朱子復謂"二子有弊"，胡氏亦謂"不合中庸"者，特慮後人學夷、惠不得而先學其隘與不恭也，故有是言歟？

來示中"隘者，淸之極；不恭者，和之極"兩"極"字，並改以"弊"爲當。夷、惠之得聖名，正以其淸和之極，而曰淸曰和，已是墮在一邊，故有隘與不恭之病矣。然朱子之許以中和者，只取其淸和極處而言耳。

鳶魚章小註，程子所云"鳶上面更有天在，魚下面更有地在"者，願聞指意之所歸。

恐是隱約說道體無窮之意。

第十三、四、五章，言身、位與家，以見費之小者；十七、八、九章，言四聖之孝，以見費之大者，而乃於中間挿入鬼神章者何也？此章所以通貫前後之義，願得聞焉。

十二章始言費隱。夫天地之間流行發育，莫非理之用，而其爲用神妙不測。故近小遠大上下，無非所以說費者，而至於所以爲費者，則莫得以窺測，亦莫得以形容，至此方說出鬼神。蓋鬼神者，理氣妙合無間，而微則其體，顯則其用，非此，無以見天地妙用之機也。前後費之小者、大者，固何嘗不入於體物之中？而下段郊社、宗廟亦莫不原於祭祀一節，宜此章之處乎前三章、後三章之間也。

鬼神章曰“體物而不可遺”，蓋言鬼神之妙固爲萬物之體，則不擧言天下萬事、萬物，而獨以祭祀一節爲體物之驗何也？萬物始終，無非鬼神，而就其中指出所當祭之鬼神，以其洋洋如在，隨祭而昭著者，蓋所易見處也。故於此而驗之，使人推識萬物屈伸許多理歟？

天下萬事、萬物，無非所以體乎鬼神者，而獨擧夫祭祀如在之狀者，豈非以彼之無而有者，證此之有而無者耶？來示所謂“指出所當祭之鬼神”者，正所以明夫一理一氣感通尤易故也。然則造化發育之鬼神，祭祀歆格之鬼神，非是兩箇物事，而實則都湊在吾一心上。

孔子曰“其氣發揚于上”，其氣者，是指百物之精氣歟？朱子云“昭明，是人死時一段光景”，則不可並言物也。沙溪云“草木禽獸之死，不應有昭明焄蒿悽愴之氣，百物只是百骸之屬”，尤翁曰“凡物其形消盡，而其精氣之不泯者爲鬼神，昭明焄蒿悽愴，乃其精氣之著見者也”。朱子、沙溪專指人鬼言，尤翁兼指人物言，將何適從？

愚意當從尤翁說也。人亦百物中一耳，朱子之說，不必生疑。

二十一章所謂“誠明”，卽生知、安行之事；所謂“明誠”，卽學知、利行之事。故其下二章，以聖人之盡性、賢人之致曲，分屬天道、人道，而其下章因言前知之誠，何也？蓋聖人能盡其性，志氣如神，而有此前知之明者，乃誠明之效故云然歟？

至誠盡性，誠也；至誠如神，明也，此聖人自誠明之驗也。其次致曲，明也；誠者自成，誠也，此賢人自明誠之序也。雖天道、人道間見錯出，而其序次井井可見。

答南宮道由問目【癸亥】

五常之禮，卽四德之亨、四時之夏也。四德、四時，其序皆順，獨於五常，不曰仁禮義智，而從古聖賢皆以義先禮，易其間架，何也？

五常之以義先禮，蓋由仁義是對立底關鍵。自《繫辭》“立人之道曰仁與義"一句，已相對說起，其與四德、四時之序不同固宜。況禮者，仁之著；智者，義之藏者耶?

朱子於《中庸》章句曰："人物之生，因各得其所賦之理，以爲健順五常之德。"又於《孟子》註曰："人物同得天地之理以爲性，同得天地之氣以爲形。其不同者，獨人於其間，得形氣之正，而能有以全其性，爲少異。"又《答徐元聘書》曰："人物之性，本無不同，而氣稟則不能無異。"獨於《告子》篇註，有曰："以氣言之，則知覺運動，人與物若不異；以理言之，則仁義禮智之稟，豈物之所得而全哉?"又曰："徒知知覺運動之蠢然者，人與物同；而不知仁義禮智之粹然者，人與物異也。"前後之說，似不同，如何?

自人物稟賦之初而言之，則理同而氣異；自人物有生之後而言之，則氣同而理異。告子則認氣爲理，只知其同而不知其所以異者，故孟子就其理不同處而明辨以闢之。此朱子所以於集註以氣同而理異釋之者也，觀於答或人之問可知。【或人答集註、《或問》異同之說曰："於此言氣同而理異者，所以見人之爲貴而非物之所能並也；於彼言理同而氣異者，所以見太極之無虧欠而非有我之得私也。"以是質之於朱子，朱子曰："此論得甚分明，且有條理。"】

外孫奉祀，朱子斥之以非族之祀，蓋非禮也。然退翁有云"外家無後，不忍其主之無歸，則權宜奉置別所，往來奠省"，且栗谷、牛溪兩先生皆奉其外家祀事，是出於不得已之意也。而旣是無於禮之禮，故行之者逐節多礙。或云“本家祭四代，則外家祀，當減一代”，未知如何？父之外祖，於己爲曾祖，則題主當以“顯外曾祖”書之耶？其傍題則《問解》有“闕之”之文，然無傍題而奉祀，心或未安，則書之無妨耶？

朱子“非族之祀”一句語，實爲正論。以大賢而間不免此者，終是苟也，非正也。愚意則爲外孫者，設或不得已而權奉其祀，已身亡後，卽當埋安矣。如所論則乃於非禮之中，欲參酌而通變之，是惟可以義起者能之，非愚昧之所可及也。

答南宮道由問目

《中庸》章句云“人物之生，各得所賦之理，以爲健順五常之德”，所謂物者，統禽獸草木而言也。禽獸草木亦稟是理而爲性，則其有仁義禮智信明矣。若細分而言之，草木之枝葉本靑者，是仁也；根着於土者，是信也。花之黃者，亦信之發也；其紅者，禮之發也；其白者，義之發也。凡諸植物共有本分仁、信，而惟爲氣所局，其所發花者，或從禮、火而爲紅，或從義、金而爲白，而一木不能俱發五色花者，如禽獸中虎、狼、蜂、蟻之或仁或義歟？

所謂物者，旣統禽獸草木而言，則禽獸草木同具五性可知，曾前已略有往復矣。或問朱子以“人具五行，物只得一行”，答曰:“物亦具有五行,只是得五行之偏者耳。”又有問性具仁義禮智者,朱子答曰:“此猶是說‘成之者性’,上面更有‘一陰一陽’、‘繼之者善’。未知做人做物,已具是四者,雖昆蟲之類,皆有之,只偏而不全,濁氣間隔。”此意則來書已自說得。

但其下細分云云,有可疑者。天地之間,形形色色,蓋莫不有理。然草木之枝葉本青者,是得春氣而然也,謂之仁固宜,而至於信,則元非與四德並列者也,只是四德之實有其理者也。今以根着於土謂之信,則其於命辭,已不能無差,而又以花之黃爲信之發,則信之頭項亦多矣。紅者禮之發,白者義之發,則獨不曰“青者仁之發,黑者智之發”,又何故也?枝葉本青者,由於仁,而花之青者,又仁之發,則仁之所發不已多乎?根着于土者,由於信,而花之黃者,又信之發,則信之所發亦不已多乎?徒見其支離,而卒無所發明矣。

來書又言“植物共有本分仁信”,必擧“仁信”二字者,抑何故耶?然則五行必以木土爲主乎?竊所未喩,而且如是分排,是果何所用乎?

來諭所云“一木之不能俱發五色花者,如禽獸中虎、狼、蜂、蟻之或仁或義”者固是。而如三色桃之類,則雖不可謂一本所生出,至於五色菊、五色鳳仙花等種,又何爲而然耶?此皆化工肖物,至神至妙,不可測知處,如欲一一深究其所以然,則所謂“徒費日而無所益”者也。

抑又聞程子之論格物,雖曰“一草一木亦皆有理,不可不察”，而其上有“求之情性，切於身”之語，其輕重緩急固有在矣。今以來書觀之，憂憾中不能增益，是果何爲而然哉？旣以不能增益自病，則當知古人所云增益者，欲其如何而有此言；所以增益者，當用何功而見此效。以是體之於身，驗之於心，如呂滎公“數年前大病，已稍勝前，今次疾病，全不動”者，而自省察可也。又何必於疾病中强探隱奥之理，徒傷心氣，畢竟無益，不過如陽明之漫用窮格工夫於一箇盆竹而已乎？是所謂不知類者。恐宜反求其理於吾心，而自用權度審先後之序也，如何如何？

書中又有“進承不屑之敎”之語，所謂不屑之敎者，乃拒絶其人而不敎之也。如孔子之於孺悲、孟子之於滕更皆是，則又豈有進承之可論乎？此雖名言之小失，而亦可見不察之甚矣，恐宜自省。

答南宮道由【乙丑】

前書未報，洊問又至，多荷。此中口呿不能言，而猶以書字通意，僅不廢講耳。昨日偶以一紙書示學子曰：“一息未泯，此志不容少懈，敢言病乎？”如賢亦多病，漫使知之。

答南宮道由

多少病世憫俗之意，令人感歎。惟其如是也，故爲士者不可不講明道理。至如毁冠裂裳之事，流於異端，非吾道之所宜。偶書一紙以警策之，以爲如何？道院講任，不但公議所屬，鄙意亦然矣，何用過辭至此？如賢者亦且執謙而難進，則其將虛此任而不爲差出耶！有司雖或許遞，吾必尼之。努力此事，非有難强之疾，輒赴而爲他人倡也。

答南宮道由

> 先生以大字書荀卿佹詩"皓天不復，憂無疆也。千秋必反，理之常也。弟子勉學，天不忘也"此三句以賜之。櫶謹用其韻，以獻新春祝辭曰："天降純禧，壽無疆兮。天衛斯道，病復常兮。小子承訓，永勿忘兮。"因以書請曰：竊念佹詩書視之意，實啓今人自慰之端。然而天運有往而不復，世道極否而無泰，常理已不足恃，淸時終莫可俟。方切無疆之憂，願聞必反之辭。

所示和章，良荷勤意，又不可無木瓜之報，故草此以還。

○健而不息，配無疆也。勿疑其變，但道常也。畢竟天勝，庶不忘也。

答李生之【埅○庚戌】

古今遭罹橫逆者，何限？如賢盛年志學，遽陷罔測，非大有定力，其隕穫如何？以是尤傷歎不能忘耳。畢竟天日垂燭，置之勿復道也。哀疚中不能相問，忽被先施專告，爲慰多矣。所示辭意窮蹙，有若竢進退之者，情固戚矣，亦可謂不相知也。賢旣俯仰無怍，豈有以此自疎之義？惟困心衡慮，此幾不可失。朱子嘗諭滄洲學者以“杜門依老蘇法，以二三年爲期，將《大學》諸書反復讀之，更就身心上存養玩索，着實行履，有箇入處，方好求師”。今日用此方法，其於處患進學，兩得之矣。如何如何？

安命不憂○聖人以憂入於六極之中，當患難，雖憂無益，秖益其窮苦，故曰不如安命。

與李生之【癸丑】

所示領悉。孔子“蓋有之”一節，鄕人之氣質不齊，容或有昏弱之甚者，然其歸趣則重在“我未見力不足者”矣。集註中“爲仁在己，欲之則是。志之所至，氣必至焉”云云，正是救病之藥，而志字爲主，更詳味之。

答李生之【乙卯】

所示縷縷，備見雅意。如賢眞實心地，固自不易，年來向學之志，亦不可謂不篤，而不幸疾憂纏綿，虛送許多日月，甚可惜也。追思向來留連講討之樂，亦何可易得耶？然而家中百事，處之當理，蓋莫非學，而至於操存省察之功，憂患之暇，亦或有用力時節。千萬毋自賣穫，寬心平氣，旋旋下得功夫也。

答鄭魯源【師洙○乙卯】

別來邈焉不相聞，只有一念如注而已，匪意耑問忽至，荷意良勤。喜審秋凉，侍學平迪。烝獻之說，當時偶然及此，不謂銘佩在心，逐月程課，一一相報。不知同座諸友又能有用力如許者否？此身春夏以來，長與病隣，一件冊子，亦無所了當，使賢索問，將何辭以報耶？愧服愧服。然烝，冬祭也，古人獻功，實在歲末。賢或惠然不違去年時節，則所獻之功，似不止此，幸勿自足而益勉勉也。讀過千遍，非不爛熟，而到此境界，義不能貼字，心不能隨口，此爲學者通患，賢則不如是否？路脉可疑之云，此是好消息，非體之於身，豈易及此？朱夫子既以“明善之要”、“誠身之本”，就諸章內拈出而明示之矣。舍此，恐亦無別法，如何如何？

答鄭魯源【丙辰】

《大學》千遍，不可謂無可獻之功，但不知意象氣味視未讀時如何耳。見之不能透，行之不能篤，此非二病。惟轉覺難而益難云者，似是眞經歷實體驗而然，苟不喫得許多辛苦，豈有快活時節？幸勿以是持疑而益勉勉不已也。昏惰之習，恐亦立志不固而然矣。此身年彌增而學愈退，此甚惶恐。區區所自信者，惟赤心爲己，斃而後已耳。此八箇字，如吾魯源者不可不知也。

答鄭魯源【己未】

悄坐山寮，無可道此懷者。忽蒙尊府遠枉，仍得手問，實有跫然之喜，但長在畏約中，深可念也。此行，誠未忍負亡者之志，而旣到百物傷心，山水雖佳，豈有興致之可言者也？詩札，點檢以還，益不禁潸然耳。

所示用工之方略悉。欲以動靜存心云云，語有病而意未暢矣。動靜無違，卽是持敬法。到得私意脫落，天理昭著，自然有淸明氣象，欲於應事讀書之際，一一驗察，則不已勞乎？以此用力，此氣象，終恐見不得也。下學上達次第功程，不必他求。朱子論讀書，"始於《小學》，終於《中庸》"，眞是八字打開，幸深思之也。此時閉門深居，誠得愼疾之道矣。然而此來，意一相見，而不能得，其爲悵恨，如何可言？千萬加護，益孳孳日進，慰此老懷也。

答鄭魯源【庚申】

冬間好會，已因士元細聞，此豈易得之事耶？一月切偲，爲益不少，無以負笈，計左爲恨也。所示工程，不可謂不篤，而惟實得甚不易。繩墨不嚴四字，正是鄙人老來病痛，欲克去而未能者矣。反省多懼，願以此相勉也。

答金叔居【維寬○戊午】

前書所告，不以爲妄，而請益如此，此意良好。但以愚見之，平日容色言爲之間，無往而非狹小，雖欲就其中指摘其一二如來示，而亦不能得。只當於心地上猛下工夫，必至於廣大寬平而後已也。用力之久，某事之爲狹爲小，亦可以自知，不須問於人。如何如何？

答李凝之【鼎禧○庚申】

君家至寃，知之者，惟李台汝五一人，而今聞方受暇出外，其還不易期，此外更誰恃耶？恨君在遠，昧於事幾，不能及李台在朝時而爲之也。閔令許折簡非難，而亦不必爾。彼如知君出入吾家，而吾所憫憐如此，則豈不爲之隨事顧恤耶？吾舅在時，於此事嘗矜惻之矣。相見時，若從容一白寃狀，則此令必不至恝視，有以指揮之矣。但恐其家紛擾，難得暇隙耳。此紙出示，亦無妨矣。

答金敬夫【勉行○戊午】

前書深荷眷眷，而一何疚歎如此？此實由於見待過隆，終無以稱塞，賢固慙我，而我亦慙於賢矣。外面人事之闊略，顧何足道哉？願且發憤力學，無徒爲暴棄之歸也。誌文乃蒙不棄，而辱與之往復，感怍無已。曾因士友聞大府丈有“欲知吾家，須問十字橋頭詩翁”之語，自謂記實有不敢遽改者。豈老來還有攻破一生心之悔，不欲以詩人自居耶？恨不面承教語也。

答崔稺陽【日復】問目【戊午】

仲父無嗣，以出繼子之第二子主喪，而顧此變禮，多有窒礙。題主及傍題，將何以爲稱？

出繼子之第二子，雖權爲主喪，而至於題主、傍題，則中間既闕一世，稱祖稱孫，決知其不敢矣。侍養之名，不見於禮家，俗雖或有行之者【金進士昌業丈家】，恐難苟從。出繼子之第一子，似是宗孫，以顯從祖題主而用班祔之例爲宜，未知如何？班祔則無傍題矣。大抵別爲立後，卽大經大法，捨此則皆苟，而目下通變之不失其正者，惟此一事差可爾。

答李士肯【構○庚申】

曾未有一日之雅，而遠枉窮谷，猥辱盛禮，歸後未數日，又申之以書問，辭義勤縟，荷意良厚。因此而獲聞先德之盛，益知向道之誠，不勝感歎。但恐所施非其人耳，循省愧懼，不知所以爲報也。科擧之壞人心術久矣，一朝擺脫俗累，慨然爲成己裕後之圖，是固今世之所未易得者。而惟驟信過情之聞，一見而遽行束脩之儀，又遽欲盡室以從，何其不自審愼如此？左右雖不知僕之空疎無實，而僕則自知已明矣。切願深思遄改，無令僕益重其自誤誤人之罪，如何？至於往來講討，卽所謂“不有益於我，卽有益於彼”者，僕雖寡陋，亦不敢辭也。

答吳伯溫【瑋○甲寅】

所詢備悉。士子擧業，惟對策稍近古，而猶是自求擧，其餘誦作，大抵爲利。然欲行道者，捨是路無由，此程、朱以來不設禁，而只戒其奪志者也。賢既以學問爲主，以應誦爲餘事，則豈不愈於專力時文者？ 而但賢麤心浮氣，本欠凝靜，苟不消磨得此病，恐不免兩無所成矣，惟深自量度而决之也。

答吳伯溫問目【丁巳】

功緦之慼，無論本宗、外黨、妻黨，未成服前，忌祭、墓祭、茶禮皆當廢，而如外黨、妻黨之服，則使家中無服者代行亦可。雖喪出他所，只當論己之成服與未成服也。【代行則似當單獻無祝】

時祭，宗家雖不行，既是異宮，則支孫似無不可行之義。

衆子之喪未葬前，若異宮，則當行祀，而主祭者於其喪爲期、大功，則一獻無祝；小功以下，如常儀。

嶺俗正朝墓祀，輒進行於臘月晦間，世謂出於退溪先生，而實則已見於朱子書中矣。以此推之，有故則退日而行，亦似無害於義。

五代以上先塋與高祖同崗，一祭一不祭，似若未安，而情雖無窮，禮則有節，不必嫌於獨行。每歲十月，一祭五代祖以上，恐合於禮意。

祔祭日，與亡者祖父母忌日相値，則忌祭亦不可廢，只行一獻爲可。

答吳伯溫【癸亥】

已聞在院有日，而書至又喜齋況均勝。十賦、一策，於工夫則不爲不多，而但栗翁學規中，爲科業者不得留齋。使安人志學者衆而能知此義，則必有鳴鼓之攻，而此豈易耶？雖無人爲此學，君則不可不知此道理，漫及之。

答吳伯溫問目

> 人心，似屬氣質之性；道心，似屬本然之性。先言人心者，次序似易，抑有意義歟？朱子以爲"道心原於性命之正"，原字之意，似若根着於內。而王魯齋曰"原字自外推入"，亦不違於朱子之說歟？

心性固不能相離，而亦不爲無別。此章旣主心而言，則但當就心之發處看，不必以性之氣質、本然論之也。其先言人心者，則形氣具而後性命存，先後之序，似由於此矣。王魯齋說本多疵病，但當一以朱子爲定，不必强取他說而究其同異也。

答李大時【正夏○乙巳】

絶峽窮沍，辛苦遠來，此意何可忘也？而有答外無書，自成拙法。歸後亦曠一字問，歲新益切懸懸，卽奉來書，審患路憊。强壯者亦有斯耶？殊慮殊慮。此間老人氣力，入春後粗安，喜懼難狀。深山中習靜，紙窓土爐，萬緣俱灰，而故里懷思，猶不能捨去，承有鳳嶺徊徨之歎，尤覺依依。紙末示及口給之害，固不止於屢憎。孔子亦嘗以見惡爲其終也已，以其有見惡之實也，况見憎者屢乎？其害亦甚大，何可與君子多口之厄比而同之也？更存思量爲宜。

答金平仲【時準○戊午】

聞移家還鄕，脫去膠擾之場，好入淸閒之域，豈非幸耶？留意禮書，尤可喜。前所云云，蓋欲於名物上析其意義，如絰實、衰摧之類，並以及於聖人作禮之本意矣，看時就此搜輯錄示爲望。《程董學則》之見可於晦翁者，此亦得見。拜揖之節，每多歧議，而是固末耳，何足深論也？

答金平仲【己未】

社講不廢，殊喜。然瞻拜先聖、先師一節，賢嘗微發於言端，而不謂其張大至此也。晦軒、栗翁固嘗有此事，而此事晦、栗則可，於初學，事體重大，宜不敢輕易爲之。君意思非不好，而作事太銳如此，深可憂歎。朱夫子亦嘗曰“拜先聖”，然其答徐志伯書，有曰“堂中四壁，環列前輩之像，吾乃幅巾、便服而遊燕寢臥於其中，似亦非便。橫渠亦言‘傳得夫子畫像，而無可設之處’，正爲此耳。幸試思之也”。區區所望於賢者，惟專用力於實地工夫，無汲汲於彌文空名耳。如何如何？

答金平仲

所示領悉。精誠固發於宵寐，而程子釋“夢見周公”之義，不分明說夢而如或見之者，此意可深思也。且慨然有志於橫渠遺矩者，其志誠大矣。學不及橫渠，而先有此作用，恐徒爲自用自專之歸，不若大讀此翁《西銘》之書，以爲本根田地之計也。

答金平仲問目【壬戌】

朋知之先我遭喪者，以書慰問亦不妨，而吾外家閔氏則不爲此矣。如慰問，則月日下，當稱“哀子某”。其答喪人慰問者，則書以“某位哀前”；於服人，則不必稱“服前”，依禮書之可也。

同宮之內，雖婢妾喪，亦廢祭，況子姪乎？朝夕上食，成服前則可廢，而異宮則雖成服前，無廢上食之義。至於祥事，則雖屢月之久，過葬後，方可退行，而禫則過其月不可行，禮有明文矣。染患乾淨後始成服，卽鄕曲無識家謬規。未成服前祭奠廢否，非所可問，亦非所可答也。

答金平仲【癸亥】

聞乍躡賢關，大取狼狽而歸。迂闊，固儒者本色，而亦不料其不識世情，至於此極也。大抵此事，志非不美，事非不好，而此宜爲師長者發之，而君輩奉行而已。雖齋任之專掌士論，亦必得師長可與同事者而後可議。以掌議而輕自發論，亦不免踰越，況如君疎逖小生，何敢遽爲作用？設或發論，直自作爲節目於初單之中，不識事體，其亦甚矣。君聞見習熟，視此事若易行，而八方多士之所萃，何得如君鄕里尋數之徒耶？愚每謂有書院皆可讀書，而猶不能盡伸己見，量度事勢，而或勸或不勸，自謂審愼，而往往亦多狼狽。書院亦然，況太學乎？嘗憂君輕銳，戒之非一二，而病敗乃如此，豈非聖人所謂愚而好自用者耶？從今杜門深處，大讀書，以長見識而後，方出世路爲可。

答愼生【克泰】問目【辛亥】

庶子爲父後者爲其母，據禮則緦，而所着服色諸節，更無可據明文。成服時着布網巾、麤布直領，加以緦服，除服後以平陽子、布直領、白布帶，以終三年，未知如何？其妻亦當從夫服，而婦人緦，元無制服、腰·首絰，而此異凡緦，何以則可？

服緦仍心喪，以終三年，旣有明文，無可疑者。其間小節目，自當斟量，而至於布網巾，無或過否？妻當從夫，婦人服制，今俗緦則只布帶，而古儀則具制服矣。

庶子爲父後，其母題主，當以次子爲之。而旁題，或云不敢書，此說如何？朝祖，行者辭尊之義，則妾之朝於夫廟，無害否？

旁題，書亡母而去"孝"字，則題亦何妨？朝祖，僭不敢爲也。

答李生【仁矩】問目

《視箴》說心，《聽箴》說性，是有微意歟？且視與見，聽與聞，字義有別耶？

視，逐物外去底；聽，是收入來底，說心說性，似若有微意。然若謂視不可說性，聽不可說心，則亦滯矣，要在體認而得之。見聞比視聽則泛然，視聽則有意應之者矣。

《召南》諸篇大旨，皆曰被文王之化，而於《行露》章，獨言遵召伯之敎者何也？且《何彼襛矣》，是王姬之詩，而載之《召南》何耶？

《行露》詩以前，則都是好詩，至於是章，則指始革其淫亂之俗者，故特書之曰“遵召伯之敎，服文王之化”，以重其辭矣。《何彼襛矣》則王姬固屬之天子，而其下嫁，獨非諸侯耶？然則載之《召南》，恐無可疑。

著者 **李縡**

本貫은 牛峰, 字는 熙卿, 號는 陶菴, 寒泉이다. 父親은 李晩昌, 母親은 閔維重의 女로 仁顯王后의 妹이다. 1680年(肅宗6) 9月 28日 漢陽 薰陶坊 鑄字洞 外家에서 出生했다. 5歲에 父親喪을 당하여 仲父 李晩成의 訓導를 받았다. 1702年(肅宗28) 文科에 及第하여 藝文館 檢閱, 吏曹 正郎, 咸鏡北道 兵馬評事, 水原 府使, 大司成, 禮曹 參判을 歷任하였다. 1722年(景宗2) 仲父가 辛壬獄事에 連累되어 獄死하자 麟蹄에 隱居하였다. 英祖 卽位 後 大提學, 吏曹 參判에 任命되었으나 모두 辭職하고, 1728年(英祖4) 母親喪을 契機로 龍仁에 寒泉精舍를 짓고 講學에 沒頭하였다. 이후 大司憲, 工曹 判書, 左參贊에 任命되었으나 모두 辭職하였다. 1746年(英祖22) 10月 28日 廣州에서 逝去하였다. 文集《陶菴集》과 함께《四禮便覽》,《書社輪誦》,《三官記》,《宙衡》,《檢身錄》,《四書講說》등 많은 著述을 남겼다. 諡號는 文正이다.

校勘標點

崔禮心

1967年 忠北 堤川 出生. 民族文化推進會 國譯硏修院 硏修部 및 常任硏究部를 卒業하였다. 民族文化推進會를 거쳐 檀國大學校 東洋學硏究員 責任硏究員으로 在職 中이다.《承政院日記》(共譯),《月汀集》(共譯),《龍洲遺稿》(共譯),《於于集》(共譯) 等을 飜譯하였다.

張裕昇

1976年 서울 出生. 成均館大學校 漢文學科를 卒業하고, 韓國學中央硏究員 韓國學大學院을 거쳐 서울大學校 國語國文學科에서〈朝鮮後期 西北地域 文人 硏究〉로 博士學位를 받았다. 韓國古典飜譯院 古典飜譯敎育院 專門課程을 마치고 韓國古典飜譯院 飜譯委員을 거쳐 現在 檀國大學校 東洋學硏究員 責任硏究員으로 在職 中이다.《正祖御札帖》(共譯),《英祖 承政院日記》(共譯),《東國歲時記》,《玄皐記》,《韓國散文選》(共譯) 등을 飜譯하였다.

權津鈺

1979年 慶北 永川 出生. 高麗大學校 漢文學科를 卒業하고, 同 大學校 國語國文學科에서〈澤堂 李植의 騈文·古文 硏鑽과 散文 創作의 實際〉로 碩士學位를 받고〈橘山 李裕元의 學問 性向과 類書·筆記 編纂에 關한 硏究〉로 博士學位를 받았다. 高麗大學校 民族文化硏究院 硏究員을 거쳐 現在 檀國大學校 東洋學硏究員 先任硏究員으로 在職 中이다.《樂全堂集》(共譯),《於于集》(共譯),《韓非子集解》(共譯),《梧川集》等을 飜譯하였다.

李承容

1981年 慶北 義城 出生. 嶺南大學校 漢文教育科를 卒業하고, 成均館大學校 漢文學科에서 《朝鮮後期 江華學派 漢詩研究》로 博士學位를 받았다. 韓國古典飜譯院 古典飜譯教育院 研修課程과 專門課程을 마치고 檀國大學校 東洋學研究員 先任研究員으로 在職 中이다. 《宛丘遺集》, 《貞觀政要》(共譯), 《樂全堂集》(共譯), 《完譯正本 擇里志》(共譯) 等을 飜譯하였다.

圈域別據點研究所協同飜譯事業 研究陣

研究責任者 **金文植**(檀國大學校 史學科)

共同研究員 **尹載煥**(檀國大學校 國語國文學科)

金愚政(檀國大學校 漢文教育科)

責任研究員 **許鎬九**(檀國大學校 東洋學研究院)

張裕昇(檀國大學校 東洋學研究院)

崔禮心(檀國大學校 東洋學研究院)

先任研究員 **權津鈺**(檀國大學校 東洋學研究院)

李承容(檀國大學校 東洋學研究院)

研究補助員 **申阮穗**(檀國大學校 東洋學研究院)

校勘標點

陶菴集2

李縡 著 | 崔禮心·張裕昇·權津鈺·李承容 校點

初版 1刷 發行 2019年 12月 31日

編輯·發行 학자원 | 登錄 2011.4.6. 第2011-14號

住所 (05355) 서울시 강동구 천호대로 1121

電話 02-6403-1000 | 팩스 02-6338-1001 | 이메일 hakjaone@daum.net

값 30,000원

ISBN 979-11-6247-149-4 94810

979-11-6247-147-0 (세트)